Bitte verzichten Sie auf das
Anzünden von Pyrotechnik.
Sie gefährden sich und andere!

Bibliografische Information der Deutschen Nationalbibliothek
Die Deutsche Nationalbibliothek verzeichnet diese Publikation in der Deutschen Nationalbibliografie; detaillierte bibliografische Daten sind im Internet über http://dnb.de abrufbar.

2. Auflage 2025

Siekerwall 21, D-33602 Bielefeld
Tel.: 0521/559-0
E-Mail: info@werkstatt-verlag.de
www.werkstatt-verlag.de

FSC
www.fsc.org
MIX
Papier | Fördert gute Waldnutzung
FSC® C043106

Gesamtherstellung: Die Werkstatt Medien-Produktion GmbH, Göttingen
Druck und Bindung: Graphisches Centrum Cuno, Calbe

ISBN 978-3-7307-0745-6

125 Jahre
1. FC Kaiserslautern

Dominic Bold **Ingo Konrad** **Eric Scherer**

VERLAG DIE WERKSTATT

Inhalt

Vorwort 8

Meilensteine

1 Gründungsdatum unbekannt 10
2 Bündelung der Kräfte 11
3 Der neue Name 12
4 Verzögerter Neustart 13
5 Ein klares „Ja" – oder? 14
6 „Man darf scheitern, muss aber wieder aufstehen" 16

Heimat

7 Auf den Berg an Himmelfahrt 18
8 Neue Heimat 20
9 Das Geschenk 22
10 Das Sprungbrett im Pfälzer Wald 23
11 Stadionmiete – die unendliche Geschichte 24

Titel

12 Der doppelte Ottmar 26
13 Der heilige Geist verleiht Flügel 29
14 Zittern nach dem Blitzstart 32
15 Der große Traum wird wahr 34
16 Der Schuss zurück ins Glück 39
17 Der Durchmarsch 40

Bittere Pillen

18 Das letzte Endspiel 46
19 Ein Alptraum namens Bakero 47
20 Der Tag der Tränen 48
21 Geschichte wiederholt sich 49
22 Absturz auf Raten 51

Premieren

23 Alles auf Rot 54
24 Es werde Licht 55
25 Platz für Pionierinnen 56
26 Die Betze-Buben bekennen Farbe 58
27 Hochprozentiges für die Teufelsbrust 60
28 Betzi – Der liebenswerte Teufel 62
29 Der Hexenkessel und sein Dirigent 63
30 Bundesliga live 65

Rekorde

31 Trauriger Rekord 68
32 Party im zweiten Wohnzimmer 70
33 Langer Anlauf 72
34 Rekordsieg im Derby 74
35 Der Mann im Hintergrund 77
36 Der Joker kommt, sieht und siegt 78

Aufstiege

37 Zängry stillt die Sehnsucht 82
38 Der Shootingstar 83
39 Torfestival mit Misstönen 84
40 Unverhoffter Held 86
41 Mit Hacke und Hanslik: Adieu, 3. Liga 88

Nah dran

42 Zu grün für den Altmeister 93
43 Lehrgeld 94
44 Der Finalfluch 96
45 Schwedische Schwalbe 97
46 Hoffnung auf Höllenfahrt 98
47 Aufstieg verpasst – Liebe geschworen 99

Abstiegskampf

48 Abgeschrieben 103
49 Rettung mit Nebenwirkung 104
50 Der Wende-Punkt 105
51 „Endspurt heißt Siege erzwingen" 106

Kunststücke

52 Das Tor des Jahrhunderts 110
53 Zwei Hechtsprünge 112
54 Fünf auf einen Streich 114
55 Auf den letzten Drücker 116
56 Niemals denken! 119

Außenseiter

57 „Bei uns darfst du wieder Otto sein" 122
58 66 Sekunden Betze-Wahnsinn 124
59 „Bleib ruhig, Ruben" 126
60 Die Besten im Südwesten 128

Kalt erwischt

61 Häme für Herberger 132
62 Nervenschwach 135
63 Debakel statt Millionen 136
64 Die „West" feiert den Gegner 138
65 Blamage im Südwestpokal 139

Nachbarn

66 Weihnachten auf dem Erbsenberg 142
67 Das wichtigste aller Derbys 144
68 Kostenloses Teambuilding 147
69 Berlin, Berlin, wir fahren nach Berlin! 148

In aller Welt

70 Die Walterelf in Amerika 152
71 Europäisches Flair 155
72 Elfmeterkrimi auf dem Betzenberg 156
73 Höllenfeuer gegen den Nebel 158
74 Comeback als Pokalsieger 161
75 Debüt in Europas Königsklasse 162

Der 12. Mann

76 Der Betze brennt schon 1985 166
77 Konkrete Struktur 168
78 Gemeinsam in die erste Liga 169
79 Die erste Choreo 170
80 Pioniere aus dem Westerwald 171
81 Alle zusammen „nuff uff de Betze" 172

Eigentore

82 Verzählt 176
83 So eine Flasche 179
84 Zu früh gefreut 180
85 Bitterer Fehlschuss 181
86 Fataler Wechselfehler 182
87 Drei Minuspunkte 183

Aushängeschilder

88 Die Nationalspieler 186
89 „De ‚Betze' is Weldmäschder" 189
90 Schiri mit Statur 190
91 Außenseiter wird Europameister 193
92 In der Galerie der Großen 194
93 Start einer Weltkarriere 195
94 „Ritterschlag" für Markus Merk 196

Mehr als nur Fußball

95 Ein Leben für den Leistungssport 200
96 Ein Lauterer greift nach Gold 201
97 „Der zweitschnellste Schwergewichtler der Welt" 203
98 Drei glänzende Tage in Seoul 204
99 Der große Sprung 206
100 Schneller Glanz 208

Abseits

101 Der verrückte Holländer 210
102 Ein Unfall mit Folgen 213
103 Der Tod des „Volksverräters" 214
104 Wenn Fußball zur Nebensache wird 216

Wahlkampf

105 Der jüngste Präsident der Liga 218
106 „König Kalli" beendet die Diskussion 219
107 Auswärtsspiel mit Konsequenzen 220

Abschied

108 Das Ende einer Ära 222
109 Abschied mit Stil 227
110 Tack så mycket, Ronnie! 228

Wahnsinn

111 14 Treffer ohne Wirkung 230
112 Polizeieskorte nach Skandalspiel 232
113 Zehn verrückte Minuten 235
114 Gerry sieht (nicht) rot 236
115 Humpelnder Held der Pokalschlacht 238

Nachspielzeit

116 Am Betzenberg gehen die Uhren anders 242
117 Alles reine Nervensache 245
118 Der doppelte Djorkaeff 246
119 Die irrste Nachspielzeit 249

Magische Momente

120 „Du Fußballspieler? Du nicht weg mit Transport" 252
121 Das legendärste Spiel aller Zeiten 255
122 Die Nacht der Nächte 259
123 Das Wunder von 2008 262
124 Zurück auf der großen Bühne 265

125 125 Jahre FCK – der „Mythos Betzenberg" lebt 267

Liebe FCK-Fans,

wenn ein Traditionsverein wie unser FCK ein Jubiläum feiert, dann ist das immer der passende Moment, um zurückzublicken. Der 1. FC Kaiserslautern hat in den 125 Jahren seines Bestehens Fußballgeschichte(n) geschrieben. Daher bietet das große Jubiläum der Roten Teufel Anlass, Geschichten zu erzählen, und zwar genau 125.

Dieses Buch betrachtet die zahlreichen großen Ereignisse, die Triumphe und Tragödien des FCK, aus den unterschiedlichsten Blickwinkeln und nähert sich dem einen oder anderen Thema auch mal von einer anderen Richtung. Somit wird selbst der größte Experte in der Historie des pfälzischen Traditionsvereins in diesem Werk noch etwas Neues finden. Doch nicht nur die großen Momente, die Meisterschaften und Pokalsiege, die Auf- und Abstiege, die Legenden und die großen Persönlichkeiten, auch die kleinen Momente in unserer Historie finden in diesem Buch ihren Platz. Denn 125 Jahre FCK, das bedeutet nicht nur Titel und Tore, nicht nur Spieler und Trainer. In der langen und ruhmreichen Geschichte der Roten Teufel gab es viele unvergessliche, skurrile oder einmalige Ereignisse, die in die Vereinsgeschichte eingegangen sind und unseren FCK zu dem gemacht haben, was er heute ist. Ein Verein voller Geschichte(n). Diese Geschichten lassen die Autoren dieses Buchs wieder aufleben.

Unser großer Dank gilt den Autoren für ihre detailverliebte Recherche und ihre Leidenschaft und Hingabe, die sie in dieses Buch gesteckt haben, und dem Werkstatt-Verlag für die gute Zusammenarbeit. Wir sind uns sicher, dass jüngere und ältere Fußballfans Freude an diesem Buch haben und sich viele aus der FCK-Familie an die Geschichten aus 125 Jahren FCK erinnern und sich darüber austauschen werden.

Wir wünschen viel Spaß beim Lesen dieses außergewöhnlichen Werkes.

1. FC Kaiserslautern

Meilen-steine

2. JUNI 1900

Gründungsdatum unbekannt

1

Pfingsten steht vor der Tür und die Mitteilung der Wetterwarte verheißt sonnige Feiertage. Sehr viel scheint an diesem Wochenende in Kaiserslautern nicht passiert zu sein. Als am Dienstag die Pfälzische Presse erscheint, finden sich Meldungen über die Erfolge der örtlich produzierten Kayser-Fahrräder und über ein Preisschießen des Schützenvereins. Kein Hinweis findet sich dagegen in dieser oder in anderen erhaltenen Quellen auf die Gründung eines Fußballvereins.

Der Stellenwert des gerne noch als „Fußlümmelei" abgetanen Spiels im deutschen Kaiserreich ist natürlich anders zu bewerten als heute. Unstrittig ist aber, dass seine Popularität um die Jahrhundertwende auch in Kaiserslautern unaufhörlich wächst. Georg Pöppl gilt als der Mann, der den Fußball in die Stadt gebracht hat. Als Turn- und Schreiblehrer an der Königlich Bayrischen Realschule (die Pfalz gehört zum Königreich Bayern) ergreift er die Initiative zur Einführung der „englischen Rasenspiele", zu denen auch Tennis und Cricket gehören. Er kämpft erfolgreich für die Errichtung des ersten Fußballplatzes der Stadt, ist Trainer, Schiedsrichter und Funktionär der (von ihm initiierten) „Fußballgesellschaft" in Personalunion.

Zu Beginn des 20. Jahrhunderts ist Kaiserslautern eine Stadt im Wandel. Große Betriebe wie die Kammgarn Spinnerei oder der Nähmaschinenhersteller Pfaff machen aus der „Barbarossastadt" das industrielle Zentrum der Pfalz. Die Einwohnerzahl hat sich innerhalb zweier Jahrzehnte auf rund 50.000 verdoppelt. Einer derjenigen, den die Arbeit 1899 aus Mannheim über den Rhein gelockt hat, ist der Buchdrucker Adam Lösch. Mitgebracht hat er seine Leidenschaft für den Fußball. Mit Gleichgesinnten ruft er den FK Kaiserslautern ins Leben.

Trotz der Unklarheit, wann genau sie vonstattengeht, gilt der Zusammenschluss der „Fußballgesellschaft" und des „Fußballklub" zum „FC 1900 Kaiserslautern", dessen erster Kapitän Adam Lösch wird, als die anerkannte Geburtsstunde des heutigen 1. FC Kaiserslautern.

Aus dieser Keimzelle erwächst ein Verein, der Geschichte und Geschichten schreiben wird. Nahezu vollständig erforscht und dokumentiert, später gemeinsam erlebt und erinnert. Aber ein Beleg für den Startpunkt dieser Erzählung ist bis heute nicht gefunden worden. Trotzdem ist der 2. Juni seit mehr als 50 Jahren der Tag, auf den sich der Verein offiziell festgelegt hat.

Mit dieser Mannschaft gewinnt der FC Kaiserslautern 1900 die südwestdeutsche Meisterschaft 1909 (stehend, von links): M. Nebling, K. Müller, H. Liebrich, A. Nebling, Stutzenberger, A. Ehresmann, L. Mohler, G. Bossung, G. Hein; (sitzend:) A. Rogall, H. Seng, A. Seiler.

1. MÄRZ 1909

Bündelung der Kräfte

2

Der 3:1-Sieg des FC 1900 gegen den punktgleichen FC Pfalz Ludwigshafen im Entscheidungsspiel um die Meisterschaft im Westkreis ist Ende Januar 1909 der erste große Erfolg einer Lauterer Mannschaft gegen die bislang stärkere Konkurrenz am Rhein. Nun aber warten in der Endrunde um die Süddeutsche Meisterschaft ganz andere Kaliber: 1. FC Hanau, 1. FC Nürnberg und Phönix Karlsruhe heißen die ebenfalls qualifizierten Kreismeister. Um in diesem Feld zu bestehen, beschließen der FC 1900, der FV Palatia und der FC Bavaria ihre Kräfte zu bündeln und gründen in der Hauswirtschaft der Sternbrauerei Orth den FV 1900 Kaiserslautern.

Die 1901 gegründete Palatia ist der erste große Lokalrivale des FC 1900. Die Palaten pachten ab Dezember 1905 einen Platz innerhalb der Radrennbahn auf der Eselsfürth, der in den folgenden Jahren zum Zentrum des Lauterer Fußballs wird. Sie sind 1907 der erste eingetragene Fußballverein (e. V.) der Stadt. Ihr Vorsitzender Karl Wünschel, der als Initiator des Zusammenschlusses gilt, wird später als Vorsitzender des Westkreises ein einflussreicher Funktionär werden.

Der FC Bavaria wiederum entsteht 1902 als Abspaltung von 14 Mitgliedern aus dem FC 1900 heraus und ist nach kurzer Zeit der mitgliederstärkste der drei Vereine, die seit 1906 in der damals höchsten Liga vertreten sind (alle anderen Gegner kommen aus Ludwigshafen). Das Selbstverständnis, der Vertreter des Lauterer Fußballs zu sein, wird durch die Übernahme der Stadt- als Vereinsfarben unterstrichen: Rot-Weiß-Rot.

Kurzfristig hilft die Maßnahme nur bedingt: Aus den sechs Spielen der Endrunde holt der FVK nur einen Punkt gegen Hanau. Nach einem 0:16 im Hinspiel ist das 2:3 im Rückspiel gegen den Meister aus Karlsruhe immerhin ein Achtungserfolg. Spätestens als im Sommer 1909 auch die Mannheimer Vereine dem Westkreis zugeschlagen werden, erweist sich die Fusion als richtiger Gedanke, denn in der sportlich nun deutlich stärkeren Liga bleibt der FVK konkurrenzfähig. Zumindest bis zum Ausbruch des Krieges.

18. JULI 1931

Der neue Name

3

Das Wichtigste ist bereits erledigt, der Aufstieg ist geglückt. Jetzt soll eine außerordentliche Mitgliederversammlung dem erfolgreichen Fusionsprodukt „FVK/Phönix Kaiserslautern" einen neuen Namen geben.

Bereits 1929 schließt sich der FVK mit dem 1910 gegründeten SV Phönix zusammen. Die nunmehr dritte Fusion der Vereinsgeschichte ist heftig umstritten. Doch nach jahrelangem Dümpeln in der zweitklassigen „Kreisliga Hinterpfalz" sind neue Wege gefragt. Nach dem Aufstieg des VfR im selben Jahr, der den lokalen Status des FVK als Nummer eins der Stadt bedroht, ist der interne Widerstand gebrochen. Am 28. Mai 1929 wird das zunächst ungeliebte Bündnis besiegelt.

Die Ergebnisse lassen jegliche Animosität schnell vergessen. Der neue Verein feiert 1930 direkt die Meisterschaft, scheitert aber in der Aufstiegsrunde denkbar knapp am VfB Dillingen: Das Entscheidungsspiel zwischen den beiden punktgleichen Teams in Pirmasens gewinnen die Saarländer in der Verlängerung mit 2:1. Ein Jahr später erfolgt die Revanche: In einem nicht minder dramatischen Relegationsspiel in Neunkirchen (→ 37) bezwingt der FVK/Phönix den gleichen Gegner mit dem gleichen Ergebnis. Endlich wieder erstklassig, auch wenn „Bezirksliga" nach heutigen Maßstäben ganz und gar nicht danach klingt.

Der langersehnte Aufstieg lässt innerhalb der nächsten 14 Tage die Zahl der Mitglieder signifikant ansteigen. Das Interesse an der Versammlung ist groß, denn es gilt Weichen zu stellen. Das betrifft einerseits den Vorstand: Erstmals wird Dr. Ludwig Müller an die Spitze des Vereins gewählt, sein Stellvertreter und Vorgänger ist Paul Karch. Beide werden auch in Zukunft noch einmal die Geschicke des Vereins prägen.

In der Gegenwart geht es nun um die Bezeichnung. Dem sperrigen „FVK-Phönix" mangelt es an Akzeptanz. Zunächst votiert die große Mehrheit für die Umbenennung. Anschließend wird mit 134 von 168 Stimmen der neue Name beschlossen, der sowohl der Tradition als auch dem Selbstverständnis Rechnung trägt: fortan soll der Verein – schlicht und schön – 1. FC Kaiserslautern heißen.

Dem sperrigen „FVK-Phönix" mangelt es an Akzeptanz.

19. JUNI 1946

Verzögerter Neustart

4

In der Fruchthalle werden Paul Karch, Artur Schönle und Oskar Opp – in dieser Reihenfolge – als neue Vorstände des Vereins gewählt. In wenigen Zeilen berichtet die „Pfälzische Volkszeitung" von der „sehr gut besuchte[n] und harmonisch verlaufene[n] Versammlung".

So einfach, wie es die knappe Meldung glauben macht, ist es leider nicht. Zwar hat sich um den im Oktober 1945 nach Hause gekehrten Fritz Walter längst wieder eine Mannschaft geformt, die in der im Norden der französischen Besatzungszone gestarteten Liga vorne mitspielt. Am Pfingstsonntag, zehn Tage zuvor, ist das Gastspiel des sechsfachen Deutschen Meisters 1. FC Nürnberg ein erstes Highlight auf dem Betzenberg. Oder soll man sagen „Stade Montsabert"?

Die Umbenennung des Stadions nach dem Vorsitzenden der Militärregierung ist das sichtbare Zeichen dafür, dass in der Nachkriegsära sprichwörtlich andere Regeln gelten. Die formale Neugründung aller Vereine ist nötig, da 1945 zunächst die bestehenden, von der NSDAP geprägten Strukturen aufgelöst werden. Der Wiederaufbau eines neuen, möglichst unpolitischen Sportsystems wird von der französischen Besatzungsmacht streng überwacht und begleitet.

Die Personalie Paul Karch ist für den Verein daher ein Glücksfall. Der Schreinermeister war bereits Anfang der 1930er Jahre Erster bzw. Zweiter Vorstand des Vereins, spielte aber zwischen 1933 und 1945 keine Rolle, weder im Verein noch in der Politik. Der Zentrumspartei-affine Katholik kann glaubhaft jegliche Nähe zu den Nazis leugnen. Inmitten der entbehrungsreichen Nachkriegszeit übernimmt er die Verantwortung und lässt sich erneut an die Spitze des Vereins wählen.

Ganz am Ziel ist er (und der 1. FCK) damit noch nicht. Fast unbemerkt von der Öffentlichkeit wird die französische Besatzungsbehörde Monate brauchen, bis sie am 13. Februar 1947 die neue Satzung annimmt und die Neugründung anerkennt. Erst jetzt kann auch das Stadion wieder zurückgegeben werden. Der Name des französischen Generals verschwindet und es wird wieder – ganz offiziell – „uff'm Betze" gespielt.

In der Nachkriegszeit ist der Wiederaufbau der Vereine streng reglementiert. Sichtbarstes Zeichen ist die Umbenennung des Stadions nach dem Oberbefehlshaber der französischen Militärregierung.

1. FCK. Am Mittwoch, 19. Juni, hielt der 1. FCK in der Fruchthalle seine Gründungsversammlung ab. Die sehr gut besuchte und harmonisch verlaufene Versammlung wählte einmütig zum 1. Vorsitzendes Vereins Herrn Paul Karch, Schreinermeister, Haagstraße 1, als 2. Vorsitzender wurde Herr Artur Schönle, Trippstadter Str. 3, und als 3. Vors. Herr Oskar Opp, Gersweilerweg 25, gewählt. Weiterhin wurden als Kassierer Herr Erich Finkeisen, Wilhelmstr. 28 und als Schriftführer Herr Max Wirtgen, Gut-Heim-Str. 5, gewählt. Es wurden ferner die einzelnen Abteilungsleiter gewählt und die Ausschüsse gebildet, die dem Verwaltungsrat angehören.

3. JUNI 2018

Ein klares „Ja" – oder?

5

Um 14:52 Uhr ist es beschlossene Sache: Neben dem 1. FC Kaiserslautern e. V. gibt es nun auch die „1. FC Kaiserslautern GmbH & Co. KGaA". Ihr gehören künftig die Profiabteilung des FCK sowie die Juniorenmannschaften ab der U17 an. 2.295 stimmberechtigte Mitglieder sind zu dieser Außerordentlichen Mitgliederversammlung in die Nordtribüne des Fritz-Walter-Stadions gekommen. Für die Ausgliederung stimmten 2.084, das sind 92,13 Prozent. Ein klares „Ja" also. Oder?

So überzeugt, wie diese Zahlen es jetzt ausdrücken, war das Lauterer Umfeld in den vergangenen Monaten keinesfalls. Sicher, mit der Ausgliederung seiner Profi-Abteilung geht der Verein einen Weg, den etliche Profi-Klubs bereits eingeschlagen haben. Er ebnet den Einstieg für Investoren mit „frischem Geld". Ohne solche Geldgeber werde es schwierig, im bezahlten Fußball wettbewerbsfähig zu bleiben, heißt es.

Doch wie wird sich deren Engagement im Alltag auswirken? Werden solche Investoren nicht versuchen, auch Einfluss auf sportliche Entscheidungen zu nehmen? Nachhaltig mitoder gar selbst bestimmen wollen, wer FCK-Trainer wird, welche Spieler geholt und welche verkauft werden? Die sogenannte 50+1-Regel der Deutschen Fußball-Liga (DFL) schreibt zwar vor, dass der „e. V." auch in einer ausgegliederten Kapitalgesellschaft die Kontrolle behält. In der Praxis aber kann das anders aussehen. Die Münchner Löwen werden gerne als mahnendes Beispiel angeführt.

Außerdem hat der Verein Fritz Walters gerade die dunkelste Stunde seiner Geschichte erlebt: Er ist in die 3. Liga abgestiegen. Damit ist auch sein Marktwert im Keller. Sollte man sich nicht erstmal aus eigener Kraft wieder attraktiver machen, um sich teurer verkaufen zu können?

Dennoch: Am Ende fällt das „Ja" zur Ausgliederung eindeutig aus. Vielleicht, weil die Skeptiker es dann doch vorzogen zu tun, was andere auch tun. Vielleicht, weil die Befürworter wirkungsvoll mit dem Damoklesschwert Insolvenz drohten, das über dem Betzenberg pendelt. Obwohl dieser Schritt zwei Jahre später nicht mehr zu vermeiden ist (→ 6), gelingt es in der neuen Rechtsform die sportliche als auch die finanzielle Krise zu meistern und der 3. Liga zu entkommen.

Der Verein Fritz Walters hat gerade die dunkelste Stunde seiner Geschichte erlebt: Er ist in die 3. Liga abgestiegen.

2.262 Mitglieder haben abgestimmt, 2.084 stimmen für die Ausgliederung, nur 178 dagegen.

29. OKTOBER 2020

„Man darf scheitern, muss aber wieder aufstehen"

6

Geschäftsführer Soeren Oliver Voigt versagt einen Moment die Stimme, als er die entscheidenden Worte spricht: „Der Verein darf weiter existieren." Es ist kurz vor Mittag. Und im übertragenen Sinn war es auch fünf vor zwölf für den 1. FC Kaiserslautern. Am 15. Juni hat die Geschäftsführung der FCK-Kapitalgesellschaft die Eröffnung eines Insolvenzverfahrens beantragt. 24 Millionen Euro Schulden drücken die Profi-Abteilung mittlerweile. Die weiter andauernde Corona-Pandemie macht Verhandlungen mit möglichen neuen Geldgebern unmöglich, die Zahlungsunfähigkeit steht unmittelbar bevor.

Den Verantwortlichen wird daraufhin drei Monate Zeit gegeben, einen Sanierungsplan auszuarbeiten. Am Ende dauert es ein paar Tage länger. „Aber am Betzenberg weiß man ja, dass auch in der Nachspielzeit noch was passieren kann", nimmt's der zuständige „Sachwalter" Dr. Kleinschmidt mit Humor. Und wie so oft wird die Sache kurz vor Schluss doch noch zugunsten des FCK entschieden.

Jetzt muss über den Sanierungsplan entschieden werden. Und jede der fünf Gruppen, in die die Gläubiger eingeteilt sind, stimmt ihm mehrheitlich zu, somit gilt der Beschluss als einstimmig. Insbesondere der sogenannte „Schuldenschnitt" ist damit abgesegnet. Womit die Kapitalgesellschaft nun von ihren Schulden befreit ist und zusätzlich elf Millionen Euro Eigenkapital von ihrer regionalen Investorengruppe erhält. Im Fall einer Ablehnung wäre der Spielbetrieb der Profis sofort eingestellt worden.

Anwesend sind 78 Gläubiger oder ihre Bevollmächtigten. Theoretisch könnten es 18.000 sein, da auch alle Dauerkarten- und sonstige Ticketbesitzer als Gläubiger gelten, da sie noch Anspruch auf Rückerstattung von Eintrittsgeldern zu Spielen haben, die wegen Corona nicht besucht werden konnten. Und da niemand abschätzen kann, wie viele zur Abstimmung kommen, wird der Termin vom Amtsgericht ins Fritz-Walter-Stadion verlegt. In dem gleicht die Stimmung nun der nach einer gerade geschlagenen Fußballschlacht. Die Akteure sind erschöpft, aber erleichtert. „Das war kein Weg, den wir uns ausgesucht haben. Er war alternativlos", betont Soeren Oliver Voigt ein weiteres Mal. Und Insolvenzrichter Jochen Waltenberger erklärt, weshalb ein Insolvenzgericht auch „was Schönes" sein kann: „Weil es zeigt, dass man mit einer Idee auch mal scheitern kann, man aber auch wieder aufstehen muss."

15. Juni 2020: Soeren Oliver Voigt, Geschäftsführer 1. FC Kaiserslautern GmbH & Co. KGaA, spricht auf der Pressekonferenz zur Insolvenz des 1. FC Kaiserlautern. Am Morgen stellte der Verein einen Antrag auf Eröffnung eines Insolvenzverfahrens in Eigenverwaltung.

Heimat

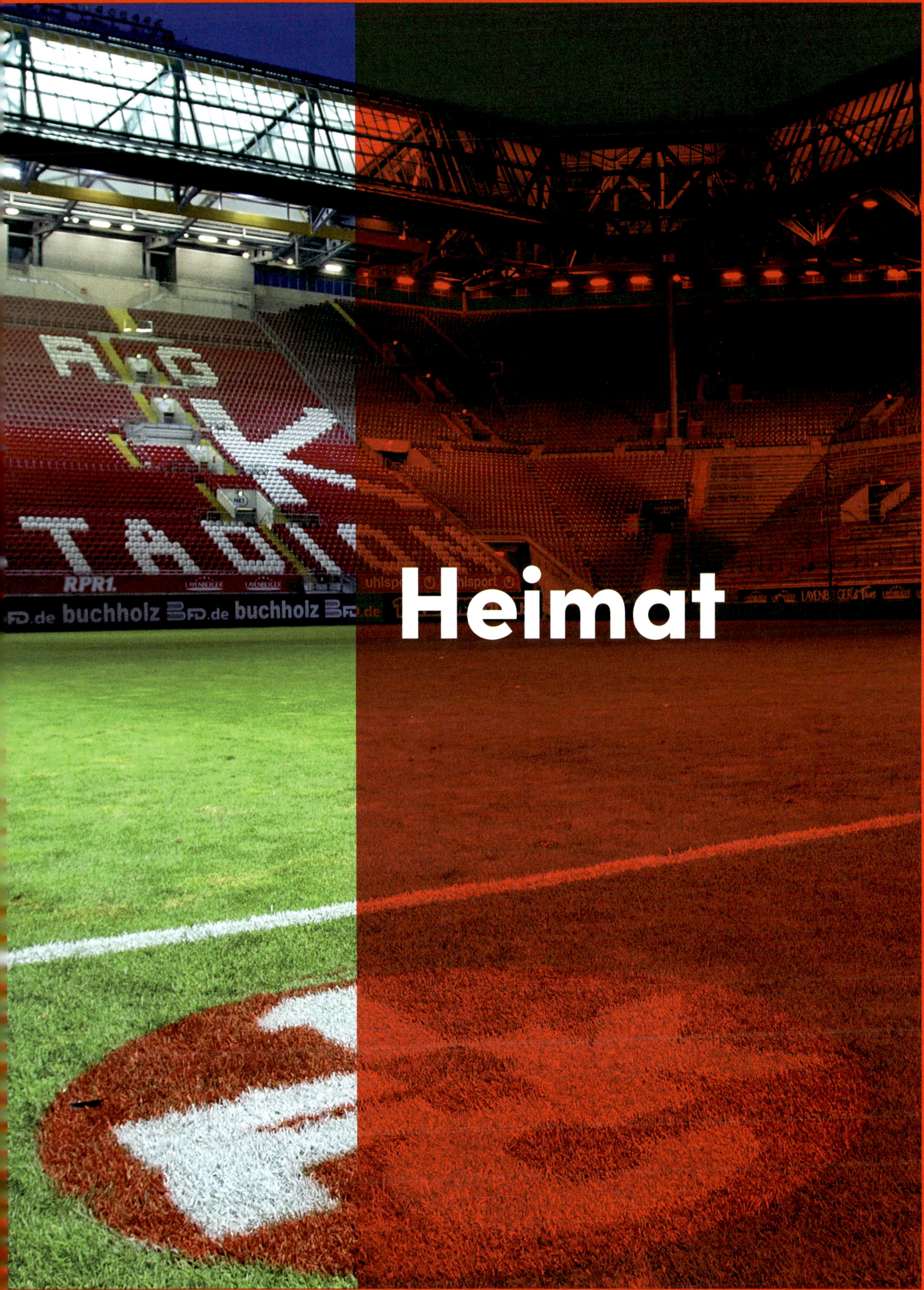

13. MAI 1920

Auf den Berg an Himmelfahrt

7

Die Stimmung im großen Saal der Löwenburg ist prächtig. Ein Konzert rundet den Festtag ab. Und Grund zum Feiern gibt es allemal. Der neue Sportplatz auf dem Betzenberg ist eingeweiht. Schon bei seiner Premiere erweist er sich als Publikumsmagnet. Bei herrlichem Feiertagswetter an Christi Himmelfahrt zieht das Spiel gegen Pfalz Ludwigshafen rund 5.000 zahlende Zuschauer an.

Die 1:3-Niederlage ist tatsächlich nur Nebensache. Erstens, weil die sportliche Überlegenheit des Gegners anerkannt und die Leistung des FVK in diesem Kontext als „ehrenvoll" eigestuft wird. Im amtierenden Meister des „Rheinkreises", in dem der provisorische Spielbetrieb in den besetzten linksrheinischen Gebieten organisiert wird, haben die Lauterer den klangvollsten zur Verfügung stehenden Namen für diese besondere Gelegenheit verpflichtet.

Zweitens ist es für den rund 800 Mitglieder zählenden Verein die Krönung einer unglaublichen Energieleistung. In einer Zeit, in der in Folge des Ersten Weltkriegs sowohl der Waren- als auch der Personenverkehr zwischen der Pfalz und dem rechtsrheinischen Deutschland stark eingeschränkt ist und viele Menschen sogar Hunger leiden, lassen sich unentwegte Fußball-Enthusiasten nicht davon abhalten, das stadtnahe Plateau über dem Steinbruch für ihre Zwecke herzurichten.

Den Entwurf liefert das Vereinsmitglied Cornel Mildenberger. Nach seinen Plänen entsteht die neue Anlage, deren Zentrum der Fußballplatz und die Laufbahn bilden. Zunächst noch ohne Tribüne, aber umgeben von drei Meter hohen, terassenförmig angelegten Stehplätzen. „Es dürfte nicht zu viel gesagt sein, dass in ganz Süddeutschland schwerlich ein so hübscher Spielplatz, der alle Vorzüge in sich vereint, vorhanden ist", frohlockt die örtliche Presse am Folgetag. Selbst mehr als hundert Jahre später würden viele Fans dieses Urteil immer noch bestätigen.

Szene vom Eröffnungsspiel gegen den FC Pfalz Ludwigshafen.

18. OKTOBER 1954

Neue Heimat

8

Per Annonce in der örtlichen Presse gibt der 1. FC Kaiserslautern bekannt, dass die Geschäftsstelle des Vereins von der Beethovenstraße 44 in das „Haus Löwenburg", Bremerstraße 1, umzieht. Das neue Domizil soll aber viel mehr sein als nur Sitz der Administration. Die Löwenburg soll alles bieten, was dem Verein bislang fehlt: einen Saal für Festlichkeiten, Gastronomie, moderne Funktionsräume für die Sportler und Stauraum für Material. Ganz im Sinne des Zeitgeistes erfolgt auch der Einbau einer vollautomatischen Kegelbahn.

Die namensgebende Brauerei ist zu diesem Zeitpunkt längst nicht mehr existent. Ihre ehemalige Hauswirtschaft mit Biergarten ist dennoch ein beliebter Treffpunkt geblieben. Die Lage am Fuß des Betzenbergs, quasi an der Schnittstelle zwischen Stadt und Stadion, ist aus Vereinssicht ideal. Mit den sportlichen Erfolgen der Walterelf wächst der Wunsch nach einem Vereinsheim, das repräsentativ und funktional zugleich ist.

Zum Erwerb der Löwenburg wird die vereinseigene Immobilie in der Beethovenstraße – in der sich zu dieser Zeit über der Geschäftsstelle auch das private Domizil Fritz Wal-

Die Unterwassermassage ist augenscheinlich sehr beliebt.

ters befindet – zuzüglich einer Zahlung von 15.000 D-Mark eingetauscht. Die umfassende Renovierung erfordert wieder einmal Kraft und Geduld. Erst im Januar 1958 ist das Projekt zur Zufriedenheit aller vollendet. Sichtbarstes Zeichen des Stolzes ist das Vereinswappen, das an der Vorderseite des neuen, terrassenförmigen Vorbaus prangt.

Unvergessene Höhepunkte bleiben für Zeitzeugen die Rosenmontagsbälle, wenn die „Schwarzen Rhythmiker" als Zugpferd der Redoute aufspielen und die Lauterer Backfische sich daran erfreuen, von wahren Weltmeistern über das Parkett geführt zu werden (oder auch umgekehrt).

So intensiv und schön die Zeit ist, sie bleibt ein kurzes Vergnügen. Um den Eigenanteil zu schultern, der für den bundesligatauglichen Umbau des Betzenbergs notwendig ist, muss der FCK sein liebgewonnenes Schmuckstück bereits 1962 wieder verkaufen.

So intensiv und schön die Zeit ist, sie bleibt ein kurzes Vergnügen.

31. OKTOBER 1985

Das Geschenk

9

Es ist ein alltägliches Problem: Was schenkt man einem Jubilar, der nach menschlichem Ermessen bereits alles besitzt, was er braucht? Der, im speziellen Fall Fritz Walters, gefühlt jede erdenkliche Ehrung längst erhalten hat. Zu dessen 65. Geburtstag spielt der FCK den stärksten Trumpf aus, den er noch auf der Hand hat: „In Würdigung und tiefer Anerkennung der Verdienste von Fritz Walter um den Deutschen Fußball, insbesondere aber um den 1. FC Kaiserslautern, hat der 1. FC Kaiserslautern beschlossen, sein Stadion Betzenberg in ‚Fritz-Walter-Stadion-Betzenberg' umzubenennen. Mit dieser Geste will der 1. FC Kaiserslautern seine große Verbundenheit und Dankbarkeit zu seinem größten Sohn bekunden."

48 Stunden vor dem Ehrentag überrascht der Verein mit dieser Pressemeldung die Öffentlichkeit und wohl auch den Geehrten selbst. Um dem Trubel zu entfliehen, weilt Fritz Walter mit seiner Italia in Südfrankreich. Am 1. November wird er aber beim Heimspiel gegen Bayern München auf der Tribüne gesichtet. Als Gratulant an seiner Seite: Franz Beckenbauer.

Überreicht bekommt er die offizielle Urkunde erst einen Tag später, nimmt man ihren Text aber genau, datiert die Umbenennung auf seinen Geburtstag. Die Partie gegen die Bayern ist somit die erste, die Fritz Walter im „eigenen" Stadion erlebt. Die 0:2-Niederlage ist der Auftakt einer Serie von sechs sieglosen Heimspielen. Fritz Walter versucht der Misere mit Humor zu begegnen und bringt seinen Verzicht auf den neuen Namen ins Spiel, wenn es denn der aktuellen Mannschaft hälfe. Sie schafft im Frühjahr 1986 den Klassenerhalt zum Glück auch so.

Der Name des Stadions aber erfährt – fast unbemerkt von der Öffentlichkeit – tatsächlich noch einmal eine Änderung. Bei der Neufassung der Satzung 2003 verschwindet dann nicht der Name des Patrons, sondern der Zusatz Betzenberg. Fortan steht in Artikel eins der Satz: „Das Stadion trägt den Namen Fritz-Walter-Stadion." Und trotz in Notzeiten aufkommender Diskussionen um die Veräußerung der Namensrechte an einen Sponsor ist dies bis heute so geblieben.

13. AUGUST 2000

Das Sprungbrett im Pfälzer Wald

10

Erstmal haben die Anzugträger das Wort. Und von denen sind einige gekommen: Der rheinland-pfälzische Innenminister Walter Zuber, Landrat Rolf Künne, Georg Adolf Schnarr, der Präsident des Südwestdeutschen Fußballverbandes und, und, und. Aber dann kickt der FCK-Vorstandsvorsitzende Jürgen Friedrich zu einem der 200 Nachwuchskicker, die ebenfalls mit von der Partie sind. Endlich rollt der Ball. Der Sportpark „Rote Teufel" ist eröffnet – und seiner Bestimmung zugeführt.

Der Fröhnerhof, einst Übungsgelände der US-Armee, ist nun Heimat der Juniorenmannschaften des FCK, einschließlich des U21-Teams – und, nicht zu vergessen, auch der traditionsreichen Hockey-Abteilung des Klubs. In den kommenden Jahren werden solche Nachwuchsleistungszentren, kurz NLZ, in ganz Deutschland entstehen. Der Sportpark „Rote Teufel" zählt zu den ersten, daher erhält er in den nächsten Jahren oft Besuch von Trainern und Funktionären aus den Nachwuchsabteilungen zahlreicher Erstligisten im In- und Ausland. Als der Klub sportlich und wirtschaftlich ins Schlingern gerät, fehlt allerdings auch auf dem Fröhnerhof das Geld, das hohe Ausbildungsniveau zu halten. Mitte der Nullerjahre muss die Anlage gemeinsam mit dem Fritz-Walter-Stadion an die Stadiongesellschaft Kaiserslautern veräußert werden.

Seit 2015 aber ist der Sportpark wieder im Besitz des FCK. Möglich gemacht haben den Rückkauf die Fans mittels der sogenannten „Betze-Anleihe". Und nach und nach wird auch wieder mehr investiert in die Trainings- und Spielstätte der „kleinen" Roten Teufel. 2021 gründete sich der „Förderverein NLZ 1. FC Kaiserslautern", der die Ausbildungsarbeit mit zahlreichen Aktionen unterstützt.

Doch so wechselhaft seine noch junge Geschichte auch gewesen sein mag: Im vergangenen Vierteljahrhundert haben rund 75 junge Kicker ihren Weg in den Profifußball über den Fröhnerhof gefunden. Im Kader der Saison 2024/25 stehen mit Mika Haas, Erik Wekesser, Phillip Klement und Jean Zimmer vier Akteure, die schon in ihrer Jugend das Trikot der Roten Teufel trugen.

13. MÄRZ 2018

Stadionmiete – die unendliche Geschichte

11

Am Ende ist das Ergebnis der Abstimmung im Kaiserslauterer Stadtrat eindeutig. Eine breite Mehrheit macht den Weg frei für eine erneute Reduzierung der durch den 1. FC Kaiserslautern an die städtische Stadiongesellschaft zu zahlenden Stadionmiete. Ab der Saison 2018/19 sollen für die kommenden zwei Jahre bei einem Verbleib in der zweiten Liga jeweils 2,4 Millionen, bei einem Abstieg jeweils 425.000 Euro gezahlt werden. Insbesondere die letzte Zahl ist für den FCK von existentieller Bedeutung, steht die Mannschaft der Roten Teufel Mitte der Rückrunde doch bereits etwas abgeschlagen auf dem letzten Tabellenplatz. Nur zwei Tage nach dem Votum im Stadtrat muss der FCK die Lizenzierungsunterlagen für die dritte Liga einreichen. Dabei ist die reduzierte Stadionmiete ein elementarer Baustein, um einen Spielbetrieb in der Drittklassigkeit finanzieren zu können.

Die Situation ist 2018 (und wieder 2020) also besonders dramatisch, grundsätzlich begleitet die Debatte um die Stadionpacht den Verein und die Stadt aber bereits seit mehr als 20 Jahren. Als zentraler Bestandteil eines Sanierungsplans wird die „Fritz-Walter-Stadion Kaiserslautern GmbH", eine Tochtergesellschaft der Kommune, im Juni 2003 ins Leben gerufen und übernimmt das bis dahin vereinseigene Stadion auf dem Betzenberg sowie das Nachwuchsleistungszentrum Fröhnerhof für 57,9 Millionen Euro. Dadurch wird einerseits der bereits begonnene, aber ins Stocken geratene Ausbau zum Spielort der Weltmeisterschaft 2006 gesichert, bei der im Fritz-Walter-Stadion fünf stimmungsvolle WM-Partien unter anderem mit Italien, Spanien und Australien ausgetragen werden.

Andererseits ist der FCK durch den Verkauf zwar sämtliche Verbindlichkeiten los, er spielt künftig im heimischen Stadion aber nur noch als Mieter und soll als Pacht jährlich 3,2 Millionen Euro aufbringen. Eine Bürde, die der Klub durch den Abstieg 2006 sowie die folgenden Jahre in Zweit- und Drittklassigkeit kaum stemmen kann. Immer wieder wird die Stadionmiete in den folgenden Jahren entsprechend neu verhandelt und letztlich gegen unterschiedlichste Kompensationsmodelle angepasst. Der 2003 von der Stadiongesellschaft aufgenommene Kredit über 65 Millionen Euro läuft noch bis zum Jahr 2036. Der neueste, im Dezember 2024 geschlossene Vertrag beinhaltet ein ligaabhängiges Umsatzpachtmodell, das den Bedürfnissen beider Partner Rechnung tragen soll.

Titel

30. JUNI 1951

Der doppelte Ottmar

12

Sollte es wieder nicht reichen? 0:1 liegt der FCK hinten durch das Tor von „Fiffi" Gerritzen (48.), und der SC Preußen Münster drängt auf den zweiten Treffer. Dann aber erobert Kohlmeyer den Ball, treibt ihn nach vorne und passt zu Fritz Walter. Ein kurzes Solo, Pass zu Bruder Ottmar, der flach ins Eck trifft – 1:1 (60.). Elf Minuten später sorgt eine weitere Koproduktion der Walters für den zweiten Lauterer Treffer: Den Eckball von Fritz drückt „Ottes" per Kopf über die Linie. Mit einem 2:1-Sieg im Berliner Olympiastadion krönt sich der 1. FC Kaiserslautern erstmals in seiner Geschichte zum Deutschen Meister.

Dieses Mal ist der FCK der Finalist mit dem größeren Namen. Allerdings waren die bis dato unauffälligen Westfalen ein Gegner, der den plötzlichen Erfolg der Verpflichtung klangvoller Namen wie Siegfried Rachuba, Alfred Preißler und Felix Gerritzen („100.000-Mark-Sturm") verdankt. Als Vizemeister der Oberliga West qualifizieren sich die Preußen erstmals für die Endrunde und marschieren ins Endspiel. In einem als hochklassig gefeierten Duell zweier gleichwertiger Mannschaften wird den Pfälzern im Gegensatz zu ihrem Debüt 1948 nun die größere Reife attestiert. Dazu kommt ein entscheidender taktischer Schachzug: Um den Wirbel der Preußen-Sturmreihe zu bremsen, muss Linksaußen Karl Wanger auf die Tribüne. Stattdessen stört Bernhard Fuchs als zweiter Stopper die Kreise von Felix Gerritzen. Trotz des Gegentreffers mit Erfolg.

Umjubelter Matchwinner ist der zweifache Torschütze Ottmar Walter, der seit dem ersten Endrundenspiel gegen Fürth am Rücken verletzt ausgefallen war. Ein ganz wichtiger Faktor ist aber auch der zwischenzeitlich aussortierte Torwart Karl Adam (→ 82). Mit vereinten Kräften widersteht die Mannschaft allen Bemühungen um den Ausgleich.

Am Ende des Spiels ist der 1. FC Kaiserslautern der 20. Verein, der seinen Namen auf der „Viktoria", wie die neue Meisterschale immer noch genannt wird, eingravieren darf. Die Präsentation der ersten nationalen Trophäe in Kaiserslautern wird zum Triumphzug durch die Straßen der Barbarossastadt. Es wird weder der größte noch der letzte seiner Art sein.

Ottmar Walter erzielt das 1:1, der Fotograf zeichnet auf seinem Abzug die Flugbahn des Balles nach.

Dieses Mal ist der FCK der Finalist mit dem größeren Namen.

21. JUNI 1953

Der heilige Geist verleiht Flügel

13

Gerade mal 30 Sekunden sind gespielt, als Erich Retter Ottmar Walter rüde zu Fall bringt. Klar vor dem Strafraum, wie die Bilder der Wochenschau zeigen, aber Schiedsrichter Günther Ternieden zeigt sofort auf den Punkt. Fritz Walter ist verunsichert. Karl Bögelein kennt seine Ecke aus Lehrgängen der Nationalmannschaft. Der FCK-Kapitän tritt trotzdem an und scheitert mit einem schwach platzierten Schuss am VfB-Torhüter. Bevor der Schütze zum Nachschuss ansetzen kann, drischt Werner Liebschwager den Ball aus dem Strafraum.

Bereits die erste Minute des Endspiels um die Deutsche Meisterschaft liefert die erwartete Dramatik. Die Paarung im Berliner Olympiastadion ist das Duell der erfolgreichsten Mannschaften der Nachkriegszeit. Auf der einen Seite der VfB Stuttgart, Titelträger 1950 und 1952. Ihm gegenüber der FCK, in seinem dritten Finale in sechs Jahren. Und dann der Austragungsort: nur wenige Tage zuvor hat die sowjetische Armee einen Aufstand im östlichen Sektor der Stadt niedergeschlagen. Ein trauriges Kapitel der deutschen Teilung, in Folge dessen viele Plätze im Olympiastadion unbesetzt bleiben. Kurzzeitig steht eine Verlegung des Endspiels zur Diskussion, aber Fritz Walter fühlt sich der Berliner Heimat seiner Mutter verpflichtet.

Die „Walterelf" steht im Zenit ihrer Spielkunst. Sie ist ungeschlagen durch die Endrunde marschiert, hat in 30 Oberligaspielen sagenhafte 127 Treffer erzielt. 38 davon gehen auf das Konto von Fritz Walter, der sich in bestechender Form befindet. Aber jeder weiß um die Sensibilität des Lauterer Kapitäns, allen voran Ottmar. „Reiß dich zusammen, sonst setzt es den ‚Heiligen Geist' wie noch nie", raunzt er seinen Bruder an. Es ist der mannschaftsinterne Code für einen gemeinschaftlich versohlten Hintern. Es ist aber auch die Botschaft: „Wir brauchen dich, also lass uns nicht hängen!"

Und dann kommt die 37. Minute: Erwin Scheffler flankt von rechts und Fritz trifft per Kopf zum 1:0. Jetzt wird aus dem Zauderer wieder der Zauberer. Nichts könnte dies besser illustrieren als das Solo, das dem 2:0 durch Wanger (57.) vorausgeht. Die Partie, welche knapper und spannender verläuft, als es das deutliche Endergebnis ausdrückt, ist sowohl für die Mannschaft als auch für ihren gefeierten Kapitän der Höhepunkt ihrer Vereinskarriere.

„Wir brauchen dich, also lass uns nicht hängen!"

Kaiserslautern steht Kopf, als die Meisterelf nach Hause kommt.

Die Meisterelf von 1953.

19. MAI 1990

Zittern nach dem Blitzstart

14

Das Finale um den DFB-Pokal 1990 zwischen dem 1. FC Kaiserslautern und Werder Bremen ist gerade einmal eine halbe Stunde alt, da hält es auf der Bank der Roten Teufel niemanden mehr auf den Sitzen. Im Stile eines Sprinters startet selbst Trainer Karl-Heinz Feldkamp in Richtung der Eckfahne, wo Stefan Kuntz nach seinem Treffer zum 3:0 gerade von seinen völlig euphorisierten Mitspielern eingefangen wird. 3:0 nach 30 Minuten gegen den haushohen Favoriten aus Bremen. Nach bislang vier Niederlagen in seinen vier Pokal-Endspielen scheint der Traum vom Pott dieses Mal tatsächlich wahr werden zu können.

Es ist der erste Titel seit 1953 und die ganze Pfalz feiert mit.

Den Traumstart im Berliner Olympiastadion, wo die Pokal-Endspiele seit 1985 jedes Jahr ausgetragen werden, leitet zunächst Kuntz' kongenialer Sturmpartner Bruno Labbadia mit zwei Toren in der 19. und 26. Minute ein, wobei Werder-Schlussmann Oliver Reck mit einem Fehlgriff beim 2:0 kräftig mithilft. Die mitgereisten Fans aus der Pfalz sind zur Halbzeit beim Stand von 3:0 komplett aus dem Häuschen. Noch fehlen allerdings 45 Minuten bis zum großen Coup. Und spätestens als Frank Neubarth in der 54. Minute für die Bremer verkürzt, beginnt das große Zittern.

Manfred Burgsmüller gelingt in der 72. Minute der zweite Werder-Treffer, ehe er vier Minuten später die riesige Möglichkeit zum Ausgleich liegen lässt und den Ball aus kurzer Distanz über die Latte des von Gerry Ehrmann gehüteten FCK-Kastens drischt. Angriff um Angriff rollt in der Schlussphase auf das Tor der Roten Teufel zu, die den knappen Vorsprung aber letztlich mit Glück und Geschick über die Zeit bringen. Am Ende einer schwierigen Saison, in der sich der FCK lange in größter Abstiegsgefahr befindet, dürfen die Roten Teufel endlich ihren ersten Pokalsieg feiern. Es ist der erste Titel seit 1953 und die gesamte Pfalz feiert mit.

Ehrenrunde mit Pokal im Berliner Olympiastadion, von links: Stefan Kuntz, Torwart Gerald „Gerry" Ehrmann mit Pokal und Thomas „Tom" Dooley.

OKI
OKI
OKI

15. JUNI 1991

Der große Traum wird wahr

15

Ihren Dom sollte man den Kölnern besser lassen, so oft wie sie im Karneval davon singen. Aber wie verhält es sich mit dem Müngersdorfer Stadion? In diesen Minuten jedenfalls steht die Heimstätte des 1. FC Köln offenbar nicht mehr an ihrem angestammten Ort. Dem Jubel und den wehenden Fahnen nach zu urteilen, muss das Kaiserslautern sein, das Fritz-Walter-Stadion. Oder?

In der Tat: Der Betzenberg erhebt sich heute in Köln. 40.000 Lauterer sind in die Domstadt gereist, um dabei zu sein, wenn das Unvorstellbare Wirklichkeit wird. Der 1. FC Kaiserslautern steht vor dem Gewinn der Deutschen Fußball-Meisterschaft. Der ersten seit 1953, der ersten seit der Zeit der legendären Walterelf. Anderthalb Jahre, nachdem Trainer Kalli Feldkamp die Roten Teufel in akuter Abstiegsnot übernommen hat. Ein Jahr, nachdem er mit ihnen den DFB-Pokal holte, steht er nun vor dem ganz großen Coup. Ein Remis, ein einziger Punkt reicht, und dem großen Rivalen, dem FC Bayern München, nützt auch ein zeitgleich erspielter Sieg nichts mehr.

Diesen einen Punkt hätten die Pfälzer auch schon vor einer Woche holen können. Zuhause gegen Mönchengladbach. Aber da versagten ihnen die Nerven, sie verloren 2:3. Der Trainer hat daraus Konsequenzen gezogen, die viele erstmal sprachlos machen: Der etatmäßige Mittelstürmer Bruno Labbadia etwa sitzt heute auf der Bank. Für ihn läuft der junge Bernhard Winkler auf, der noch nie von Anfang an gespielt hat.

Darüber gegrübelt wird auf den Rängen aber nur kurz. Vom Anpfiff weg peitscht der entfesselte Anhang die Lauterer nach vorne. Schon nach fünf Minuten ist FC-Keeper Bodo Illgner zum ersten Mal machtlos: Marco Haber zimmert einen Ball aus 20 Metern exakt in den Torwinkel. Zur Halbzeit steht es bereits 4:1. Zwei Treffer steuert Startelf-Debütant Winkler bei. Feldkamp, der Fuchs, hatte wieder das richtige Händchen.

In der 90. Minute brechen alle Dämme. Markus Schupp erzielt das 6:2. Von allen Seiten stürmen rot-weiße Menschenmassen den Rasen. Aber Schiedsrichter Manfred Harder hat noch nicht abgepfiffen. Irgendwie schafft er es, die Rasenfläche nochmal freiräumen, die Kölner anstoßen und den finalen Pfiff erschrillen zu lassen. Danach wird gefeiert, vom Niederrhein bis in die Pfalz. Wo von nun an niemand mehr an Wunder glauben muss. Man weiß jetzt, dass es sie gibt.

Vom Anpfiff weg peitscht der entfesselte Anhang die Lauterer nach vorne.

Ausgelassene Meisterfeier im Kölner Stadion.

Die Lauterer Bernhard Winkler, Stefan Kuntz und Joachim Stadler feiern die Meisterschaft am 16. Juni 1991 auf dem Marktplatz in Kaiserslautern.

25. MAI 1996

Der Schuss zurück ins Glück

16

Kurz vorm Sechzehner wird Pavel Kuka durch ein Foul gestoppt. Schiedsrichter Hellmut Krug pfeift. Der Freistoß soll recht mittig zum Tor ausgeführt werden. Gute Schussposition also, sowohl für einen Rechts- wie für einen Linksfuß. Was bedeutet: Miro Kadlec oder Martin Wagner, einer von beiden wird schießen. Und beide können Freistoß. Das weiß auch der Gegner aus Karlsruhe.

42 Minuten sind gespielt in diesem DFB-Pokalfinale. Es ist regnerisch und kühl, Fritz-Walter-Wetter. Die beiden möglichen Schützen nehmen Maß. Und haben in diesen Sekunden sicher keinen Blick für die vielen Banner im Rund des mit 75.000 Zuschauern gefüllten Berliner Olympiastadions. Auf einem steht: „Sind die Abstiegstränen auch noch frisch – FCK, wir lieben Dich!"

Denn gerade eine Woche zuvor ist der Abstieg des ruhmreichen 1. FC Kaiserslautern besiegelt worden, nach einem hochdramatischen 1:1 bei Bayer Leverkusen (→ 20). Zum ersten Mal in seiner Geschichte muss der Fritz-Walter-Klub den Gang in die zweite Liga antreten. Der Schock sitzt tief, das war auch schon tagsüber und am Vorabend auf dem Ku'damm zu spüren. Diesmal übertönten keine gut gelaunten Massen aus der Pfalz die Anhängerscharen ihrer Gegner, so wie sonst, wenn ein Finale in Berlin ansteht. Die Roten Teufel hielten sich zurück, als könnten sie selbst nicht recht daran glauben, dass ihr Team eine Woche nach einem solchen Tiefschlag schon wieder siegen könnte. Die Badener dagegen kamen mit breiter Brust, fühlten sich als Favorit, das war vor einem Spiel gegen den Nachbarn im Südwesten noch nie so gewesen.

Martin Wagner läuft an. Martin Wagner schießt, hart und flach. Der Ball flutscht dem Kicker, der in der Karlsruher Mauer links außen postiert ist, Dirk Schuster heißt er, durch die Beine. Das überrascht KSC-Keeper Claus Reitmaier so sehr, dass er kaum zu reagieren vermag, so dass auch ihm das Leder zwischen den Gehwerkzeugen hindurchflutscht. Und einschlägt. 1:0 für Lautern. Und so bleibt es bis zum Abpfiff.

Dieser Pokalsieg ist viel mehr als ein Trostpflaster für die geschundene Fanseele. Er ist ein Fanfarenstoß, der verkündet: „Wir kommen wieder." Torschütze Wagner verkündet noch am Abend, dass er dem FCK auch in der zweiten Liga die Treue hält. Fast alle im Team tun es ihm gleich. Ein Jahr später ist der Klub wieder Erstligist.

Erst rutscht dem KSC-Keeper Claus Reitmaier der Ball durch die Beine, anschließend feiert Torschütze Martin Wagner den Pokalsieg – und bleibt dem FCK auch in der zweiten Liga treu.

2. MAI 1998

Der Durchmarsch

17

Ins Fritz-Walter-Stadion drängen sich 38.000 Zuschauer. Mehr passen damals beim besten Willen nicht rein. Sie hoffen, ja, aber wirklich dran glauben können die wenigsten: Ihr FCK kann heute die Deutsche Meisterschaft klarmachen. Mit einem Sieg gegen den VfL Wolfsburg. Aber nur, wenn die Bayern parallel in Duisburg nicht gewinnen. Doch wie wahrscheinlich ist das? Wenn's drauf ankommt, lassen sich die Bayern doch nicht die Butter vom Brot nehmen. Drum hat fast jeder FCK-Fan auch schon sein Ticket fürs Hamburger Volksparkstadion in der Tasche, wo der FCK in einer Woche sein letztes Gastspiel dieser Saison gibt. Denn wenn Bayern und Lautern heute gewinnen, entscheidet sich der Titelkampf erst am 34. Spieltag.

Gejubelt werden darf am Betzenberg schon früh. Olaf Marschall vollstreckt nach 24 Minuten ein Zuspiel von Ciriaco Sforza. Sein 19. Saisontor. 21 werden es am Ende sein, den Titel des Torschützenkönigs aber muss der „Fußballgott" Ulf Kirsten überlassen. Und es geht munter weiter. Schon früh in der zweiten Hälfte erhöht Martin Wagner auf 2:0, nochmals Marschall und Jürgen Rische schießen ein klares 4:0 heraus.

Das Publikum freut sich, hängt mit einem Ohr aber stets an einem der Transistorradios, die hundertfach über die Ränge verteilt sind. Wie steht's in Duisburg? Immer noch 0:0. Auch nach 60 Minuten noch. Und nach 70 …

Ist das spannend. Was keiner glauben mochte, langsam wird's wahrscheinlich.

Olaf Marschall trifft zum 1:0 gegen den VfL Wolfsburg.

Abpfiff. In Lautern. In Duisburg wird noch gespielt. Jetzt hängen alle am Radio. Nochmal Freistoß für Bayern. Mario Basler schießt. Der Ball dreht sich Richtung Torwinkel ... Doch MSV-Keeper Thomas Gill bekommt die Hände dran. Und Schluss. Aus. Aus, das Spiel ist aus. „De Betze" bebt, ertrinkt in Freudentränen.

Was für ein Triumph. Für den Verein, der erst zu Beginn dieser Saison in die Bundesliga zurückgekehrt ist. Als Aufsteiger Deutscher Meister, wann hat es das je gegeben, wann wird es das je wieder geben? Und für Trainer Otto Rehhagel. Im April 1996 haben die Bayern ihn entlassen, jetzt hat er ihnen den Titel vor der Nase weggeschnappt. Was für eine Genugtuung.

Sogar ein Wolfsburger feiert mit. Der alte Kämpe Wolfgang Wolf, der einst 295 Bundesligaspiele für den FCK bestritt, ist jetzt Trainer beim VfL. „Das ist die schönste Niederlage, die ich je erlebt habe", lacht der Mann aus dem pfälzischen Tiefenthal.

„Wie steht's in Duisburg?"

Durchmarsch vom Aufstieg zum Meistertitel: Otto Rehhagel wird zum König gekürt, und die Mannschaft feiert mit den Fans.

Steinstraße
KAISERSLAUTERN

Statistik

12

30. JUNI 1951

FCK – SC Preußen Münster 2:1 (0:0)

ENDRUNDE UM DIE DEUTSCHE MEISTERSCHAFT 1951, ENDSPIEL IN BERLIN

FCK: Adam, Rasch, W. Kohlmeyer, E. Liebrich, W. Liebrich, Jergens, Eckel, F. Walter, O. Walter, Baßler, Fuchs

SCP: Mierzowski, Lesch, Schulte, Rickmann, Pohnke, Lezgus, Gerritzen, Preißler, Schulz, Rachuba, Lammers

Tore: 0:1 Gerritzen, 1:1, 2:1 O. Walter (61., 74.)

Schiedsrichter: Reinhardt

Zuschauer: 85.000

13

21. JUNI 1953

FCK – VfB Stuttgart 4:1 (1:0)

ENDRUNDE UM DIE DEUTSCHE MEISTERSCHAFT, ENDSPIEL IN BERLIN

FCK: Hölz, W. Kohlmeyer, E. Liebrich, Render, Eckel, F. Walter, O. Walter, Scheffler, Wenzel, Wanger

VfB: Bögelein, Liebschwager, Steimle, Schlienz, Retter, Kronenbitter, Baitinger, Waldner, Wehrle, Krieger, Blessing

Tore: 1:0 F. Walter (37.), 2:0 Wanger (57.), 2:1 Kronenbitter (72.), 3:1 Scheffler (78.), 4:1 Wenzel (83.)

Schiedsrichter: Ternieden

Zuschauer: 80.000

14

19. MAI 1990

Werder Bremen – FCK 2:3 (0:3)

DFB-POKAL, FINALE IN BERLIN

Werder: Reck, Bratseth, Borowka (53. Burgsmüller), Otten, Wolter (35. Neubarth), Votava, Harttgen, Eilts, Hermann, Riedle, Rufer

FCK: Ehrmann, Stumpf, Foda, Friedmann (57. Lutz), Lelle, Dooley, Hotic, Schupp (77. Roos), Scherr, Kuntz, Labbadia

Tore: 0:1, 0:2 Labbadia (19., 26.), 0:3 Kuntz (30.), 1:3 Neubarth (54.), 2:3 Burgsmüller (72.)

Schiedsrichter: Neuner (Leimen)

Zuschauer: 76.400

15

15. JUNI 1991

1. FC Köln – FCK 2:6 (1:4)

1. BUNDESLIGA 1990/91, 34. SPIELTAG

1. FC Köln: Illgner, Banach, Flick, Gielchen, Giske, Greiner, Götz, Higl (46. Heldt), Littbarski, Ordenewitz, Rudy (72. Sturm)

FCK: Ehrmann, Dooley, Friedmann, Haber, Hoffmann (87. Labbadia), Kranz, Kuntz, R. Lutz, Scherr, Schupp, B. Winkler (75. R. Ernst)

Tore: 0:1 Haber (5.), 0:2 Winkler (14.), 1:2 Ordenewitz (32.Foulelfmeter), 1:3 Winkler (43.), 1:4 Dooley (45.), 2:4 Greiner (47.), 2:5 Haber (77.), 2:6 Schupp (90.)

Schiedsrichter: Harder (Lüneburg)

Zuschauer: 55.000

Gelbe Karten: Flick, Higl – Haber, Hoffmann, Kranz

Rote Karte: Flick (31.)

16

25. MAI 1996

FCK – Karlsruher SC 1:0 (1:0)

DFB-POKAL 1995/96, FINALE IN BERLIN

FCK: Reinke, H. Koch, Kadlec, Schäfer, Greiner, Hengen, Roos (82. Wegmann), Brehme, M. Wagner, Marschall (75. R. Lutz), Kuka (87. Wollitz)

KSC: Reitmaier, Nowotny, Ritter (82. Carl), Schuster, Tarnat, Bender, Häßler, Fink, Metz (73. Schmitt), Knup, Dundee

Tor: 1:0 Wagner (42.)

Schiedsrichter: Krug (Gelsenkirchen)

Zuschauer: 75.800

Gelbe Karten: Wagner – Carl, Tarnat

Gelb-Rot: Brehme (72.)

17

2. MAI 1998

FCK – VfL Wolfsburg 4:0 (1:0)

1. BUNDESLIGA 1997/98, 33. SPIELTAG

FCK: Reinke, Ballack, Buck, Hristov, Kadlec, H. Koch, Marschall (70. Kuka), Reich (46. Ratinho), Schjønberg, Sforza (61. Rische), M. Wagner

VfL Wolfsburg: Zimmermann, Ballwanz (58. Tomcic), Breitenreiter, Dammeier, Greiner (78. Meißner), Kapetanovic, Keller, Kleeschätzky, Kovacevic, Präger, Reyna

Tore: 1:0 Marschall (24.), 2:0 Wagner (52.), 3:0 Marschall (55.), 4:0 Rische (88.)

Schiedsrichter: Jansen (Essen)

Zuschauer: 38.000

Gelbe Karten: Schjønberg – Keller

Bittere Pillen

26. JUNI 1955

Das letzte Endspiel

18

Die Siegerehrung des neuen Deutschen Meisters wird von lauten Pfiffen beeinträchtigt. Viele Lauterer Spieler haben demonstrativ das Spielfeld verlassen und können nur mühsam dazu bewegt werden, die silberne Nadel für den Zweitplatzierten in Empfang zu nehmen. Am Ende eines hochklassigen und dramatischen Finales, das Rot-Weiss Essen mit 4:3 für sich entscheidet, fühlt sich der FCK mehr als nur benachteiligt, er fühlt sich um den möglichen Erfolg betrogen.

Alles dreht sich hernach um die 85. Minute: Termath flankt in den Rücken der Abwehr, wo „Penny" Islacker den Ball aus kurzer Distanz ins Tor köpft. „Abseits!" reklamieren die Lauterer. Und vor allem: „Wo kommt Islacker plötzlich her?" Der Essener Halbstürmer, der zuvor bereits zwei Tore erzielt hatte, hat sich im Zweikampf mit Eckel verletzt und zwischenzeitlich das Spielfeld verlassen, um sich hinter der Torauslinie behandeln zu lassen. Die Chance riechend mogelt er sich zurück ins Geschehen und da der Unparteiische Meißner nichts bemerkt hat, lässt er den Treffer zählen und ein sportlich hochklassiges Duell wird auf denkbar unsportliche Weise entschieden.

Die frühe FCK-Führung durch Wenzel (11.) kontert RWE umgehend. Bis zur Pause führen die Essener verdient mit 3:1. Helmut Rahn bleibt ohne Treffer, ist aber mit zwei Vorlagen ein wesentlicher Faktor, während seine vier Berner Kollegen noch blass bleiben. Vier, weil Ottmar Walter wegen eines Gelbsucht-Rückfalls nicht dabei ist. Dafür rückt in der zweiten Hälfte Werner Liebrich in die Sturmmitte und tatsächlich gelingt die Aufholjagd: Willi Wenzel und Werner Baßler per Foulelfmeter gleichen aus. Und dann trifft Wenzel erneut per Kopf, aber: „Abseits" entscheidet der Schiedsrichter.

Diese Vorgeschichte steigert die Wut auf die wenige Minuten später fallende Entscheidung, dem vierten Treffer der Essener stattzugeben. Selbst beim gemeinsamen Bankett am Maschsee haben sich die Wogen noch nicht geglättet. Der Verein legt sogar offiziell Protest gegen die Spielwertung ein, was ihn Sympathien kostet.

So oder so bleibt ein Schatten über diesem Endspiel, in dem der FCK nicht nur seine vorerst letzte Chance auf die Meisterschaft, sondern auch die erstmalige Teilnahme am neugeschaffenen Europapokal der Landesmeister verwehrt bleibt.

Fritz Walter gratuliert dem Essener Kapitän August Gottschalk zum Gewinn der Meisterschaft.

6. NOVEMBER 1991

Ein Alptraum namens Bakero

19

Die 90. Minute läuft bereits. Der proppenvolle Betzenberg fiebert einer Sensation entgegen. Die Roten Teufel führen 3:0. Ein paar Sekunden noch, und sie haben wieder mal einen der ganz Großen aus einem europäischen Wettbewerb gekickt. Den FC Barcelona. Die Spanier hatten ihr Heimspiel 2:0 gewonnen. Doch zwei Treffer von Demir Hotic und einer von Bjarne Goldbæk haben das Pendel nun zugunsten der Lauterer ausschlagen lassen. Nur noch ein paar Sekunden ...

Plötzlich segelt ein langer Ball von Ronald Koeman in den Lauterer Strafraum. Am langen Eck des Fünfmeterraums schraubt sich ein Spanier hoch. Bakero heißt er. 1,76 Meter ist er groß, nicht gerade ideal, um ein Kopfballduell zu gewinnen. Dieses aber gewinnt er. In hohem Bogen hebt sich sein Kopfball über Gerry Ehrmann hinweg. Und senkt sich ins Netz.

3:1. Damit ist Barça weiter. Dank dieses auswärts erzielten Tors. Der Betzenberg ist minutenlang vor Entsetzen gelähmt. Ein Treffer wie ein Tiefschlag.

Und einer, der noch lange nachwirkt. Auf beiden Seiten. Der FCK schließt die Saison nach der Deutschen Meisterschaft, die ihn in den Europapokal der Landesmeister geführt hatte, auf Rang fünf ab. Meistertrainer Kalli Feldkamp verlässt den Verein.

Der FC Barcelona? Die Mannschaft von Fußball-Legende Johan Cruyff marschiert nach dem Beinahe-Aus auf dem Betzenberg durch, holt den Europapokal der Landesmeister und triumphiert auch in der nationalen Liga. In die Barça-Chroniken hält sie als „Dream Team 1.0" Einzug. Bakero wird fortan als Engel verehrt, der sein Team aus der Hölle von Kaiserslautern rettete.

Aber sie haben nicht vergessen, wie knapp die Geschichte war. Wenn der heutige Trainer-Weltstar Pep Guardiola, der später Barças „Dream Team 2.0" formte, gefragt wird, was deutsche Fußballermentalität ausmacht, antwortet er: „Wenn Deutsche gedemütigt werden, hält sie nichts mehr auf. Dann überrollen sie dich glatt. Ich weiß, wovon ich rede. Ich war in Kaiserslautern."

Der „Übeltäter": José Marí Bakero sorgt mit seinem Tor zum 1:3 dafür, dass der FC Barcelona eine Runde weiterkommt.

18. MAI 1996

Der Tag der Tränen

20

In der Fußball-Pfalz leben nicht nur Tausende Cheftrainer, die es im Zweifelsfall besser wissen, sondern auch Torwarttrainer. Über diese Szene reden sie sich noch lange die Köpfe heiß, und das unter Tränen: Hätte FCK-Keeper Andreas Reinke den Ball nach diesem Schuss aus der zweiten Reihe nicht zur Seite klatschen können – und etwas weiter weg vom Tor? Musste er ihn genau vor die Füße von diesem Markus Münch abwehren?

Der nämlich jagt das Leder ins Netz. 1:1 steht es nun, das ist auch der Endstand. Und doch besiegelt dieses Remis eine Niederlage – die schlimmste, die dem FCK in seiner Bundesliga-Geschichte bislang zugefügt wurde: Er steigt, zum ersten Mal überhaupt, in die zweite Liga ab. Ein Auswärtssieg am 34. Spieltag bei Bayer Leverkusen wäre die Rettung gewesen. Daraus wird nun nichts. Dabei läuft es bis zu dieser vermaledeiten 82. Minute blendend. Pavel Kuka köpft die Roten Teufel in der 58. Minute in Führung, kurz darauf erhöht er um ein Haar sogar auf 2:0.

Doch dann muss diesem Markus Münch der Ball direkt vor die Füße fallen. Unfassbar.

Ein weiterer Aufreger: Kurz zuvor haben die Lauterer den Ball ins Seitenaus geschossen, weil ein Spieler verletzt am Boden liegt. Ein fairer Gegner würde den Einwurf nach der Unterbrechung zurückschleudern, oder? „In einer solchen Situation hätte das keiner getan. Keiner", beschwichtigt Lauterns Weltmeister Andreas Brehme später die Gemüter. Und der hat fraglos genauso gelitten wie alle anderen. Sein Weinkrampf, der ihn anschließend vor laufenden Kameras schüttelt, während er sein Gesicht an die Schulter von Nationalstürmer Rudi Völler drückt, rührt selbst die zu Tränen, die sie bislang zurückhalten können.

Noch ein Kuriosum: In der Saison 1995/96 gilt zum ersten Mal die „Drei-Punkte-Regel". Wäre ein Sieg wie bisher mit nur zwei Zählern vergütet worden, wäre in der Endabrechnung nicht der FCK abgestiegen, sondern der FC St. Pauli.

Die Pfalz ertrinkt an diesem Tag in einem Meer von Tränen. Doch die Roten Teufel werden zurückkommen. In einem Jahr schon. Und das stärker als je zuvor.

Eines der bittersten Gegentore der FCK-Geschichte: das 1:1 durch Markus Münch am 18. Mai 1996.

13. MAI 2006

Geschichte wiederholt sich

21

Im Moment, in dem der zweite Abstieg des 1. FC Kaiserslautern aus der Bundesliga besiegelt ist, sinkt Torwart Florian Fromlowitz im eigenen Fünfmeterraum auf die Knie. Ein paar Meter weiter vorne sitzen und liegen die ersten seiner Mitspieler. Überall auf dem Rasen im Stadion des VfL Wolfsburg lassen die Roten Teufel ihren Gefühlen freien Lauf, fließen die Tränen in Strömen. So wie auch bei den rund 8.000 mitgereisten Fans, die das Endspiel um den Klassenverbleib in Niedersachsen zu einem Heimspiel machen. Wie zehn Jahre zuvor in Leverkusen haben es die Roten Teufel am letzten Spieltag selbst in der Hand, mit einem Sieg den Abstieg doch noch abzuwenden. Wie vor zehn Jahren ist der Support der Lauterer Fangemeinde gewaltig. Und wie vor zehn Jahren weint die Pfalz nach dem Schlusspfiff bittere Abstiegstränen.

Rund zwei Stunden vorher ist die Stimmung noch hoffnungsfroh und die Ausgangslage einfach. Mit einem Sieg in Wolfsburg kann der FCK den um einen Platz und einen Zähler besser gestellten VfL in der Tabelle überholen. Die beiden Tabellen-Schlusslichter 1. FC Köln und MSV Duisburg stehen bereits vor dem Saisonfinale als Absteiger fest. Zumindest ihr Endspiel um den Klassenverbleib verdienen sich die Roten Teufel unter Trainer Wolfgang Wolf, der nach seinem Amtsantritt am 14. Spieltag konsequent auf junge Spieler wie Daniel Halfar, Sebastian Reinert oder Fabian Schönheim setzt, mit einer einigermaßen soliden Rückrunde. Nach Rang 18 zur Halbzeit der Spielzeit steht in der Tabelle der Rückserie Rang zehn für den FCK zu Buche.

Großen Anteil an dieser Aufholjagd hat Stürmer Halil Altintop, der herausragende 20 Saisontore erzielt und den FCK auch in Wolfsburg mit seinem Treffer zum 1:0 in der 20. Minute in Führung bringt. Der permanente Existenzkampf der vergangenen Monate hat allerdings viel Substanz gekostet. Der bis dahin völlig unbekannte Cedrick Makiadi sorgt als Einwechselspieler der Wölfe in der zweiten Halbzeit für die Wende. Zuerst gleicht der Deutsch-Kongolese in der 66. Minute aus, drei Minuten später legt er Diego Klimowicz den Treffer zum 1:2 auf. Für die Lauterer springt nur noch der Ausgleich durch Marcel Ziemer heraus (86.). Zu wenig, um den Abstieg abzuwenden. Der ist bei allen Parallelen zu 1996 dieses Mal kein Betriebsunfall, sondern die Konsequenz aus zu vielen Fehlentscheidungen und einer anhaltenden Talfahrt nach dem Gewinn der Meisterschaft 1998.

Am Boden: Der FCK „verliert" das Abstiegsendspiel 2:2 und muss in die zweite Liga.

Abgestiegen: Die frustrierte Mannschaft nach der 2:3-Niederlage in Bielefeld, die den erstmaligen Gang in die Drittklassigkeit besiegelt.

27. APRIL 2018

Absturz auf Raten

22

Das war's dann. Fabian Klos, Arminia Bielefelds Stürmer-Ikone, hat soeben das 3:2 für seine Mannschaft erzielt. Damit ist jetzt offiziell beziehungsweise „rechnerisch" besiegelt: Der 1. FC Kaiserslautern ist abgestiegen. Muss erstmals in seiner Geschichte den Weg in die dritte Liga antreten. Ins „Armenhaus", wie die unterste Klasse des deutschen Profifußballs häufig bezeichnet wird.

Die Spieler heulen nach dem Abpfiff Rotz und Wasser. Die meisten FCK-Fans auf den Rängen tun es ihnen gleich, nur ein paar abgebrühte beschwichtigen: Der Klassenverbleib lässt sich schon vor dieser Partie nur noch mit dem Taschenrechner darstellen. Vor einer Woche hatten die Roten Teufel gegen die vier Punkte vor ihnen platzierten Dresdner 0:1 verloren. Um zweitklassig zu bleiben, hätten sie die verbleibenden drei Spiele allesamt gewinnen müssen, Greuther Fürth parallel alles verlieren müssen, damit es noch für die Relegationsspiele reicht – wie hätte das denn hinhauen sollen? Immerhin haben sie versucht, nach diesem Strohhalm zu greifen, solange die Kräfte reichten. Bis zur 63. Minute führen sie 2:0. Dann spielt Lauterns Verteidiger Benjamin Kessel den Ball mit der Hand, fliegt vom Platz, den fälligen Elfmeter verwandelt Klos zum Anschlusstreffer – und am Ende heißt es 2:3.

Überhaupt wäre es das größte Wunder seit dem Gewinn der Deutschen Meisterschaft 1998 gewesen, hätte diese FCK-Elf so spät in dieser Saison noch einmal das Ruder herumgerissen. Die Zeichen stehen von Anfang an auf Abstieg. Nach sieben Spieltagen stehen erst zwei Punkte auf dem Konto. Trainer Norbert Meier wird entlassen, Jeff Strasser, der alte Kämpe aus besseren Tagen, übernimmt, scheidet im Februar aber wieder aus, als er während des Auswärtsspiels bei Darmstadt 98 Probleme mit dem Herzen bekommt. Auf ihn folgt Michael Frontzeck, der aber auch nicht mehr zu entfachen vermag als ein kurzes Strohfeuer.

Einige Sportjournalisten nennen es einen „Tod auf Raten", den der FCK da gerade gestorben ist. Über Jahre hinweg verkauft der Klub immer wieder seine besten Spieler, um die sich permanent weiter drehende Schuldenspirale auszubremsen. Ins Personal reinvestiert wird stets nur ein Bruchteil der erzielten Erlöse. Über kurz oder lang kann das zu nichts anderem führen als zu dem Abstieg, der nunmehr besiegelt ist.

Statistik

18

26. JUNI 1955

Rot-Weiss Essen – FCK 4:3 (3:1)

ENDRUNDE UM DIE DEUTSCHE MEISTERSCHAFT 1955, ENDSPIEL IN HANNOVER

RWE: Herkenrath, Jänisch, Köchling, Jahnel, Wewers, Grewer, Rahn, Islacker, Gottschalk, Röhrig, Termath

FCK: Hölz, Baßler, Kohlmeyer, Mangold, W. Liebrich, Render, Scheffler, F. Walter, Eckel, Wenzel, Wanger

Tore: 0:1 Wenzel (11.), 1:1 Islacker (18.), 2:1 Röhrig (27.), 3:1 Islacker (43.), 3:2 Wenzel (56.), 3:3 Baßler (72., Strafstoß), 4:3 Islacker (85.)

Schiedsrichter: Meißner (Nürnberg)

Zuschauer: 76.000

19

6. NOVEMBER 1991

FCK – FC Barcelona 3:1 (1:0)

EUROPAPOKAL DER LANDESMEISTER, 2. RUNDE, RÜCKSPIEL

FCK: Ehrmann, W. Funkel, Schäfer, Haber, Scherr, Goldbæk, Hotic, Hoffmann, Lelle (88. Kranz), Witeczek, Kuntz

FC Barcelona: Zubizarreta, Koeman, Guardiola (80. Nadal), Nando, Cristobal, Eusebio, Bakero, Witschge, Beguiristain (67. Serna), M. Laudrup, Stoitchkov

Tore: 1:0, 2:0 Hotic (35., 49.), 3:0 Goldbæk (76.), 3:1 Bakero (90.)

Schiedsrichter: Frederiksson (Schweden)

Zuschauer: 30.200

20

18. MAI 1996

Bayer Leverkusen – FCK 1:1 (0:0)

1. BUNDESLIGA 1995/96, 34. SPIELTAG

Leverkusen: Heinen, Fach, Lehnhoff, Lupescu, Münch, Ramelow, Rietpietsch, Rodrigo (70. Ramon), Sergio, Tolkmitt (61. Feldhoff), Völler (85. Neuendorf)

FCK: Reinke, Brehme, Greiner (64. H. Koch), Hengen, Kadlec, Kuka, Marschall (81. Flock), Roos, Schäfer, Wegmann (75. Rische), Wollitz

Tore: 0:1 Kuka (58.), 1:1 Münch (82.)

Schiedsrichter: Heynemann (Magdeburg)

Zuschauer: 19.500

Gelbe Karten: Lehnhoff, Völler, Ramelow, Rietpietsch – Brehme, Wegmann, Wollitz

21

13. MAI 2006

VfL Wolfsburg – FCK 2:2 (0:1)

BUNDESLIGA 2005/06, 34. SPIELTAG

Wolfsburg: Jentzsch, Franz, Quiroga, Schnoor, van der Heyden, Sarpei (46. Makiadi), van der Leegte, Menseguez, Christow (77. Karhan), Klimowicz, Hoogendorp (56. Hanke)

FCK: Fromlowitz, Hertzsch, Beda, Pletsch (73. Ziemer), Reinert (51. Bohl), Lembi, Engelhardt, Bellinghausen, Skela, Altintop, Halfar (74. Mikic)

Tore: 0:1 Altintop (20.), 1:1 Makiadi (66.), 2:1 Klimowicz (69.), 2:2 Ziemer (86.)

Schiedsrichter: Stark (Ergolding)

Zuschauer: 30.000 (ausverkauft)

22

27. APRIL 2018

Arminia Bielefeld – FCK 3:2 (0:1)

2. BUNDESLIGA 2017/18, 32. SPIELTAG

Arminia: Ortega Moreno, Özkan (45. Weihrauch), Weigelt, Salger, Hartherz, Massimo, Prietl, Schütz (83. Putaro), Kerschbaumer (68. Staude), Klos, Voglsammer

FCK: M. Müller, Kessel, Callsen-Bracker, Vucur, Abu Hanna (82. Spalvis), Mwene, Moritz, Seufert (81. Altintop), Jenssen, Andersson, Osawe

Tore: 0:1, 0:2 Andersson (37., 54.), 1:2 Klos (63., Elfmeter), 2:2 Voglsammer (70.), 3:2 Klos (90.+3)

Schiedsrichter: Winkmann (Kerken)

Zuschauer: 21.404

Gelbe Karten: Salger – Mwene

Rote Karte: Kessel (61., Handspiel)

Premieren

2. MAI 1948

Alles auf Rot

23

Der Besuch des Tabellenführers lockt 7.000 Zuschauer ins Stadion Kieselhumes, wo der Oberliga-Neuling SV Saar 05 seine Heimspiele austrägt. Sie staunen schon vor dem Anpfiff nicht schlecht. „Die Lauterer liefen wie die Scharfrichter aufs Spielfeld", berichtet das saarländische „Sport-Echo" über eine Neuerung, die die Wahrnehmung des Vereins verändern wird: Bis auf Torhüter Willi Hölz tragen alle rote Trikots, rote Hosen, rote Stutzen. Im Grundsatz hat sich die Kleiderordnung seitdem nie mehr verändert.

Eingeführt hat sie Fritz Walter höchstpersönlich. In diesem Dress, dass er während des Krieges in der Soldatenelf der „Roten Jäger" trug, sieht er zukünftig auch seinen Verein auflaufen, der bislang ein weißes Trikot mit rotem Brustring trägt. In der Not der Nachkriegszeit ist daran nichts zu ändern und so dauert es drei Jahre, bis der Wunsch des Kapitäns Wirklichkeit wird. Das Timing ist perfekt. Just in diesen Tagen beweist die Mannschaft, die ihre südwestdeutsche „Zonenliga" nach Belieben dominiert, dass sie mehr ist als ein Provinzphänomen.

Nur zwei Wochen später gastiert der FCK zum Freundschaftsspiel an der Grünwalderstraße in München und besiegt den FC Bayern mit 5:1. Wiederum zwei Monate später, am 18. Juli 1948, deklassieren die Lauterer im Viertelfinale um die Deutsche Meisterschaft auch 1860 München, den Vizemeister der Oberliga Süd, mit dem gleichen Ergebnis. Und da die Mannschaft beide Male mit ihrem neuen Outfit aufläuft, erhält sie an jenem Tag einen Spitznamen, der haften bleibt: „Rote Teufel".

Spielfreude und Torhunger einerseits sowie die ungewöhnlich ausdrucksstarke Farbigkeit andererseits veranlassen die Beobachter von *Rheinpfalz*, *Münchner Abendzeitung* und der *Süddeutschen*, diesen Begriff in der Überschrift ihres jeweiligen Spielberichts zu verwenden. Welcher der drei Journalisten der eigentliche Urheber dieses Titels war, wird nie geklärt. Fest steht, dass er bis heute jedem halbwegs informierten Fußballfan als Synonym für den FCK geläufig ist.

Die Mannschaften aus Kaiserslautern und München vor dem Viertelfinale der Meisterschafts-Endrunde in Worms. Bei diesem Spiel, das 5:1 endet, erhalten die Lauterer ihren Spitznamen „Rote Teufel".

18. DEZEMBER 1963

Es werde Licht

24

Von weitem könnte man glauben, auf dem Betzenberg sei ein UFO gelandet. Tatsächlich ist es wenige Tage vor Heiligabend im Dezember 1963 die nagelneue Flutlichtanlage, die das Stadion des 1. FC Kaiserslautern trotz vorgerückter Stunde taghell erstrahlen lässt. Zur Einweihung der vom DFB im Zuge der Bundesliga-Gründung zur Auflage gemachten Beleuchtungs-Anlagen hat sich der 1. FC Kaiserslautern, der die erste Halbserie in der neuen Bundesliga gerade auf Rang neun abgeschlossen hat, den alten Südwest-Rivalen Wormatia Worms für ein Freundschaftsspiel eingeladen. Mehr als 5.000 Zuschauer sind beim 5:1-Erfolg des FCK wohl vor allem neugierig auf das neue Flutlicht.

Insgesamt 184 Scheinwerfer – 46 auf jedem der vier gut 50 Meter hohen Masten – erstrahlen mit einer Spitzenleistung von fast 700 Lux, was den Betzenberg Presseberichten zufolge zum hellsten Fußballstadion Europas macht. Obwohl in England ein erstes Fußballspiel bereits 1878 unter künstlicher Beleuchtung ausgetragen wurde, sind Flutlichtspiele zum Start der Bundesliga noch keine Selbstverständlichkeit. Auch beim FCK geht die technische Neuerung mit einer Reihe von Skurrilitäten einher. Beispielsweise äußert Trainer Günter Brocker den Gedanken, seine Torwart-Entscheidung zwischen Horst-Dieter Strich und Wolfgang Schnarr auch davon abhängig zu machen, ob eine Partie unter Flutlicht stattfindet. Stürmer Erich Meier trägt dank seiner Torgefahr bei Abendspielen seit seiner Frankfurter Zeit den Spitznamen „Flutlicht-Meier". Wegen eines bei Wartungsarbeiten entdeckten Lochs in einem Mast muss 1985 sogar eine Bundesliga-Partie verschoben werden.

Vor allem die zweite Generation der Flutlichtmasten ab 1978 entwickelt sich über die Jahre zu einem weithin sichtbaren Wahrzeichen und lieb gewonnenen Detail des Stadions. Entsprechend groß ist die Wehmut bei vielen Fans, als sie im Zuge des Umbaus für die WM 2006 weichen müssen. Beleuchtet werden die abendlichen Heimspiele des FCK seitdem mittels Strahlern in der Dachkonstruktion – und so lebt die ganz besondere Atmosphäre von Flutlichtspielen auf dem Betzenberg trotz verschwundener Masten bis heute fort.

Der Betzenberg im neuen Bundesligagewand. Mit neuem Flutlicht das hellste Stadion in Europa.

28. JULI 1970

Platz für Pionierinnen

25

An diese Rahmenbedingungen müssen sich die Fußballerinnen des 1. FC Kaiserslautern erst gewöhnen. 3.000 bis 4.000 Zuschauer sind im Stadion auf dem Betzenberg bereits vor Ort, um später am Abend das Freundschaftsspiel zwischen der Lauterer Bundesliga-Mannschaft und den Glasgow Rangers zu verfolgen. Im Vorprogramm misst sich das erst wenige Wochen zuvor gegründete Frauenteam der Roten Teufel mit dem VfL Neustadt und gewinnt die erste Partie vor einer größeren Öffentlichkeit mit 1:0. Im Jahr 1970 ist der FCK ein echter Pionier, was die Förderung der fußballspielenden Frauen angeht, und zugleich der erste Bundesliga-Verein mit einer entsprechenden Abteilung. Im April des gleichen Jahres findet sogar bereits ein Frauenspiel unmittelbar vor der Bundesliga-Begegnung gegen Köln auf dem Betzenberg statt. Noch ohne FCK-Beteiligung besiegen die Datschiburger Kickers aus Augsburg den ASV Landau vor großer Kulisse mit 2:1.

Durch den DFB ist es den Frauen seit 1955 eigentlich noch untersagt, gegen den Ball zu treten. Das Verbot wird aber vielerorts immer stärker ausgehöhlt. Im Oktober 1970 gibt der Verband schließlich nach, wenngleich wohl mehr aus Sorge, die Fußballerinnen könnten sich in ihrem Kampf um Anerkennung einer anderen Organisation wie etwa dem deutschen Turnerbund anschließen. Beim FCK ist man in diesen Jahren deutlich aufgeschlossener, wofür vor allem Präsident Willi Müller steht. Sein Nachfolger Jürgen Friedrich, der ihn 1977 ablöst, fremdelt mit dem Frauenfußball. In seiner zweiten Amtszeit löst sich die Abteilung 1986 auf, obwohl sie mit Margret Kratz sogar eine Nationalspielerin hervorgebracht hat.

Erst zur Saison 2023/24 meldet der Verein zunächst wieder zwei Mädchen-, im folgenden Jahr auch wieder ein Frauen-Team zum Spielbetrieb an, das in die Fußstapfen der Pionierinnen aus den 1970er Jahren treten möchte. Die Frauen messen sich vor mehr als 50 Jahren regelmäßig mit frühen Schwergewichten wie dem ersten Deutschen Meister TuS Wörrstadt oder dem TuS Niederkirchen und holen als frühen größten Erfolg einmal den Südwestpokal. In der Saison 1983/84 stoßen die FCK-Frauen sogar bis ins Viertelfinale im DFB-Pokal vor. Bis dahin haben die heutigen Spielerinnen noch einen weiten Weg vor sich – zumindest der Anfang ist 40 Jahre nach dem damaligen Aus der Frauenabteilung beim 1. FC Kaiserslautern allerdings gemacht.

Beim FCK ist man in diesen Jahren deutlich aufgeschlossener, wofür vor allem Präsident Willi Müller steht.

Die FCK-Frauen im Jahr 1971 und 2024.

18. AUGUST 1973

Die Betze-Buben bekennen Farbe

26

So sieht er also aus, der gelbe Karton. Und im ersten Moment mutet es ein wenig erstaunlich an: Der DFB hat doch schon in der Rückrunde der Saison 1970/71 die gelbe Verwarnungskarte eingeführt. Und die Lauterer gelten nicht gerade als Kinder von Traurigkeit – da hat es so lange gedauert, bis ein Roter Teufel Gelb sieht? Die zweifelhafte Ehre wird Hermann Bitz zuteil, der seine dritte Profisaison am Betzenberg spielt. Horst Bonacker hält dem Mittelfeldspieler die Pappe vors Gesicht, es ist sein erster von insgesamt nur sieben Bundesliga-Einsätzen als Schiedsrichter. Und das am vierten Spieltag der Saison. Der FCK unterliegt in Hannover 2:4.

Bei genauerem Hinsehen erscheint es allerdings gar nicht mehr so verwunderlich, dass es einen Pfälzer nicht schon früher erwischte. Denn mit der Möglichkeit, Spieler zuerst zu verwarnen und erst nach einer weiteren Regelwidrigkeit vom Feld zu schicken, hat die Schiedsrichtergilde bis dahin gefremdelt. In der ersten Halbserie nach ihrer Einführung zückte noch gar kein Unparteiischer Gelb, in der Saison darauf grade dreimal, während die Rote Karte zwölfmal aufblitzte. 1972/73 gab's sogar nur eine Gelbe, aber fünf Rote Karten. Das Farbenspiel sinnvoll anwenden lernen die Pfeifenmänner erst in dieser Spielzeit. Da hagelt es 75-mal Gelb und acht Mal Rot.

Der erste Betze-Bub, der den roten Karton aus nächster Nähe betrachten darf, ist niemand Geringerer als der Kapitän persönlich, Dietmar Schwager. Paul Kindervater hält ihn „Dittes" am 20. Spieltag in Frankfurt unter die Nase. Das Spiel gegen die Eintracht geht mit 1:3 verloren.

Die Karten waren in Deutschland nach der Fußball-Weltmeisterschaft 1970 in Mexiko eingeführt worden. Die FIFA wollte damit die internationale Verständigung auf dem Rasen erleichtern. Platzverweise gab es in der Bundesliga selbstverständlich auch zuvor schon, nur wurden diese vom Schiedsrichter ausgesprochen, im wahrsten Sinne des Wortes.

Und in den 1960er Jahren waren Spieler vom Betzenberg in der Tat besonders häufig Empfänger solcher Mitteilungen. Walter Gawletta und Co Prins durften schon in der Premierensaison vor allen anderen duschen. Uwe Klimaschefski und Willi Wrenger wurden in diesen wilden Jahren sogar zweimal vom Feld geschickt.

Im Spiel gegen Hannover 96 (in Rot) am 18. August 1973 im Eilenriedestadion bekommt Hermann Bitz (links) die erste Gelbe Karte für den FCK.

18. MAI 1976

Hochprozentiges für die Teufelsbrust

27

Ob ihnen das Getränk geschmeckt hat? Der äußere Rahmen wirkt jedenfalls ungewöhnlich, in dem im Sommer 1976 die FCK-Spieler Reinhard Meier, Roland Sandberg und Ernst Diehl unter anderem mit Trainer Erich Ribbeck und Präsident Willi Müller zusammenkommen. Alle halten sie ein Gläschen in die Fotokamera, dessen Inhalt man beim Blick auf die Brust der drei Spieler aber schon erahnen kann. Der italienische Likörfabrikant Campari ist ab der Saison 1976/77 der erste Trikotsponsor des 1. FC Kaiserslautern, der gemeinsame Umtrunk der offizielle Präsentationstermin.

Campari soll sich das Engagement in der Pfalz rund 200.000 DM kosten lassen und ist ein echter Vorreiter in Sachen Trikotwerbung in der Bundesliga. In den vergangenen beiden Spielzeiten ziert der Schriftzug der Italiener bereits das Leibchen des Hamburger SV, der nach dem Abstieg des Jägermeister-Klubs Eintracht Braunschweig als erster Verein in der höchsten Spielklasse mit einem Sponsoren-Schriftzug auf der Brust aufläuft. Apropos Campari und Jägermeister: Derart hochprozentige Werbepartner sind in den 1970ern keine Seltenheit. Heute ist das ebenso unvorstellbar wie Werbung für eine Drehtabak-Sorte, für die Borussia Dortmund und Eintracht Frankfurt Reklame laufen.

Wie wenig die frühen Jahre mit den späteren Millionenverträgen zu tun haben, zeigt auch eine weitere Anekdote aus dieser wilden Zeit beim FCK, der kurzfristige Lücken in den Trikotsätzen wie damals üblich immer wieder durch ein Ausweichen auf Jerseys anderer Hersteller ausgleicht. So sieht man die Lauterer in der Saison 1976/77 nicht nur in Trikots des Ausrüsters Adidas, sondern auch in Hemden der Marken Hummel oder Umbro. Auch Fotos von FCK-Spielern in Le Coq Sportif lassen sich finden.

Das Unternehmen Campari, für das sich der Abstecher in die Pfalz nach eigenen Angaben wirtschaftlich gelohnt hat, wird auf der FCK-Brust nach drei Jahren von der Firma Streif abgelöst, einem Hersteller von Fertighäusern. Es folgen mit Portas, Karlsberg oder Oki weitere Trikotsponsoren mit Kultcharakter, die heute bei Sammlern entsprechend hoch im Kurs stehen. Besonders rar sind aber die Jerseys und auch die Trainingsjacken mit dem Campari-Schriftzug, die damals noch ausschließlich für den Spielbetrieb der Profis bedruckt werden. Kommt so ein seltenes Stück auf den Markt, muss entsprechend tief in die Tasche gegriffen werden. Für die allermeisten Besitzer ist ein Original-Campari-Trikot aber ohnehin unverkäuflich.

Besonders rar sind die Jerseys mit dem Campari-Schriftzug.

Prost! Präsentation der neuen Trikots mit Campari-Schriftzug.

FRÜHJAHR 1977

Betzi – Der liebenswerte Teufel

28

Als ob seine Züge, wissend um die unerklärliche Angst vor dem Betzenberg, ein stilles Geheimnis hüten. Blitzende Augen, wachsam, lauernd, jede Schwachstelle beim Gegner sofort erkennend. Die Hörner spitz und angriffslustig, dazu das aggressive ‚Betzerot' – fürwahr ein Kerlchen, das die lieben, die sich mit ihm identifizieren dürfen, und die fürchten, die dagegen anzutreten haben." Mit diesen Worten stellt der neue Geschäftsführer Norbert Thines den Mitgliedern im Frühjahr 1977 eine seiner ersten prägenden Ideen vor: Betzi – das Bild gewordene Maskottchen des FCK.

Die kleine rote Teufelsfigur im Fußballtrikot trifft den Nerv der Anhänger und ist im weiteren Dunstkreis des Betzenbergs schnell allgegenwärtig. Zuerst als Aufkleber, später auch auf T-Shirts, Gläsern und sonstigen Devotionalien, die die Verbundenheit mit dem Lieblingsverein ausdrücken sollen. Es ist der Beginn dessen, was heute „Merchandise" genannt wird und wieder einmal ist der FCK ein Trendsetter in einem Geschäft, das in diesen Jahren – beispielsweise durch Trikotwerbung (→ 27) – beginnt, über die Eintrittsgelder hinausgehende Einnahmequellen zu erschließen.

Die bis heute anhaltende Popularität ist einerseits durch die lange vorher etablierte Bezeichnung als „Rote Teufel" zu erklären, spricht andererseits aber auch für die gelungene Illustration. Seit 2012 gibt es zudem eine kindgerechte Version als Maskottchen der „Teufelsbande", dem Kinderclub des Vereins. Nah am Original sind dagegen die „Betzi"-Ampelmännchen, die seit Oktober 2024 den Fans aus der Stadt den Weg in Richtung Stadion weisen, wobei der rote Teufel steht und der grüne Betzi forsch drauflos dribbelt. Sozusagen als leuchtendes Vorbild für die Spieler, die in seinem Namen spielen.

„Betzi" jedenfalls hat vor niemandem Angst. Oder um noch einmal Norbert Thines zu Wort kommen zu lassen: „Was ist schon ein Pferd, ein Löwe, ein Adler oder ein Geißbock gegen einen leibhaftigen, listigen Teufel?"

16. AUGUST 1986

Der Hexenkessel und sein Dirigent

29

Rund 20 Minuten vor dem Anpfiff beginnt die Show. Ausgestattet mit seinem Mikro und seiner markanten Stimme geht Udo Scholz auf die Massen in der Westkurve zu. Der Stadionsprecher des 1. FC Kaiserslautern weiß genau, mit welchen Worten er die gewünschte Reaktion seiner Fans auf dem Betzenberg hervorbringen kann. „Mit der Nummer 10 Wolfram ‚Wutti'", ruft Scholz der Kurve entgegen. „WUTTKE!!!", brüllen die euphorisierten Anhänger zurück.

Scholz, ein gebürtiger Sauerländer und vorher bereits Stadionsprecher bei Borussia Dortmund, kommt 1973 in den Südwesten und hat schon immer ein Händchen für das ganz große Spektakel. „Die Stimme vom Betzenberg" erfindet beispielsweise den Fangesang „Zieht den Bayern die Lederhosen aus". Scholz reimt Werbesprüche, nimmt es mit der durchgesagten Spielminute auch mal nicht ganz genau und er verlässt als erster seiner Zunft die Sprecherkabine und geht auf den Platz. Zunächst nur sporadisch zu besonderen Anlässen. Mit der Einweihung der begradigten Westkurve beim ersten Heimspiel 1986/87 gegen Borussia Mönchengladbach macht er die Mannschaftsaufstellung aus dem Innenraum dann zum Ritual.

„Wer nicht brennt, kann kein Feuer entfachen", sagt Scholz einmal. Und wer ihn live erlebt mit dem Mikro in der Hand und eingerahmt von den beiden Teufelchen im Strafraum vor Block 8, weiß sofort, was er meint. Scholz brennt – und wie. Der Betzenberg wird in jenen Jahren mit seiner umgebauten Westkurve noch mehr zum gefürchteten Hexenkessel und der Mann mit dem Mikro ist sein Dirigent. Bis 1994 ist der 2020 verstorbene Scholz Stadionsprecher in Kaiserslautern. Sein Nachfolger Horst Schömbs ist längst selbst eine Institution. So wie das Ritual der Mannschaftsaufstellung im Zusammenspiel mit dem Publikum, das heute in allen Stadien in vergleichbarer Art und Weise zelebriert wird. Eingeführt wird es im August 1986 auf dem Betzenberg.

Udo Scholz im Jahr 1991.

In Szene gesetzt durch „Super-Zeitlupe" und ein Dutzend Kameras.

Der 1. FC Kaiserslautern feiert am Ende der Saison 1990/91 die Deutsche Meisterschaft. Mittendrin und live dabei: Pay-TV-Sender Premiere mit Moderator Reinhold Beckmann.

2. MÄRZ 1991

Bundesliga live

30

Die TV-Revolution in der Fußball-Bundesliga beginnt mit folgenden Worten: „Da sind wir, jeden Samstag das Top-Spiel der Woche. Auf geht's!" So begrüßt Kommentator Reinhold Beckmann die Abonnenten des zwei Tage zuvor auf Sendung gegangenen Pay-TV-Senders Premiere am 19. Spieltag der Saison 1990/91 aus dem Frankfurter Waldstadion. An seiner Seite sitzt mit Hannes Bongartz passenderweise ein früherer Spieler und Trainer des 1. FC Kaiserslautern, denn zur ersten TV-Live-Übertragung eines Bundesliga-Spiels im Bezahlfernsehen empfängt die gastgebende Eintracht die Roten Teufel vom Betzenberg zum Südwest-Schlager. Heutzutage kaum vorstellbar, sind Live-Übertragungen von Spielen der Fußball-Bundesliga bis zu diesem Nachmittag eine absolute Ausnahme, wie etwa die Begegnung zwischen Borussia Mönchengladbach und Bayern München als erste deutschlandweit in der ARD zu sehende Partie am 11. Dezember 1984. Der Bezahlsender Premiere will das ändern und überträgt beginnend mit dem Spiel Frankfurt gegen Kaiserslautern von nun an regelmäßig ein sogenanntes Topspiel der Woche.

Die Wahl auf das Duell der beiden Südwest-Rivalen zum Auftakt ist wenig überraschend und zahlt sich auch im Nachhinein für den jungen Sender aus. Schließlich gastiert der FCK als Tabellendritter beim Vierten zum Spitzenspiel, das die Frankfurter nach 90 packenden Minuten gegen eine Halbzeit lang in Unterzahl spielende Lauterer mit 4:3 für sich entscheiden. Sieben Tore und das bis dahin „beste Spiel der Saison" begeistern nicht nur 30.000 Fans im Stadion, sondern – in Szene gesetzt durch „Super-Zeitlupe" und ein Dutzend Kameras – auch die Zuschauer an den Fernsehgeräten. Zumindest diejenigen, die bereits über einen sogenannten Decoder samt dazugehörigem Schlüssel verfügen. Im März 1991 sind das gerade einmal 100.000 Abonnenten, was nichts daran ändert, dass sich die Liveübertragungen hinter der Bezahlschranke in den folgenden Jahren immer mehr etablieren und zum wesentlichen Treiber der regelrecht explodierenden TV-Gelder werden. Zur Saison 2000/01 hebt Premiere den Zugang zu den Partien noch einmal auf ein neues Level und bringt die bis heute bekannte Live-Konferenz auf Sendung.

Für den FCK verläuft die Premiere auf Premiere zwar unglücklich, der weitere Saisonverlauf mündet aber bekanntlich im Gewinn der Deutschen Meisterschaft – und wird von nun an regelmäßig im Pay-TV gezeigt.

Statistik

23

2. MAI 1948

SV Saar 05 Saarbrücken – FCK

0:7 (0:2)

OBERLIGA SÜDWEST-NORD 1947/48

SV Saar 05: Finger, Braun, Kaub, Mieck, Pilger, Riedschy, Kockler, Prinz, Rißberger, Schmelzer, Wendel

FCK: Hölz, Huppert, Kohlmeyer, Liebrich, Klee, Liebrich, Walter, Baßler, Grewenig, Walter, Christmann

Tore: 0:1 F. Walter (12.), 0:2 O. Walter (30.), 0:3 F. Walter (46.), 0:4 O. Walter (56.), 0:5 Klee (75.), 0:6, 0:7 Grewenig (77., 85.)

Schiedsrichter: Dörfert

Zuschauer: 7.000

26

18. AUGUST 1973

Hannover 96 – FCK

4:2 (3:1)

1. BUNDESLIGA 1973/74, 2. SPIELTAG

Hannover 96: Dittel, Anders, Bandura, Blumenthal, Damjanoff, Denz, Kaemmer, Kasperski, Siemensmeyer (75. Peitsch), Stegmayer, Wehmeyer (79. Herbeck)

FCK: Stabel, Ackermann, Bitz, E. Diehl, F. Fuchs (32. Wilhelmi), Huber, Laumen (66. K. Toppmöller), Pirrung, Sandberg, Schwager, Schwarz

Tore: 1:0 Wehmeyer (8.), 1:1 Laumen (17.), 2:1 Stegmayer (30.), 3:1 Wehmeyer (38.), 4:1 Damjanoff (56.), 4:2 Schwager (59.)

Schiedsrichter: Bonacker (Quadrath-Ichendorf)

Zuschauer: 14.500

Gelbe Karten: Bandura, Stegmayer – Bitz, Wilhelmi

29

16. AUGUST 1986

FCK – Borussia Mönchengladbach

1:1 (0:1)

1. BUNDESLIGA 1986/87, 2. SPIELTAG

FCK: Ehrmann, Moser, Dusek, Friedmann, Hoos (27. Spielberger), Hartmann, Groh, Wuttke, Schupp, Allievi, Kohr (69. Trunk)

Gladbach: Thorstvedt, Winkhold, Bruns, Borowka, Frontzeck, Dreßen, Lienen (71. Krisp), Rahn, Brandts, Thiele, Criens

Tore: 0:1 Dreßen (26.), 1:1 Wuttke (65.)

Schiedsrichter: Jupe (Mühltal)

Zuschauer: 32.000

Gelbe Karten: Allievi – Thiele, Rahn, Bruns, Frontzeck

Rote Karte: Groh (76.)

30

2. MÄRZ 1991

Eintracht Frankfurt – FCK

4:3 (3:2)

1. BUNDESLIGA 1990/91, 19. SPIELTAG

Eintracht: Stein, Binz, Körbel, Bindewald, Gründel, Möller, Falkenmayer, Bein (78. Sippel), Studer, Yeboah, Kruse (70. Klein)

FCK: Ehrmann, Kadlec, J. Stadler, Stumpf (72. Goldbæk), Scherr, Schupp (68. Ernst), Hotic, Haber, Kranz, Labbadia, S. Kuntz

Tore: 1:0 Möller (3.), 1:1 Hotic (7.), 2:1, 3:1 Möller (27., 28.), 3:2 Kuntz (32./FE), 4:2 Bein (51.), 4:3 Kadlec (73./FE)

Schiedsrichter: Prengel (Düsseldorf)

Gelbe Karten: Bein, Falkenmayer, Kruse – Hotic, Kranz

Rot: Stadler (44.)

Zuschauer: 30.000

Rekorde

25. MAI 1968

Trauriger Rekord

31

Die Luft ist raus und die Lust auf den FCK offensichtlich vergangen. Einer Saison der traurigen Rekorde fügt der letzte Spieltag einen weiteren hinzu: Zum letzten Heimspiel gegen den Karlsruher SC verlieren sich weniger als 3.000 zahlende Zuschauer auf dem Betzenberg. So wenige waren es in einem Bundesligaspiel nie mehr.

Von ungefähr kommt diese Minuskulisse nicht. „Mit dieser Mannschaft bleiben wir nächstes Jahr nicht in der Bundesliga", poltert Egon Piechaczek bereits vor dem Spiel. Kein gutes Marketing, aber eine durchaus realistische Einschätzung des Trainers. Bei seinerzeit nur zwei Absteigern gibt es trotz des deutlichen Abstands zu den Tabellenletzten Karlsruhe und Neunkirchen genügend Gründe, diese Saison aufzuarbeiten.

Am 6. Oktober gewinnt der FCK 1:0 in Stuttgart. Anschließend folgen 17 sieglose Pflichtspiele in Liga und Pokal. Dann muss Trainer Otto Knefler nach nur acht Monaten im Amt gehen. Nachfolger Piechaczek ist als Assistent des Knefler-Vorgängers Gyula Lóránt kein Unbekannter und nutzt seine Kenntnis des Kaders, indem er auf Helmut Kapitulski setzt. Der Routinier glänzt in den Heimspielen gegen den VfB (2:0) und den 1. FC Köln (2:1) als Regisseur und Torschütze. Mit vier Heimsiegen in Serie ist der Abstieg abgewendet. Auswärts dagegen holt der FCK in der Rückrunde keinen einzigen Punkt! Irgendwie vermittelt die Mannschaft – von löblichen Ausnahmen wie dem jungen Ernst Diehl abgesehen – den Eindruck, den notwendigen Aufwand streng zu dosieren und verprellt zusehends ihr Publikum.

Einzig das Spiel gegen den späteren Meister 1. FC Nürnberg ist mit 28.000 Zuschauern ein Ausreißer. Ansonsten pendeln sich die Besucherzahlen um die 10.000er-Marke ein. Bis am letzten Spieltag in einem für beide Gegner bedeutungslosen Spiel fast keiner mehr hinsehen möchte. Wirklich entschädigt wird der harte Kern für seine Treue nicht. „So werden auch die letzten Zuschauer vergrault!", kommentiert die *Rheinpfalz* das trostlose 1:1 zum Abschluss. In der Tat sind die folgenden Jahre – nicht nur im Vergleich zu heute – ausgesprochen zuschauerschwach.

So werden auch die letzten Zuschauer vergrault!

Leere Zuschauerränge waren in dieser Saison keine Seltenheit, so auch hier in Stuttgart am 27. Januar 1968. Im Bild: Wolfgang Schnarr faustet einen Ball aus der Gefahrenzone, der FCK unterliegt trotzdem mit 0:1.

18. NOVEMBER 1972

Party im zweiten Wohnzimmer

32

Samstag, 15:30 Uhr. Der FCK empfängt Spitzenreiter Bayern München und der Betzenberg ist … leer! Lediglich einige Bauarbeiter werkeln am Neubau der Nordtribüne. 60.000 Zuschauer sind derweil im Ludwigshafener Südweststadion, um den jährlichen Höhepunkt im Heimspielkalender mitzuerleben – mehr als je zuvor oder danach bei einem Bundesligaheimspiel des 1. FC Kaiserslautern.

Wie schon zu Zeiten der Walterelf ist das Stadion in der vorderpfälzischen Industriestadt die erste Option, wenn der heimische Betzenberg zu klein ist oder – wie im Fall des Tribünenneubaus – aus anderen Gründen nicht zur Verfügung steht. Da dies aber nur noch in Ausnahmefällen passiert, verfügt die in die Jahre gekommene Arena über kein Flutlicht, was zur Folge hat, dass die Partie eine Stunde früher als üblich angepfiffen werden muss.

Kurz nach der gewohnten Anstoßzeit liegt sich die Mehrheit der Zuschauer in den Armen, denn in der 59. Minute entscheidet Wolfgang Seel die Partie vorzeitig. Und sinnbildlicher als dieses 3:0 kann ein Tor kaum sein: der nur 1,73 Meter große Flügelstürmer bezwingt Sepp Maier und „Katsche" Schwarzenbeck im Luftduell. Neben dem nicht zu fassenden Seel werden der zweifache Torschütze Idriz Hosic und Müller-Bewacher Ernst Diehl für die „Elf des Tages" nominiert.

Das Heimspiel in Ludwigshafen lockt auch zwei Besucher an, die sich die Bundesliga vor der eigenen Haustür nicht entgehen lassen wollen. Ministerpräsident Helmut Kohl („Eines der schönsten Spiele, die ich je gesehen habe") ist dabei ebenso begeistert wie Sepp Herberger, der mutmaßte: „Vielleicht glaubten [die Bayern], dass mit dem Umzug die Gefahr gebannt sei, die sonst immer vom Betzenberg ausging." Welche „Gefahr" der Alt-Bundestrainer konkret meint, dürfen die Münchner bei ihrem nächsten Pflichtspiel in der Pfalz (→121) erleben, das ungleich stärker im kollektiven Gedächtnis verankert ist.

Idriz Hosic taucht freistehend vor Torwart Sepp Maier auf, auch Franz Beckenbauer (rechts) kann nicht mehr eingreifen. Im vollen Südweststadion von Ludwigshafen schlägt der FCK den FC Bayern mit 3:1.

STELLPLATZ

11. AUGUST 1973

Langer Anlauf

33

Noch knapp zehn Minuten bleiben, um den Fehlstart abzuwenden. Am ersten Spieltag der Saison führt der SV Werder mit 2:1 auf dem Betzenberg. Der Wille ist dem FCK nicht abzusprechen, aber eine Idee, wie die von Rudi Assauer organisierte Abwehr der Hanseaten geknackt werden könnte, ist nicht erkennbar. Ohne Jürgen Friedrich (Schien- und Wadenbeinbruch) und Wolfgang Seel (verkauft nach Düsseldorf) fehlt der Lauterer Offensive die Struktur und Torgefahr. Der schwedische Neuzugang Roland Sandberg macht gegen Nationalspieler Horst-Dieter Höttges keinen Stich.

Da zieht es Abwehrchef Dietmar Schwager nach vorne. „Draufhalten oder abspielen, nur nicht den Ball verlieren", hat ihm Erich Ribbeck mit auf den Weg gegeben. Die Distanz zum Tor ist groß, aber egal. Der Routinier wählt die erste Option, zieht ab und bezwingt Torwart Burdenski – 2:2. Wahrscheinlich kann es der Schütze selbst kaum glauben, was da gerade passiert ist: Es ist sein erster Treffer im 267. Bundesligaspiel. Länger hat bis heute kein Bundesligaprofi auf sein erstes Tor gewartet. (Kevin Vogt, der 51 Jahre später 275 Partien zwischen zwei Toren erfolglos bleibt, hat am Anfang seiner Karriere getroffen.)

Die eigentliche Geschichte hinter dem Rekord ist die der größten Konstante dieser Ära. Niemand absolviert im ersten Bundesligajahrzehnt mehr Spiele für den FCK als „Dittes" Schwager. Mit am Ende 320 Einsätzen wird er bis heute nur von Werner Melzer (→ 35) übertroffen.

Der gebürtige Lauterer wechselt 1964 vom benachbarten VfR auf dem Erbsenberg hinüber auf den Betzenberg. Mit seiner Zweikampf- und vor allem Willensstärke wird er zum Synonym der Beharrlichkeit, mit der sich der FCK in der Liga festbeißt. Gerne auch rustikal, aber aller Vorurteile zum Trotz selten unfair. Noch später als Torschütze wird er nämlich in der gleichen Saison Rotsünder – beim 286. Einsatz. Während dies der einzige Platzverweis seiner Karriere bleibt, kann er seine Torausbeute verdoppeln: nachdem er neun Jahre auf seinen ersten Treffer gewartet hat, trifft er eine Woche später gegen Hannover 96. (2:4) erneut.

„Draufhalten oder abspielen, nur nicht den Ball verlieren."

So lange hat kein Bundesligaspieler auf sein erstes Tor gewartet: Dietmar Schwager (hier leider nicht im Bild) trifft zum 2:2 gegen Werder Bremen, sein erstes Tor im 267. Bundesligaspiel.

26. MÄRZ 1983

Rekordsieg im Derby

34

Am Ende schießen sich die Gäste aus Karlsruhe den Ball gleich selbst ins Netz. Nach einer scharfen Hereingabe von der linken Seite durch FCK-Mittelfeldspieler Dieter Kitzmann versucht der Karlsruher Stephan Groß mit langem Bein zu klären und überwindet den eigenen Torwart Rudolf Wimmer zum Endstand. Mit sage und schreibe 7:0 schickt der 1. FC Kaiserslautern den badischen Rivalen am 25. Spieltag der Saison 1982/83 zurück auf die andere Rheinseite und feiert den höchsten Sieg seiner Bundesliga-Geschichte.

Auch der vorangegangene Treffer zum zwischenzeitlichen 6:0 durch Torbjörn Nilsson hat einen gewissen Slapstick-Charakter, als gleich drei Gäste-Spieler den Ball nicht vor der Linie geklärt bekommen. Die Roten Teufel erzielen an diesem Nachmittag aber auch einige ausgesprochen schöne Tore. Zum Beispiel durch einen satten Schuss von der Strafraumgrenze von Norbert Eilenfeldt oder durch einen wuchtigen Kopfball wie aus dem Lehrbuch von Hannes Bongartz.

Auf dem Betzenberg sind beim Rekordsieg etwas weniger als 15.000 Zuschauer im Stadion, was für heutige Derby-Verhältnisse eine bescheidene Zahl ist. Apropos Derby: Die Geschichte der Duelle mit dem KSC reicht zwar zurück bis in die 1950er-Jahre, hat lange aber nicht die ganz große Brisanz. Das ändert sich in den 1990er-Jahren, als sich die Roten Teufel und die von Winfried Schäfer trainierten Badener so manches legendäre Duell liefern. Auch nach dem zweiten Bundesliga-Abstieg des FCK im Jahr 2006 sind es die Derbys gegen Karlsruhe, die bis heute in schöner Regelmäßigkeit stattfinden und so ihren auch im Fan-Umfeld gewonnenen Stellenwert weiter festigen.

In der Spielzeit 1982/83 bedeuten die 14.600 Zuschauer demgegenüber noch einen der schlechtesten Besuche der Saison, mehr als 6.000 Zuschauer unter dem damaligen Schnitt. Dafür kommen die anwesenden FCK-Fans bei dem Spiel voll auf ihre Kosten, während der Tabellenletzte aus Karlsruhe mit sieben Stück sogar noch gut bedient ist. „Wie eine Stammtisch-Mannschaft" spottet der *kicker* über die Gäste.

Der FCK zeigt seinerseits fünf Tage nach der vorzeitigen Beurlaubung von Feldkamp-Nachfolger Rudi Kröner unter Interimstrainer Ernst Diehl die erhoffte Reaktion, gewinnt an den verbleibenden Spieltagen unter anderem mit 1:0 bei Bayern München und beendet die Saison auf Tabellenplatz sechs. Damit steht am Betze zum fünften Mal in Folge die Qualifikation für den UEFA-Pokal zu Buche.

Mit sage und schreibe 7:0 schickt der 1. FC Kaiserslautern den badischen Rivalen zurück auf die andere Rheinseite.

Norbert Eilenfeldt erzielt gegen Torwart Rudi Wimmer das Tor zum 2:0, am Ende gewinnt der FCK 7:0 – der bis heute höchste Bundesligasieg der Roten Teufel.

DAIMON

26. APRIL 1986

Der Mann im Hintergrund

35

Die Saison endet für den 1. FC Kaiserslautern mit einem Nachbarschaftsduell in Saarbrücken. 6:0 heißt es am Ende für die Pfälzer, was für ein Feiertag für die Fans. Die Treffer fünf und sechs erzielt Werner Melzer. „Hinterher dachte ich, jetzt kann nichts mehr kommen, und hab Schluss gemacht", erzählt er später. Trocken-humorig, wie es nun mal seine Art ist. Echt jetzt? Einfach so Schluss gemacht, mit erst 32 Jahren, ohne dass eine Verletzung im Spiel war? „Ja, doch", bekräftigt er. „Ich hatte nun mal das Gefühl, dass meine Zeit vorbei ist." Der Spieler mit den meisten Bundesliga-Einsätzen für die Roten Teufel ist er dennoch: 374 seiner insgesamt 449 Pflichtspiele für den FCK bestreitet er in der höchsten deutschen Spielklasse. Schwer vorstellbar, dass diese Marke überboten werden kann.

Zur Saison 1974/75 ist es nicht außergewöhnlich, dass regionale Talente gesichtet werden. Werner Melzer kommt als Torjäger vom FK Clausen an den Betzenberg. Mit seinem Heimatverein ist er Meister der 1. Amateurliga Südwest geworden und hat sich selbst dabei die Torjägerkrone gesichert. Zum Saisonauftakt, bei der 1:2-Niederlage auf Schalke, lässt Erich Ribbeck den 20-Jährigen 34 Minuten debütieren. Ab dem 4. Spieltag steht er regelmäßig in der Startelf. Als sich Dietmar Schwager nach 14 Spieltagen verletzt, setzt ihn der Trainer als Libero ein. Als der Routinier am Ende der Spielzeit seine Karriere beendet, bekleidet Melzer die Position dauerhaft.

Dabei macht er eine so ausgezeichnete Figur, dass manche in ihm einen kommenden Nationalspieler heranreifen sehen, sogar einen potenziellen Nachfolger für „Kaiser" Franz Beckenbauer. Dieser Traum erfüllt sich nicht, dafür aber bleibt Werner Melzer über zwölf Jahre eine feste Größe im FCK-Dress. Die großen Siege über die Bayern, das 5:0 über Real Madrid – Werner Melzer ist dabei. Ebenso wie in den beiden DFB-Pokal-Endspielen 1976 und 1981, die die Lauterer beide verlieren.

Kalli Feldkamp macht ihn wieder zum defensiven Mittelfeldspieler. Eine Position, aus der heraus er stets andere glänzen lässt. Er selbst bleibt der Mann im Hintergrund. Der aus dem Hintergrund allerdings ab und an ein Traumtor erzielt. Etwa beim 3:1-Auswärtssieg des FCK im Oktober 1978 in Dortmund. Ein abgewehrter Eckball, den er aus 25 Metern volley nimmt und mit einem perfekten Vollspannstoß ins Tordreieck zimmert. Ältere FCK-Fans bekommen heute noch glänzende Augen, wenn sie sich an diesen Hammer erinnern.

Die großen Siege über die Bayern, das 5:0 über Real Madrid – Werner Melzer ist dabei.

Werner Melzer, FCK-Rekordspieler, während der Saison 1985/86.

4. AUGUST 2014

Der Joker kommt, sieht und siegt

36

Das nennt man einen Einstand nach Maß. 80 Minuten sind zwischen dem 1. FC Kaiserslautern und 1860 München gespielt. Das Publikum im prall gefüllten Fritz-Walter-Stadion hat an diesem Montagabend schon einiges erlebt. Bereits in der 20. Minute sieht Lauterns Torhüter Tobias Sippel Rot. Die Münchner Löwen gehen mit 2:0 in Führung und es sieht nicht danach aus, als ließe sich da noch was drehen, nicht mit zehn Mann gegen elf. Doch dann kommt Srđan Lakić, der Torjäger aus dem Aufstiegsjahr 2010, der im Januar zurückgekehrt ist. Er erzielt erst den Anschlusstreffer, dann den Ausgleich. Damit sollten die Roten Teufel eigentlich zufrieden sein mit diesem Saisonauftakt, nach einer solchen Aufholjagd in Unterzahl.

Nun aber gibt es Ecke für Lautern. Für Lakić kommt Philipp Hofmann aufs Feld, der Stürmer, den der FCK von Schalke 04 verpflichtet hat. In der vorangegangenen Saison war der 21-Jährige als Leihgabe beim SC Paderborn erfolgreich. Er trabt in den Strafraum, orientiert sich Richtung „langes Eck", als Kevin Stöger die Ecke tritt. Steigt hoch, köpft – drin. 3:2 für Lautern, das ist auch der Endstand. Solche „Jokertore" gab es in den vergangenen 125 Jahren am Betzenberg einige zu sehen. Wie viele davon aber im ersten Spiel für den neuen Klub und direkt mit dem ersten Ballkontakt erzielt wurden? Das verrät keine Statistik.

Erstes Spiel, erster Ballkontakt, erstes Tor: perfekter Einstand

Solche Siege zum Saisonstart pushen. Lange Zeit sieht es so aus, als könne der FCK im dritten Jahr nach dem Abstieg 2012 ins Fußball-Oberhaus zurückkehren. An der Seitenlinie steht seit September 2013 Kosta Runjaic, der mit einem für Liga und Verein untypischem Kurzpassspiel den Wiederaufstieg erreichen will. Bis zum 30. Spieltag sieht es gut aus. Der FCK steht auf Aufstiegsplatz 2. Aus den finalen vier Spielen aber holt er nur noch zwei Punkte. Am Ende bleibt nur Rang 4.

Unvergessen bleibt aber ebenso: Sechs Elfmeter werden in dieser Spielzeit gegen die Lauterer gepfiffen, und bei vieren davon bestätigten selbst Beobachter ohne Vereinsbrille: Das waren Fehlentscheidungen. Auch der Platzverweis gegen Sippel bei diesem Saisonauftakt war unberechtigt, wie TV-Bilder belegen. Aber da war glücklicherweise der Joker zur Stelle, um die Sache noch zum Guten zu wenden.

Erster Ballkontakt im FCK-Trikot – Tor! Philipp Hofmann trifft direkt nach seiner Einwechslung zum entscheidenden 3:2 für den 1. FC Kaiserslautern gegen 1860.

ysafecard.com
25
15

uhlsport
paysafecard
10

Statistik

31

25. MAI 1968

FCK – Karlsruher SC

1:1 (0:1)

1. BUNDESLIGA 1967/68, 34. SPIELTAG

FCK: Schnarr, Hasebrink, Kentschke, Klimaschefski, Koppenhöfer, Rehhagel, Roggensack (17. Hansing), Schneider, Schwager, Soyez, Windhausen

KSC: Kessler, Dobat, Ehmann, Hausser, Hösl, Kafka, Marx, Müller, Scheu, Schrodt (78. Kunz), Weidlandt

Tore: 0:1 Müller (31.), 1:1 Hasebrink (83.)

Schiedsrichter: Hilker (Bochum)

Zuschauer: 3.000

32

18. NOVEMBER 1972

FCK – Bayern München

3:1 (2:0)

1. BUNDESLIGA 1972/73, 13. SPIELTAG

FCK: Stabel, Ackermann, Bitz, E. Diehl, Friedrich, F. Fuchs, Hosic, Huber, Pirrung, Schwager, Seel

FC Bayern: Maier, Beckenbauer, Breitner, Hansen, Hoeneß, Hoffmann, Krauthausen (63. Dürnberger), Müller, Roth, Schwarzenbeck, Zobel

Tore: 1:0, 2:0 Hosic (28., 40.), 3:0 Seel (59.), 3:1 Roth (88.)

Schiedsrichter: Basedow (Hamburg)

Zuschauer: 60.000 in Ludwigshafen

33

11. AUGUST 1973

FCK – Werder Bremen

2:2 (1:1)

1. BUNDESLIGA 1973/74, 1. SPIELTAG

FCK: Stabel, Ackermann, Bitz (77. Wilhelmi), E. Diehl, F. Fuchs, Huber, Laumen, Pirrung, Sandberg, Schwager, Schwarz (46. R. Meier)

Werder: Burdenski, Assauer, Dietrich, Görts, Höttges, Kamp, Roentved, Schildt, Schmidt, Weist, Zembski

Tore: 0:1 Schildt (30.), 1:1 Pirrung (38.), 1:2 Roentved (77.), 2:2 Schwager (81.)

Schiedsrichter: Hennig (Duisburg)

Zuschauer: 20.000

Gelbe Karte: Bernd Schmidt

34

26. MÄRZ 1983

FCK – Karlsruher SC

7:0 (4:0)

1. BUNDESLIGA 1982/83, 26. SPIELTAG

FCK: Reichel, T. Allofs, Bongartz (83. Kitzmann), Brehme, Briegel, Brummer, Dusek, Eilenfeldt (83. Plath), Melzer, Nilsson, W. Wolf

KSC: Wimmer, Bold, Boysen, Groß, Hagmayer, Hofeditz, Kleppinger, Theiß, Trenkel (69. Dittus), Wiesner (46. Walz), Zahn

Tore: 1:0 Brehme (7.), 2:0, 3:0 Eilenfeldt (20., 34.), 4:0 Nilsson (41.), 5:0 Bongartz (54.), 6:0 Nilsson (68.), 7:0 Groß (85., Eigentor)

Schiedsrichter: Retzmann (Pinneberg)

Zuschauer: 14.600

Gelbe Karte: Boysen

35

26. APRIL 1986

1. FC Saarbrücken – FCK

0:6 (0:3)

1. BUNDESLIGA 1985/86, 34. SPIELTAG

1. FC Saarbrücken: Kellner, Boysen, Demange, Foda (63. Berge), Jambo, Jusufi, Kruszynski, Mohr, Muntubila (80. Makan), Schnier, Szesni

FCK: Ehrmann, T. Allofs, Brehme, Dusek, Geye, Hoos, Melzer, Moser, Spielberger (82. Loechelt), W. Wolf (57. Majewski), Wuttke

Tore: 0:1 Allofs (18.), 0:2 Spielberger (35.), 0:3 Hoos (40.), 0:4 Allofs (55.), 0:5 Melzer (81.), 0:6 Melzer (90.)

Schiedsrichter: Assenmacher (Hürth)

Zuschauer: 7.500

Gelbe Karte: Allofs

36

4. AUGUST 2014

FCK – 1860 München

3:2 (0:2)

2. BUNDESLIGA 2014/15, 1. SPIELTAG

FCK: Sippel, Zimmer, Torrejón, Heintz, Löwe, Karl, Gaus, Jenssen (46. Stöger), Ring (22. M. Müller), Matmour, (79. Hofmann)

1860: Kiraly, Vallori, Kagelmacher (85. Steinhöfer), Schindler, Adlung (89. Claasen), Bedia, Sanchez (85. Tomasov), Weigl, Leonardo, Okotie, Wood

Tore: 0:1, 0:2 Okotie (26., 33.), 1:2, 2:2 Lakić (68, FE, 71.), 3:2 Hofmann (80.)

Schiedsrichter: Dankert (Rostock)

Zuschauer: 41.092

Gelbe Karten: Zimmer, Gaus – Weigl, Kagelmacher

Rote Karte: Sippel (20., Handspiel)

Aufstiege

28. JUNI 1931

Zängry stillt die Sehnsucht

37

Eine letzte Chance bleibt noch. Eine Woche nachdem der FVK/Phönix den direkten Aufstieg mit einer 3:4-Heimniederlage gegen den SV Saarbrücken verspielt hat, kann er im Relegationsspiel gegen den VfB Dillingen den Aufstieg in die Bezirksliga doch noch erreichen. Als Drittplatzierter der Aufstiegsrunde kämpfen die Lauterer gegen den Drittletzten aus eben jener um das Startrecht in der damals höchsten Spielklasse.

Es ist eine Paarung, die nach der Vokabel „ausgerechnet" schreit, denn im Vorjahr war es just der gleiche Gegner, der dem FVK/Phönix – nach Punktgleichheit in der Aufstiegsrunde – den Aufstieg in einem Entscheidungsspiel verwehrte.

Nach acht Jahren, in denen die Sehnsucht nach der Erstklassigkeit größer und größer geworden war, ist die Hoffnung stärker als der Glaube an die eigene Stärke. Die Aufstiegsrunde hat Kraft und Nerven gekostet. Dillingen geht dagegen ausgeruht in die Partie. Zudem ist es sehr heiß.

Egal. Die Mannschaft ist gleich gut im Spiel, aber vorne zu harmlos. Kurz vor dem Wechsel geht Dillingen in Führung. Die Lauterer behalten aber die Nerven und der Halblinke Peter Zängry gleicht aus. Jetzt spielt nur noch der FVK/Phönix, „Angriff auf Angriff rollt auf das Dillinger Tor" (Pfälzische Presse) und fünf Minuten später wird Zängry mit seinem zweiten Treffer zu einem der frühen Helden der Vereinsgeschichte.

Die von Otto Schwab trainierte Elf mit Zängry, Torwart Ernst Gebhardt oder Mittelläufer Karl Berndt besteht die Herausforderung der Bezirksliga zunächst blendend und nimmt 1933 erstmals an der Endrunde um die Süddeutsche Meisterschaft teil. Der Höhenflug währt allerdings nur kurz. Auch Peter Zängry persönlich lernt die Schattenseiten des Fußballs kennen. 1935 wird ihm ein Nerv im Bein durchgetreten, aber selbst als Sportinvalide wird er dem Verein behilflich sein. Zusammen mit Karl Berndt engagiert er sich in der Jugendarbeit. Unter ihrer Obhut wächst eine Generation heran, die dem Verein Höhepunkte in damals noch unvorstellbaren Dimensionen bescheren wird.

Der FVK/Phönix ist aufgestiegen: Der Jubel bei den Anhängern ist nach dem 2:1-Sieg gegen Dillingen dementsprechend groß.

11. JUNI 1939

Der Shootingstar

38

Hi, ha, ho, Burbach ist k. o." „Wer hätte das gedacht? De Betze hat's gemacht!" Mit derlei Sprechchören feiern die knapp 6.000 Zuschauer auf dem Betzenberg die Rückkehr des 1. FC Kaiserslautern in die Gauliga. Gegen die TSG Burbach ist Fritz Walter als dreifacher Torschütze der umjubelte Mann des Tages.

„Es Fritzje" ist mit nur 18 Jahren bereits der Star der Mannschaft. Mit 59 Treffern in nur 24 Spielen hat das aus der eigenen Jugend aufgerückte Juwel den FCK zur Meisterschaft im Bezirk Mittelpfalz geschossen. In der anschließenden Aufstiegsrunde gegen den favorisierten VfR Frankenthal und die TSG Burbach knüpft Walter nahtlos daran an.

Der junge Fritz profitiert aber auch von einer gewachsenen Mannschaft, die im Kern bereits zwei Jahre zuvor zusammen aufgestiegen, dann aber sofort wieder abgestiegen ist. Um den Ehrenspielführer Adolf Jung, der nur noch selten spielt, sind es zum Beispiel Torwart Ernst „Schnaz" Gebhardt, Jakob Marker (der gegen Burbach zum 1:0 trifft), Willi Höhrhammer oder Heinrich Schaub. Dazu kommen als Soldaten in Kaiserslautern stationierte Fußballer wie Herbert Rasch oder der Pirmasenser Nationalspieler Heinrich Hergert. Und neben Fritz Walter auch andere hausgemachte Talente wie der spätere Meistertrainer Richard Schneider.

Die sofortige Rückkehr in die damals höchste Spielklasse stellt wichtige Weichen. Am Ende eines Jahrzehnts, das von sportlichen und finanziellen Schwierigkeiten geprägt ist, sichert der sportliche Erfolg die eigenständige Existenz des Vereins. Er ist ein wichtiges Argument gegen die von lokalen NS-Politikern forcierte Bildung eines Großvereins, in dem der FCK und der VfR aufgehen sollen. Mit der Ankunft Fritz Walters, der bald sogar Nationalspieler wird, sind diese Bemühungen obsolet.

Im Lauterer Fußball beginnt eine neue Zeitrechnung: Aus einer Fahrstuhlmannschaft erwächst trotz der bevorstehenden Verluste des nahenden Kriegs eine (zunächst regionale) Spitzenmannschaft. Nach diesem Aufstieg wird der FCK 57 Jahre lang erstklassig bleiben.

Dieser Mannschaft gelingt in der Saison 1938/39 der Aufstieg in die Gauliga, der diesmal Bestand hat. Von links: Karl Abel, Fritz Walter, Jakob Marker, Heinz Folz, Willi „Geo" Müller, Ernst Gebhardt, Willi Hörhammer, Heinrich Hergert, Heinrich „Benn" Schaub, Neuner, Herbert Rasch. Davor sitzt Ehrenspielführer Adolf Jung.

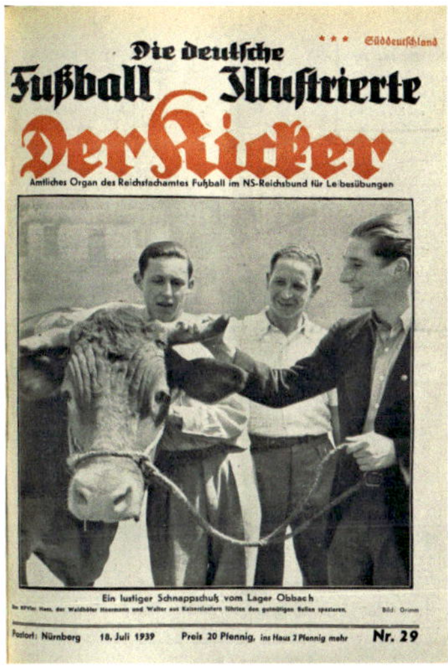

Süddeutschland

Die deutsche Fußball Illustrierte

Der Kicker

Amtliches Organ des Reichsfachamtes Fußball im NS-Reichsbund für Leibesübungen

Ein lustiger Schnappschuß vom Lager Obbach

Bild: Grimm

Postort: Nürnberg 18. Juli 1939 Preis 20 Pfennig, ins Haus 2 Pfennig mehr Nr. 29

Jungstar Fritz Walter schafft es im Juli 1939 bereits aufs Titelbild des kicker.

11. JUNI 1997

Torfestival mit Misstönen

39

Es wird eine große Party. So viel ist schon lange klar. Aber dass der SV Meppen ein derart zuvorkommender Gast ist, überrascht dann doch: Jeder Schuss ein Treffer. So in etwa lässt sich der Verlauf der ersten Halbzeit im letzten Zweitliga-Heimspiel des 1. FC Kaiserslautern in der Saison 1996/97 beschreiben.

In Torlaune präsentieren sich dabei zunächst die bereits seit dem 30. Spieltag als Aufsteiger feststehenden Roten Teufel. Zweimal Olaf Marschall sowie Uwe Wegmann und Thomas Riedl stellen das Ergebnis nach nicht einmal einer halben Stunde auf 4:0. Die 38.000 Zuschauer auf dem ausverkauften Betzenberg kommen aus dem Jubeln gar nicht raus. Bis zur Halbzeit steht es nach einem weiteren Treffer von Riedl sowie einem Tor von Jürgen Rische bereits 6:2.

Auch im zweiten Durchgang geht es torreich weiter – dieses Mal aber in einer anderen Verteilung. Während auf Seiten der Gastgeber nur Axel Roos zum zwischenzeitlichen 7:3 erfolgreich ist, treffen die Gäste aus dem Emsland ihrerseits noch vier Mal. Nach 90 Minuten endet die Partie mit einem unglaublichen 7:6 für den FCK. Ein Ergebnis wie beim Eishockey und damit immer noch die torreichste Begegnung in der Geschichte der 2. Bundesliga.

Für die Roten Teufel ist es gefühlt nur eine Stippvisite außerhalb ihres natürlichen Habitats, die der FCK mit zehn Punkten Vorsprung als Meister abschließt.

Rein sportlich ist die Mission des direkten Wiederaufstiegs somit optimal verlaufen – und doch kommt noch am Spieltag erhebliche Missstimmung im Fritz-Walter-Stadion auf, als der offenbar schon länger schwelende Kompetenz-Streit zwischen Trainer Otto Rehhagel und Manager Hans-Peter Briegel öffentlichkeitswirksam zutage tritt. Nur mühsam kann der Zwist in den kommenden Wochen befriedet werden, mündet im Oktober des gleichen Jahres dann aber doch im Rücktritt von Briegel.

Die Roten Teufel besiegen den SV Meppen zum Abschluss der Zweitligasaison 1996/97 mit 7:6 (6:2), anschließend feiern Pascal Ojigwe, Marco Reich, Ratinho, Trainer Otto Rehhagel und Gerald Ehrmann den Aufstieg mit den Fans.

25. APRIL 2010

Unverhoffter Held

40

Es ist ein phantastischer Treffer, keine Frage: Cidimar, der brasilianische Stürmer des FSV Frankfurt, nimmt den Ball mit dem Rücken zum Tor an, liftet ihn in die Höhe und jagt ihn per Fallrückzieher ins Netz. Die FSV-Fans jubeln, aber mit ihnen einige tausend Lauterer auf den Rängen des Volksbank-Stadions. In Kaiserslautern fürchten derweil etliche Wirte um ihr Mobiliar, da die Gästeschar, die in ihren Kneipen schaut, es vor Begeisterung auseinanderzunehmen droht. Zwanzig Minuten später wird auf den Straßen getanzt.

Okay, das Tor war schön, aber wieso lässt ein 1:1 zwischen dem FSV Frankfurt und dem FC Augsburg die gesamte Pfalz an diesem Sonntag dermaßen ausflippen? Ganz einfach: Nach diesem Remis vermag der Tabellendritte aus dem bayrischen Schwaben den aktuellen Spitzenreiter der zweiten Liga nicht mehr einzuholen. Was bedeutet: Der 1. FC Kaiserslautern steht am 32. Spieltag der Saison 2009/10 als erster Bundesliga-Aufsteiger fest. Er führt die Tabelle mit 65 Punkten an. Im Fall eines Sieges aber wären die Augsburger auf vier Punkte herangekommen. Und am letzten Spieltag reisen sie zum Betzenberg. Dort hätte es also zu einem echten Finale kommen können.

Am Freitag zuvor haben es die Pfälzer noch selbst in der Hand, ihren Aufstieg klarzumachen. Doch im Heimspiel gegen Hansa Rostock versagen die Nerven. Der Abstiegs-

Am Sonntagnachmittag säumen 6.382 zahlende Zuschauer die Ränge. Und auffallend viele tragen rot-weiß.

kandidat siegt mit 1:0. Die treuesten der treuen Fans sind erst sprachlos, dann schütteln sie sich und beschließen: Auf nach Frankfurt, den FSV gegen Augsburg unterstützen. Gesagt, getan. Am Samstagmorgen noch sind lediglich 3000 Karten für die Partie am Bornheimer Hang verkauft, am Sonntagnachmittag um 13:30 Uhr säumen 6.382 zahlende Zuschauer die Ränge. Und auffallend viele tragen rot-weiß.

Vier Jahre dauerte der zweite Aufenthalt der Lauterer in der zweiten Liga. Die vergangene Saison schlossen sie auf Rang 7 ab. Im Sommer übernahm Marco Kurz den Trainerposten, und der formte sich ein Aufstiegsteam. Das nach dem 34. Spieltag sogar als Meister ins Oberhaus zurückkehren darf.

Und Cidimar? Der wird zum Fan-Liebling, obwohl er nie das Trikot der Roten Teufel getragen hat. Noch Jahre später wünschen ihn Fans sich immer wieder als Neuzugang, wenn der FCK auf dem Transfermarkt einen neuen Stürmer sucht – „allein schon aus Dankbarkeit".

Cidimar selbst natürlich und einige Tausend FCK-Anhänger bejubeln den Treffer des Brasilianers gegen Augsburg – dadurch stehen die Roten Teufel als Aufsteiger fest.

24. MAI 2022

Mit Hacke und Hanslik: Adieu, 3. Liga

41

59 Minuten sind gespielt im Dresdner Rudolf-Harbig-Stadion. 30.530 Zuschauer vor Ort, Hunderttausende Fans beider Seiten an den Fernsehschirmen, Trainer und Reservespieler, 22 Akteure auf dem Rasen – die Nerven aller sind zum Zerreißen gespannt. Immer noch steht es 0:0 im zweiten Relegationsspiel zwischen dem 1. FC Kaiserslautern und Dynamo Dresden, dem Tabellendritten der dritten und dem 16. der zweiten Liga. Immer noch ist nicht abzusehen, zu wessen Gunsten das Pendel ausschlägt. Vor einer Minute bot sich FCK-Stürmer Terrence Boyd die bislang beste Gelegenheit. Doch Dynamo-Keeper Kevin Broll klatschte seinen Kopfball, den er nach einer Ecke von Hendrick Zuck aufs Tors setzte, gerade noch von der Linie.

Was für ein dramatisches Finale einer nicht minder dramatischen Saison! Lange Zeit läuft es blendend für die Pfälzer. Trainer Marco Antwerpen hat den Tabellen-14. der Vorsaison wieder nach oben geführt. Nach 34 Spieltagen steht sein Team auf Aufstiegsplatz zwei. Und nachdem es den 1. FC Saarbrücken trotz Unterzahl 3:1 geschlagen hat, scheint die Lauterer Brust so breit, dass niemand mehr zweifelt: Die lassen keinen mehr an sich vorbei. Doch wie so oft im Fußball kommt es anders. Der FCK verliert drei Spiele

Nach einer spannenden Relegation gegen Dynamo Dresden steht am Ende der Aufstieg für den 1. FC Kaiserslautern – auch dank des Treffers zum 1:0 durch Daniel Hanslik (Mitte).

In Kaiserslautern wird mal wieder auf der Straße getanzt.

nacheinander, rutscht auf den Relegationsplatz ab – und FCK-Geschäftsführer Thomas Hengen riskiert etwas, was ihn im Fall eines Scheiterns womöglich seinen Job kosten würde. Er entlässt Antwerpen, engagiert den gebürtigen Chemnitzer Dirk Schuster. Der soll es richten in den nun ausstehenden Playoffs.

Zurück zur 59. Minute. Kevin Kraus erobert am eigenen Strafraum den Ball. Passt auf Marlon Ritter und setzt zu einem Sprint übers gesamte Feld an. Als wolle er signalisieren: Los, Jungs, irgendwas muss doch endlich passieren. Ritter treibt den Ball durchs Mittelfeld, tritt ihn mit dem Außenrist vertikal Richtung gegnerische Strafraumgrenze, wo sich Mike Wunderlich freigelaufen hat. Der alte Fuchs legt mit der Hacke auf Daniel Hanslik ab. Der dringt in den Sechzehner ein – und vollstreckt.

Dresden attackiert wütend, bringt aber nicht mehr viel vors Tor, und wenn's gefährlich wird, ist der junge FCK-Schlussmann Matheo Raab zur Stelle. Philipp Hercher besorgt in der 90. Minute das 2:0. Und in Kaiserslautern wird mal wieder auf der Straße getanzt, sogar die Kirchenglocken beginnen zu läuten. Vier Jahre dritte Liga sind zu Ende. Der FCK ist wieder da.

Statistik

37

28. JUNI 1931

VfB Dillingen – FVK/Phönix

1:2 (1:0)

RELEGATIONSSPIEL IN NEUNKIRCHEN

VfB Dillingen: Haubrich, Mohr, Grandmontagne, Windgassen, Ornau, Burger, Gier, Kellasch, Niedruck, Wirtz, Blug

FV/Phönix Kaiserlautern: Gebhardt, Jung I, Scheidel, Kirchner, Berndt, Gödtel, Sprengard, Conrad, Schaub, Zängry, Diehl

Tore: 1:0 Wirtz (40.), 1:1 Zängry (50.), 1:2 Zängry (55.)

Schiedsrichter: Becker (Ludwigshafen)

Zuschauer: 2.000

38

11. JUNI 1939

FCK – TSG Burbach 4:0 (3:0)

AUFSTIEGSRUNDE ZUR GAULIGA

FCK: Gebhardt, Hörhammer, Folz, Müller, Hergert, Schaub, Marker, Inninger, Streb, Fritz Walter, Abel

Burbach: Jost, Hand, Götz, Becker, Pletsch, Krebs, Baumgarten, Schaus, Schlachter, Kullmann, Jolly

Tore: 1:0 Abel, 2:0, 3:0, 4:0 Fritz Walter

Schiedsrichter: Möller (Frankfurt/Main)

Zuschauer: 5.000

39

11. JUNI 1997

FCK –SV Meppen

7:6 (6:2)

2. BUNDESLIGA 1996/97, 34. SPIELTAG

FCK: Reinke, Kadlec (65. Ojigwe), R. Lutz, H. Koch, Roos, Brehme (62. Keller), Wegmann (46. Reich), Ratinho, T. Riedl, Marschall, Rische

SV Meppen: Brasas, Deters, Böttche, Vorholt (48. Kluge), Prus, Helmer, Szewczyk, Myyry, Thoben (46. Bujan), Ukrow (29. Imort), Claaßen

Tore: 1:0, 2:0 Marschall (2., 16.), 3:0 Wegmann (18.), 4:0 T. Riedl (21.), 4:1 Claaßen (35.), 5:1 T. Riedl (37.), 5:2 Thoben (40.), 6:2 Rische (45.), 6:3 Myyry (70.), 7:3 Roos (76.), 7:4 Kluge (79.), 7:5 Bujan (84.), 7:6 Claaßen (88.)

Schiedsrichter: Keßler (Höhenkirchen)

Zuschauer: 38.000

Gelbe Karte: Ojigwe

40

25. APRIL 2010

FSV Frankfurt – FC Augsburg

1:1 (0:0)

2. BUNDESLIGA 2009/10, 32. SPIELTAG

FSV: Klandt, Gallego, Husterer, Klitzpera, Voigt (46. Kujabi), Gjasula, Ledgerwood (55. Cidimar), Mehic, Müller, Munteanu (68. Bouhaddouz), Mölders

FC Augsburg: Jentzsch, Buck, Roeck, Akchaoui (72. Bellinghausen), Möhrle, Reinhardt, Baier, Hegeler (85. Sukalo), Hain (74. Szabics), Thurk, Traoré

Tore: 0:1 Thurk (48.), 1:1 Cidimar (69.)

Schiedsrichter: Zwayer (Berlin)

Zuschauer: 6.400

Gelbe Karten: Voigt, Klitzpera, Cidimar – Buck

41

24. MAI 2022

Dynamo Dresden – FCK

0:2 (0:0)

RELEGATION 2022, RÜCKSPIEL

Dynamo: Broll, Sollbauer, Knipping, Löwe, Diawusie (46. Vlachodimos), Kade, Stark (30. Batista Meier), Becker (80. Drchal), Weihrauch (68. Borrello), Daferner, Königsdörffer

FCK: Raab, Zimmer, Kraus, Tomiak, Zuck (69. Schad), M. Ritter, Ciftci (72. Niehues), Hercher, Wunderlich (69. Redondo), Hanslik (88. Stehle), Boyd

Tore: 0:1 Hanslik (59.), 0:2 Hercher (90.+2)

Schiedsrichter: Siebert (Berlin)

Zuschauer: 30.530

Gelbe Karten: Becker, Batista Meier, Vlachodimos – Tomiak, Ciftci, Hanslik

Nah dran

Die Zukunft wird dem Gegner aus Kaiserslautern gehören.

FCK-Torhüter Theo „Pat“ Baumann und Schalke-Stürmer Adolf „Ala“ Urban während des Endrundenspiels um die Deutsche Meisterschaft.

24. MAI 1942

Zu grün für den Altmeister

42

Verbissen kämpft die FCK-Abwehr darum, einen weiteren Gegentreffer zu verhindern. Das Spiel ist längst entschieden, aber zweistellig soll es nicht werden. Gegen die beste deutsche Elf dieser Epoche bekommt der 1. FC Kaiserslautern seine Grenzen überdeutlich aufgezeigt. Bei seiner ersten Teilnahme an einer Endrunde zur Deutschen Meisterschaft setzt es vor 35.000 Zuschauern in der Glückauf-Kampfbahn eine deftige 3:9-Niederlage gegen Schalke 04.

Nach dem glänzenden 7:1-Sieg gegen den SV Waldhof zwei Wochen zuvor sehen viele im „Westmarkmeister" eine Mannschaft, die den Königsblauen gefährlich werden könnte. Weit gefehlt: nach kurzem Abtasten brummt der „Schalker Kreisel" wie schon lange nicht mehr. Es fällt Tor um Tor. Erst nach der zwischenzeitlichen 7:0-Führung hübschen Adam und die beiden Walterbrüder das Ergebnis leicht auf.

Der herben Schlappe zum Trotz ist es symptomatisch, dass der 18-jährige Ottmar und der 21-jährige Fritz Walter gegen den von Ernst Kuzzora und Fritz Szepan angeführten Altmeister treffen: Während die Hochzeit der Schalker mit ihrem sechsten Titelgewinn 1942 endet, wird die Zukunft dem Gegner aus Kaiserslautern gehören.

Mit den beiden Walters, Heinz Jergens, Ernst Liebrich und Werner Baßler stehen bereits fünf Spieler auf dem Platz, die neun Jahre später den ersten Titel in die Pfalz holen werden. Es wären ohne den vermaledeiten Krieg wahrscheinlich noch mehr, denn das große Torhüter-Talent Theo „Pat" Baumann fällt 1944 in Italien. Aus der Lauterer Elf dieses Tages wird auch Heinrich Schaub sein Leben an der Ostfront lassen.

Die von Karl Berndt trainierte Mannschaft, die als „Gaumeister" den bislang größten Erfolg der Vereinsgeschichte erreicht hat, wird durch den nationalsozialistischen Wahnsinn vorerst auseinandergerissen. Diejenigen, die lebendig zurückkehren, werden jedoch ab 1945 die Keimzelle einer goldenen Ära bilden.

8. AUGUST 1948

Lehrgeld

43

Abergläubische Zeitgenossen sind sich sicher, dass sich die entscheidende Szene bereits im Vorfeld der Partie zugetragen hat: Als Robert „Zapf" Gebhardt bei Fritz Walter anfragt, ob die Lauterer damit einverstanden sind, dass der 1. FC Nürnberg im Endspiel in seinen gewohnten weinroten Trikots auflaufen kann, willigt der FCK-Kapitän aus Respekt vor dem Status des sechsfachen Deutschen Meisters sofort ein.

Infolgedessen stehen dem „Club" in seinem zehnten Endspiel statt „Roter Teufel" nur ganz in Weiß gekleidete Unschuldslämmer gegenüber. Routiniert und robust kauft der Altmeister dem nur anfangs forschen Neuling den Schneid ab. Bis die Pfälzer vor 75.000 Zuschauern in Köln ihre Ehrfurcht ablegen, liegen sie durch die Tore von Winterstein (8.) und Pöschl (24.) mit 0:2 in Rückstand. Erst in der zweiten Hälfte besinnt sich der FCK auf seine spielerische Stärke, mehr als das Eigentor von Uebelein (62.) springt dabei aber nicht heraus: der 1. FC Nürnberg gewinnt seinen siebten Titel und ist damit neuer Rekordmeister.

Trotz der Niederlage werden die ihm Schnitt erst 24 Jahre alten Lauterer in der *Rheinpfalz* als Mannschaft der Zukunft gewürdigt: „Nicht allein wegen der Begabung eines Fritz Walter, sondern der Jugend wegen." Die erste Endrunde der Nachkriegszeit, die aufgrund der politischen Spannungen nach der im Juni durchgeführten Währungsreform ohne den Vertreter der sowjetisch besetzten Zone auskommen muss, ist für die Mannschaft die offizielle Premiere auf der überregionalen Bühne. Verzückt werden die beiden 5:1-Siege gegen 1860 München (Viertelfinale) und die TuS Neuendorf (Halbfinale) von Fans und Fachleuten beklatscht. Die Höhepunkte, die die nächsten Jahre bringen werden, zeichnen sich bereits am Horizont ab.

Bis an den Spielfeldrand und selbst auf dem Tribünendach drängen sich 75.000 Zuschauer im Müngersdorfer Stadion von Köln, um das Finale zu verfolgen.

13. SEPTEMBER 1961

Der Finalfluch

FCK-Verteidiger Miksa kann Schröders Distanzschuss nicht verhindern, und die Bremer gehen mit 1:0 in Führung.

Werner Liebrich ist sichtlich frustriert. Wie gerne hätte er zum Ende seiner Karriere noch einen Titel geholt. Das erste DFB-Pokalendspiel der Vereinsgeschichte bietet dem Welt- und Deutschen Meister die späte Gelegenheit, die restlichen Fußballrentner der Walterelf zu übertrumpfen. Beim Verlassen des Platzes bleibt ihm allerdings nur, seinen alten Kollegen aus der Nationalelf, Willy Schröder, zu dessen Leistung beim 2:0-Sieg des SV Werder Bremen zu beglückwünschen.

Nur 18.000 Zuschauer in der Gelsenkirchener Glückauf-Kampfbahn mögen als Indiz herhalten, dass die Bedeutung des nationalen Pokalwettbewerbs noch überschaubar ist, aber auch in den nächsten fast 30 Jahren scheint der FCK auf die Rolle des sportlich fairen, aber letztlich chancenlosen Verlierers abonniert. Auf jeden Fall trifft dies auf den zweiten Anlauf 1972 gegen den FC Schalke 04 zu. Am Ende fast hilflos unterliegt die Mannschaft um Kapitän Friedrich dem deutschen Vizemeister in Hannover mit 0:5. Der einzige Trost dieser Finalteilnahme bleibt die damit verbundene (und für den FCK erstmalige) Qualifikation für den UEFA-Cup.

Aus der Elf dieses Tages sind vier Jahre später nur noch Kapitän Ernst Diehl und „Seppl" Pirrung dabei. Bei der 0:2-Niederlage gegen den HSV am 26. Juni 1976 wird nicht nur der Torjäger Klaus Toppmöller nach seinem Autounfall (→ 102) vermisst. Vier Niederlagen an den letzten vier Spieltagen sind eine zu große Hypothek für ein erfolgreiches Finale.

Den letzten Schritt zu gehen bleibt auch Karl-Heinz Feldkamp zunächst verwehrt. 1981 unterliegt er mit seiner Mannschaft in Stuttgart der Frankfurter Eintracht mit 1:3. Wieder einmal ist es eine einseitige Angelegenheit. Erst in der letzten Minute gelingt Reiner Geye im vierten Finale zumindest der erste FCK-Treffer.

Erst als Geye (Vize-Präsident) und Feldkamp (wieder Trainer) 1990 zusammen an den festen Endspielort Berlin reisen, besiegt der 1. FC Kaiserslautern seinen Finalfluch (→ 14). Nach dem zweiten Titel 1996 (→ 16) reiht sich die Partie 2003 gegen Bayern München aber wieder nahtlos in die Reihe ungleicher Duelle auf großer Bühne ein.

21. APRIL 1982

Schwedische Schwalbe

45

Das gibt's doch nicht – der pfeift tatsächlich Elfmeter! Gegen Lautern! Dabei hat Michael Dusek diesen Torbjörn Nilsson doch kaum berührt! Und das ausgerechnet jetzt, wo alles Spitz auf Knopf steht!

102 Minuten sind gespielt. UEFA-Cup-Halbfinale, Rückspiel, der FCK gastiert beim IFK Göteborg. 1:1 steht es. So war auch das Hinspiel auf dem Betzenberg zu Ende gegangen. Da hatte Beppo Hofeditz den Gastgeber in Führung geschossen, Dan Corneliusson ausgeglichen. Diesmal war's umgekehrt: Tommy Holmgren schoss die Schweden in Front, Reiner Geye egalisierte.

18 Minuten noch, dann hätte ein Elfmeterschießen entschieden, wer die beiden Finalspiele gegen den Hamburger SV bestreitet. Aber jetzt hat dieser Romualdas Juška Strafstoß gepfiffen. Unfassbar! Ein Fehlurteil!

Aber: Abwarten. Denn beim FCK steht wer im Tor? Richtig: Ronnie Hellström.

Stig Fredriksson führt aus, ein Landsmann Ronnies. „Ich kannte ihn, wusste, wo er hinschießen würde", erzählt die Lautern-Ikone Jahre später ihrem Biografen Tore S. Börjesson. „Und ich war mit den Händen am Ball! Konnte ihn aber nicht halten!" Dieses Gespräch findet 35 Jahre danach statt, schreibt Börjesson in seinem Buch „Ronnie. Der fliegende Wikinger". Aber Ronnie hätte bei dieser Schilderung immer noch mit den Tränen gekämpft.

Göteborg gewinnt 2:1, zieht in die Finalspiele ein und schlägt den HSV mit 1:0 und 3:0. Dass die Lauterer ein viel härterer Gegner waren, ist für sie jedoch nur ein schwacher Trost. So nah an einem internationalen Titel waren sie noch nie.

Und wie das Leben so spielt: Ein paar Wochen später wechselt Torbjörn Nilsson, der diesen Elfmeter verursacht hat, nach Kaiserslautern. Und ist gegenüber seinen neuen Teamkollegen erstmal in Erklärungsnöten.

Doch aus jeder Niederlage lässt sich auch lernen. Das beherzigt vor allem FCK-Spielmacher Hannes Bongartz. Die Art, wie Göteborgs Trainer Sven-Göran Eriksson sein Team taktisch formierte – mit damals in Deutschland noch unüblicher Viererkette – inspiriert den „Spargeltarzan", es später als Trainer auch mal so zu versuchen: Als er 1985 Trainer auf dem Betzenberg wird.

Ronnie Hellström nach dem verlorenen UEFA-Pokal-Halbfinale in Göteborg.

19. APRIL 2001

Hoffnung auf Höllenfahrt

46

Nach sieben Minuten steht's am Betzenberg 1:0 für den FCK. Begann zu diesem Zeitpunkt nicht schon einmal ein UEFA-Pokalabend für die Ewigkeit? Richtig: 1982, beim 5:0 gegen Real Madrid (→ 122). Diesmal ist es der französische Weltmeister Youri Djorkaeff, der trifft. Allerdings wird diesmal ein größeres Wunder benötigt, um den Gegner auszuschalten. Die Pfälzer müssen ein 1:5 aufholen. Wieder geht's gegen einen spanischen Klub, allerdings einen mit einem weniger klangvollen Namen. Gegen CD Alavès aus der baskischen Hauptstadt Vitoria.

Aber was sind schon Namen? Auch der 1. FC Kaiserslautern zählt nicht wirklich zu den ganz Großen des internationalen Fußballs. Da sind im zweiten Halbfinale dieses UEFA-Cup-Wettbewerbs ganz andere Kaliber am Start: der FC Barcelona und der FC Liverpool. Die Sieger treffen am 16. Mai in Dortmund aufeinander. Ein Endspiel in Deutschland also. In der Pfalz malt man es sich schon seit Wochen in den schönsten Farben aus: das Westfalenstadion, wie es in Teufelsrot statt in Schwarzgelb erstrahlt.

Nach dem Hinspiel aber liegt Dortmund weiter denn je von der Pfalz entfernt. Aber „de Betze" ist „de Betze", also immer für ein Wunder gut. Und jetzt steht's 1:0 ... Die Fans skandieren „Nur noch drei". Ein 4:0, und Lautern hätte es geschafft, dank des Elfmetertors, das Harry Koch im Hinspiel erzielte.

Es folgen ein paar selbstbewusste Lauterer Angriffe, auch eine Strafraumszene, nach der die Fans vehement Elfmeter fordern. Nach 23 Minuten aber geht die Hoffnung auf Höllenfahrt. Ivan Alonso erzielt das 1:1. Jetzt müssen fünf Treffer her, um zu gewinnen, vier, um ins Elfmeterschießen zu kommen ... Dass das „too much" ist, wird mit jeder Minute deutlicher spürbar. Und umso mehr der Glaube auf der einen Seite sinkt, umso stärker wächst er auf der anderen. Am Ende siegt Alavès mit 4:1. Macht 9:2 in der Gesamtwertung. Was für eine Packung. „De Betze" ist zwar immer für ein Wunder gut, heute aber war er nicht mal annähernd gut genug.

Auch in der Liga läuft es nicht. Am Betzenberg stimmt es einfach nicht in diesen Tagen. Nicht zwischen Teamchef Andreas Brehme und seinem Star Youri Djorkaeff, nicht im Team, nicht in der Führungsetage. 2003 qualifiziert sich der FCK noch einmal für den UEFA-Cup, da aber wird schon in der 1. Runde Schluss sein. Danach wird es am Betzenberg keine Europapokal-Abende mehr geben.

Fünf Treffer sind „too much".

Jeff Strasser ist konsterniert, während Torschütze Raúl Gañán nach seinem 4:1 jubelnd abdreht.

27. MAI 2013

Aufstieg verpasst – Liebe geschworen

47

Am Betzenberg fließen wieder mal Tränen. Der FCK hat ein Spiel verloren. Ein wichtiges, eines, in dem es um die Rückkehr in die Bundesliga ging, aus der die Roten Teufel vor einem Jahr abgestiegen sind. Ein Relegationsspiel, das erste der Klubgeschichte. Der Tabellendritte der zweiten Liga gegen den 16. der ersten, der 1. FC Kaiserslautern gegen die TSG Hoffenheim.

Bereits das Hinspiel hat der Bundesligist 3:1 gewonnen. Das gilt es an diesem Abend aufzuholen. Scheint auch nicht unmöglich, in Kaiserslautern, auf dem Betzenberg. Was haben die Roten Teufel nicht alles schon zu ihren Gunsten gewendet in der Hölle, die sie ihren Gegnern bereiten können wie niemand sonst.

Diesmal aber lässt sich der Mythos nicht beschwören. Hoffenheim ist einfach zu überlegen, technisch, taktisch – und mental. Trainer Markus Gisdol hat der Mannschaft neues Leben eingehaucht, seit er sie im April übernommen hat. Erst am 34. Spieltag springt sie von Rang 17 auf Relegationsplatz 16, mit einem 2:1-Sieg in Dortmund, der die Brust nochmal einen Ticken breiter gemacht hat.

Nach dem Abpfiff fließen bei den Lauterern aber nur für ein paar Minuten Tränen der Enttäuschung. Danach werden Spielern und Verantwortlichen vor Rührung und Ergriffenheit die Augen feucht. Sie sind überwältigt von der Reaktion ihrer Fans. Fahnen wehen, Sprechchöre erklingen, es wird geklatscht und gesungen, als hätten sie gewonnen. Selbst FCK-Boss Stefan Kuntz kann seine Tränen nicht zurückhalten.

Es ist der heftigste, aber längst nicht der erste Gänsehautmoment des Abends. Schon vor dem Spiel stehen Tausende Spalier, als der Mannschaftsbus den Betzenberg hinaufrollt. Beim Einlaufen werden die Spieler mit einem Fahnenmeer und Konfettiregen begrüßt, in die Gesänge von der West stimmte das ganze Stadion mit ein. „Bastion Betzenberg – Back to Glory" steht da in großen Lettern.

Statt mit einer Aufstiegsfeier klingt der Abend mit einem Treuebekenntnis aus, wie es so „am Betze" noch keines gab. „Ich hab schon bei Bayern und auf Schalke gespielt", nickt Lauterns filigraner Spielmacher Alexander Baumjohann, dessen einjähriges Gastspiel beim FCK nun zu Ende geht. „Aber sowas habe ich noch nie erlebt."

Nach dem Abpfiff fließen bei den Lauterern Tränen der Enttäuschung. Gleichzeitig sind sie überwältigt von der Reaktion ihrer Fans: Fahnen wehen, Sprechchöre erklingen, es wird geklatscht und gesungen, als hätten sie gewonnen.

Statistik

42

24. MAI 1942

Schalke 04 – FCK

9:3 (4:0)

ENDRUNDE UM DIE DEUTSCHE MEISTERSCHAFT 1942, ACHTELFINALE

Schalke 04: Flotho, Hinz, Schweißfurt, Bornemann, Tibulski, Burdenski, Kalwitzki, Szepan, Eppenhoff, Kuzorra, Urban

FCK: Baumann, Fritzinger, Flohr, E. Liebrich, Schaub, Jergens, Marker, Adam, F. Walter, Baßler, O. Walter

Tore: 1:0 Burdenski (20.), 2:0 Urban (22.), 3:0 Eppenhoff (30.), 4:0 Szepan (35.), 5:0 Kuzorra (46.), 6:0 Eppenhoff (53.), 7:0 Urban (56.), 7:1 O. Walter (61.), 8:1 Kalwitzki (65.), 8:2 F. Walter (69.), 9:2 Kalwitzki (79.), 9:3 F. Walter (80.)

Schiedsrichter: Trompeter (Köln)

Zuschauer: 35.000

43

8. AUGUST 1948

1. FC Nürnberg – FCK

2:1 (2:0)

ENDRUNDE UM DIE DEUTSCHE MEISTERSCHAFT 1948, ENDSPIEL IN KÖLN

FCN: Schaffer, Uebelein, Knoll, Bergner, Kennemann, Gebhardt, Herbolsheimer, Morlock, Pöschl, Winterstein, Hagen

FCK: Hölz, Huppert, Kohlmeyer, E. Liebrich, W. Liebrich, Klee, Grewenig, H. Christmann, F. Walter, O. Walter, Baßler

Tore: 1:0 Winterstein (10.), 2:0 Pöschl (25.), 2:1 Uebelein (62., Eigentor)

Schiedsrichter: Burmester (Hamburg)

Zuschauer: 75.000

44

13. SEPTEMBER 1961

Werder Bremen – FCK

2:0 (1:0)

DFB-POKAL 1961, FINALE IN GELSENKIRCHEN

Werder: Kokartis, Piontek, Nachtwey, Schimeczek, Schütz, Jagielski, Wilmovius, Schröder, Barth, Soya, Hänel

FCK: Schnarr, Neumann, Miksa, Schneider, W. Liebrich, Pulter, Feldmüller, Bauer, W. Richter, Settelmeyer, Kasperski

Tore: 1:0 Schröder (10.), 2:0 Jagielski (52.)

Schiedsrichter: Sparing (Kassel)

Zuschauer: 18.000

45

21. APRIL 1982

IFK Göteborg – FCK

2:1 n. V. (1:0, 1:1)

UEFA-CUP 1981/82, HALBFINALE, RÜCKSPIEL

IFK Göteborg: Wernersson, Svensson, Schiller, C. Karlsson, J. Karlsson, Frederiksson, Holmberg (80. Holm), Nilsson, Corneliusson, Strömberg (108. Sandberg), Tommy Holmgren

FCK: Hellström, W. Wolf, Brehme, Dusek, Briegel, Melzer, Geye, Eilenfeldt, F. Funkel (75. Eigendorf), Bongartz, Hofeditz (104. Brummer)

Tore: 1:0 Tommy Holmgren (43.), 1:1 Geye (58.), 2:1 Frederiksson (102., Elfmeter)

Schiedsrichter: Juschka (UdSSR)

Zuschauer: 52.000

46

19. APRIL 2001

FCK – CD Alavès 1:4 (1:1)

UEFA-CUP 2000/01, HALBFINALE, RÜCKSPIEL

FCK: G. Koch, Ramzy, H. Koch (35. Dominguez), Buck (66. Pettersson), Ratinho, Hristov, Grammozis, Strasser, Djorkaeff, Klose, Lokvenc

Alavès: Herrera, Karmona, Eggen, Tellez (77. Bermudez), Geli, Tomic, Desio, Begona, Astudillo, Mocelin (66. Azkoitia), Alonso (52. Vucko)

Tore: 1:0 Djorkaeff (7.), 1:1 Alonso (23.), 1:2, 1:3 Vucko (64., 86.), 1:4 Bermudez (88.)

Schiedsrichter: Dallas (Schottland)

Zuschauer: 31.000

Gelbe Karten: G. Koch, Pettersson – Begona

47

27. MAI 2013

FCK – TSG Hoffenheim 1:2 (0:1)

RELEGATION 2013, RÜCKSPIEL

FCK: Sippel, Dick, Torrejón, Orban, Löwe, Borysiuk, Zellner, Drazan (55. Hoffer), Baumjohann, Bunjaku (64. Weiser), Idrissou

TSG: Casteels, Beck, Abraham (60. Süle), Vestergaard, Thesker (30. Rudy), Weis, Polanski, Volland, Salihovic, Johnson, Firmino (86. Schipplock)

Tore: 0:1 Abraham (44.), 1:1 Baumjohann (65.), 1:2 Vestergaard (74.)

Schiedsrichter: Meyer (Burgdorf)

Zuschauer: 49.780

Gelbe Karten: Borysiuk, Sippel, Idrissou – Thesker, Casteels

Besonderes: Sippel hält Foulelfmeter von Salihovic (28.).

Abstiegs-
kampf

F
C

15. MAI 1965

Abgeschrieben

48

Selbst schuld! Ohne dunkelrote FCK-Brille drängt sich der Gedanke förmlich auf. Nach nur zwei Spielzeiten im Kreis der 16 besten deutschen Mannschaften sind die Lauterer am letzten Spieltag dem Abstieg geweiht. Nach der 1:0-Führung der Frankfurter Eintracht durch Georg Lechner (22.) spricht alles dafür, dass das Waldstadion nicht nur Schauplatz des ersten, sondern auch des letzten Bundesligaspiels der Pfälzer wird.

„Selbst schuld!" möchte man einem Präsidium entgegenschleudern, das auf die Idee kommt, dem eigenen Trainer vor (!) der Saison mitzuteilen, dass er an deren Ende ersetzt werden wird. Günter Brocker, der den FCK in die Bundesliga geführt und dort gehalten hat, wird von dieser Entscheidung kalt erwischt. Weniger überraschend ist das vorzeitige Ende der Zusammenarbeit nach 22 Spieltagen. Zu diesem Zeitpunkt ist der Trainerlehrgang seines designierten Nachfolgers Gyula Lóránt abgeschlossen. Dumm nur, dass der Ungar wegen sprachlicher Probleme durchfällt. Das Einspringen von Weltmeister Werner Liebrich bewahrt den Verein vor noch mehr Peinlichkeit.

„Selbst schuld!" könnte man aber auch der Mannschaft vorhalten. „Die Spieler sind verdorben", beklagt sich der neue Trainer, der zu Hause Punkte holt, aber die chronische Auswärtsschwäche nicht abstellen kann. Gut, dass zwei der letzten drei Partien auf dem Betzenberg stattfinden. Der hart erkämpfte 2:1-Sieg gegen Braunschweig ist die gefühlte Rettung. Am Heimsieg gegen den Vorletzten aus Karlsruhe zweifelt niemand. Prompt geht das Spiel 0:1 verloren. Neumann vergibt sogar einen Elfmeter.

Jetzt, wo nur noch ein Sieg hilft, steht es wieder 0:1. Und das auswärts! Aber diesmal kommt der FCK zurück. Nur eine Minute später gelingt „Co" Prins der Ausgleich. Der launische Niederländer (→ 101) zeigt in seinem letzten Spiel eine klasse Leistung. Der Mann des Tages ist aber Willi Wrenger, der einen Alleingang über das halbe Feld mit dem 2:1 krönt (55.). Nach dem Schlusspfiff stürmen die FCK-Fans das Spielfeld, um die Rettung zu feiern.

„Selbst schuld" sind in den kommenden drei Jahrzehnten nur diejenigen Fans und Experten, die den 1. FC Kaiserslautern zu früh abschreiben.

Jetzt, wo nur noch ein Sieg hilft, steht es wieder 0:1. Und das auswärts!

Am letzten Spieltag der Bundesligasaison 1964/65 muss der 1. FC Kaiserslautern in Frankfurt gegen die Eintracht gewinnen, um nicht abzusteigen. Das klappt, ganz knapp mit 2:1. Lauterer Fans tragen „Co" Prins nach dem Spiel auf ihren Schultern über das Feld.

21. MAI 1988

Rettung mit Nebenwirkung

49

Nach nervenaufreibenden Wochen und Monaten bleiben knapp zehn Minuten ohne Zittern. Erst das 5:2 von Wolfram Wuttke (82.) gegen Borussia Mönchengladbach beseitigt am 34. Spieltag die letzten Zweifel am Klassenerhalt. Nach dem Schlusspfiff stürmen die Fans den Rasen, Fritz Walter wischt sich auf der Tribüne eine Träne aus dem Gesicht.

In einer an Wendungen nicht armen Saison bleiben nach dem Schlusspfiff knapp zehn weitere Minuten der Freude und Erleichterung, bis der Verein plötzlich führungslos ist: Während die Mannschaft in der Kabine ihren Sieg feiert und begießt, steht ein ernüchterter Jürgen Friedrich nur zwei Meter davon entfernt und rechtfertigt seinen Rücktritt als FCK-Präsident. „Das ist keine Entscheidung, die von heute auf morgen gefallen ist", erklärt der Amtsinhaber, dass er nur bis zum Saisonende mit der Verkündung gewartet hat.

Jürgen „Atze" Friedrich am 21. Mai 1988. Der FCK hat sich vor dem Abstieg gerettet – nur zehn Minuten später verkündet der Präsident seinen Rücktritt.

Just an seinem Geburtstag am 11.11. hat er Hannes Bongartz entlassen, der in acht Auswärtsspielen keinen einzigen Punkt geholt hat. Anschließend verkommt die geplante Verpflichtung von Klaus Schlappner zur Posse. Der ehemalige Waldhof-Trainer ist dem Umfeld nicht zu vermitteln. Der FCK beendet die Vorrunde als Tabellenletzter. Friedrich sieht sich als Zielscheibe der Kritik alleine gelassen und im internen Machtkampf aus den Reihen des Verwaltungsrats diffamiert.

Mit zwei Siegen in Frankfurt und gegen Köln zu Beginn der Rückrunde empfiehlt sich Interimstrainer „Sepp" Stabel als Lösung des Problems, doch nach acht sieglosen Spielen steht der FCK vor dem 30. Spieltag wieder auf dem Relegationsplatz. Spielmacher Wolfram Wuttke und Torjäger Harald Kohr schreiben Schlagzeilen durch Verhandlungen mit anderen Vereinen, aber gegen den FC Bayern führen sie die Mannschaft zu einem kaum für möglich gehaltenen 3:1-Erfolg. Es folgen nicht minder wichtige Siege gegen den SV Waldhof (2:0) und den FC Homburg (1:0), bevor die unnötige Niederlage in Nürnberg noch einmal alles in Frage stellt. Und jetzt, am Ende dieser wilden Achterbahnfahrt, ist Sepp Stabel der gefeierte Held und hat trotzdem keine Ahnung, wie es weitergehen soll.

Zwei Wochen später, am 6. Juni 1988, wird der bisherige Vizepräsident Norbert Thines den Vereinsvorsitz übernehmen und zusammen mit seinem „Vertreter" Rainer Geye eine Reihe eigener Geschichten schreiben.

1. FEBRUAR 2003

Der Wende-Punkt

50

Die Nachspielzeit läuft. Miro Klose schraubt sich hoch, legt ab auf Harry Koch und der aufgerückte Abwehrspieler schiebt aus kurzer Entfernung ein zum späten 2:2. Das Remis in der noch neuen Arena Auf Schalke sichert den erst 14. Punkt am 19. Spieltag. Aufgrund des gleichzeitigen 2:1-Sieges von Energie Cottbus über den VfL Bochum kann er nicht einmal das Abrutschen auf den letzten Tabellenplatz verhindern. Und doch ist er der vielleicht wichtigste der ganzen Saison.

Der Kontext dieser Partie ist kein reiner Abstiegskampf. Diese Krise geht tiefer. Zwischen dem neuen Vorsitzenden René C. Jäggi und der alten Führungsriege um Jürgen Friedrich fliegen die Anschuldigungen hin und her. Es geht um neue Steuerschulden (→ 87). Der Ausbau des Stadions ist unterbrochen. Es ist die Zeit der Juristen und Betriebswirtschaftler. Der Fußball scheint fast Nebensache.

Der seit September amtierende Eric Gerets ist als Trainer bislang ohne Fortune, wird aber vom Anhang geliebt. Wie lange das gutgehen wird? Zwei Heimsiege am Ende der Hinrunde wecken Hoffnungen, die nach dem verpatzten Start ins neue Jahr (1:2 gegen den VfB Stuttgart) wieder verpuffen. Auch auf Schalke ist es mehr der Fahrlässigkeit des Gegners zu verdanken, dass die Partie nicht längst verloren ist. Bis eben Klose köpft, Koch schießt und alle gemeinsam jubeln.

Es ist ein Tor, das neuen Mut macht. Ein Zähler, der zum „Wende-Punkt" wird. Anschließend bleibt die Mannschaft in zehn Pflichtspielen ungeschlagen, gewinnt die nächsten sechs Heimspiele jeweils ohne Gegentor. Damit verhindert sie erstens den Abstieg und schafft zweitens den Einzug ins Pokalfinale. In Berlin ist die Mannschaft gegen den FC Bayern völlig chancenlos. Den Fans ist das vorerst egal: Am Ende einer aufreibenden Saison heißt es plötzlich UEFA-Cup statt zweiter Liga.

Das Tor von Harry Koch nach Vorbereitung von Miro Klose reicht zwar nur zu einem Unentschieden, doch anschließend starten die Roten Teufel eine unfassbare Aufholjagd.

3. APRIL 2021

„Endspurt heißt Siege erzwingen“

51

Am Tag, an dem die Hoffnung auf den Betzenberg zurückkehrt, ist die Mannschaft des 1. FC Kaiserslautern weitgehend unter sich. Aufgrund der Maßnahmen zur Eindämmung der Corona-Pandemie sind im Frühjahr 2021 keine Zuschauer erlaubt und so sehen die Profis beim Einlaufen ins Fritz-Walter-Stadion statt einer gut gefüllten Westkurve nur eine stattliche Anzahl an aufmunternden Botschaften. Die FCK-Fans haben sie auf Transparente gesprüht und überall in der Kurve verteilt: „Kämpfen“ ist darauf zu lesen oder: „10 Spiele, 6 Siege = Klassenerhalt“. Auf dem mit Abstand größten Banner direkt hinter dem Tor steht: „Endspurt heißt Siege erzwingen!“

Im dritten Jahr in der 3. Liga stehen die Lauterer am Rande des sportlichen Desasters. Sieben Punkte beträgt der Rück-

stand auf das rettende Ufer bei noch zehn ausstehenden Partien. Mit Marco Antwerpen ist bereits der dritte Trainer in dieser Saison im Amt. Der schafft mit dem Derbysieg bei Waldhof Mannheim zwar einen Traumstart, in den folgenden fünf Begegnungen holt die Mannschaft aber nur noch magere zwei Pünktchen und rutscht in der Tabelle immer weiter ab. Entsprechend heißt es nun also: „Siege erzwingen", um die Katastrophe eines Abstiegs in die Viertklassigkeit doch noch abzuwenden. Mit drei Spielen binnen einer Woche und dem danach folgenden Derby gegen Saarbrücken ist jetzt der Moment.

Gegen Halle zeigt der FCK seine beste Leistung seit Wochen, führt nach einem Treffer von Marvin Pourié und einer schlechten Chancenverwertung aber nur mit 1:0, ehe die Partie im zweiten Durchgang scheinbar in die andere Richtung kippt. Ein Platzverweis gegen Kenny Redondo und der Ausgleich durch den späteren Lauterer Aufstiegshelden Terrence Boyd haben jedenfalls absolut das Potenzial, um den Hoffnungen auf die Rettung einen weiteren Tiefschlag zu verpassen. Stattdessen gelingt Kevin Kraus per Kopf bereits in der Schlussphase das 2:1 und Philipp Hercher macht endgültig den Deckel drauf. Die Hoffnung auf die Rettung lebt. In den folgenden neun Partien verliert die Mannschaft nur noch einmal und macht am vorletzten Spieltag mit einem 3:3 bei Viktoria Köln den Klassenverbleib sogar vorzeitig perfekt.

Der Tag, an dem die Hoffnung zurückkehrt.

Zuschauer sind nicht erlaubt, aber die Fans haben ihre Botschaften trotzdem hinterlassen.

Statistik

48

15. MAI 1965

Eintracht Frankfurt – FCK

1:2 (1:1)

1. BUNDESLIGA, 30. SPIELTAG

Eintracht: Loy, Huberts, Kraus, Lechner, Lutz, Schämer, Solz, Stein, Stinka, Weber, Weilbächer

FCK: H.-D. Strich, R. Kiefaber, Kostrewa, Leydecker, Mangold, Prins, Reitgaßl, W. Richter, Schneider, Schwager, Wrenger

Tore: 1:0 Lechner (21.), 1:1 Prins (22.), 1:2 Wrenger (55.)

Schiedsrichter: Schulenburg (Hamburg)

Zuschauer: 35.000

49

21. MAI 1988

FCK – Borussia Mönchengladbach

5:2 (1:2)

1. BUNDESLIGA, 34. SPIELTAG

FCK: Serr, Foda, Friedmann, Groh, Hoos, Kohr, Roos, Schulz, Schupp, W. Wolf (23. Allievi), Wuttke (89. Emmerling)

Borussia Mönchengladbach: Kamps, Bruns, Criens, Effenberg, Eichin, Herbst (42. Huschbeck), Hochstätter (75. Krauss), Krisp, Neun, Rahn, Winkhold

Tore: 0:1 W. Wolf (2., Eigentor), 1:1 Kohr (5.), 1:2 Hochstätter (16.), 2:2 Roos (56.), 3:2 Friedmann (59.), 4:2 Allievi (72.), 5:2 Wuttke (82.)

Schiedsrichter: Mierswa (Hänigsen)

Zuschauer: 34.000

Gelbe Karten: Allievi, Groh – Bruns, Krisp

Rote Karte: Krisp (58.)

50

1. FEBRUAR 2003

Schalke 04 – FCK

2:2 (1:1)

1. BUNDESLIGA, 19. SPIELTAG

Schalke 04: Rost, Oude Kamphuis, Hajto, van Hoogdalem, van Kerckhoven, Varela (90. Vermant), Kmetsch (63. Mpenza), Poulsen, Böhme, Sand, Agali

FCK: Wiese, Klos, H. Koch, Knavs, Tchato, Grammozis, Ramzy (80. Mifsud), Anfang (74. Bjelica), Adzic, Lokvenc, Klose

Tore: 1:0 Agali (5.), 1:1 Klos (31.), 2:1 Agali (69.), 2:2 H Koch (90.)

Schiedsrichter: Weiner (Giesen)

Zuschauer: 60.672

Gelbe Karten: van Hoogdalem – Grammozis, Klose

51

3. APRIL 2021

FCK – Hallescher FC

3:1 (1:0)

3. LIGA 2020/21, 30. SPIELTAG

FCK: Spahic, Zimmer (90. Sessa), Kraus, Senger, Zuck (83. Ritter), Götze, Rieder, Hercher, Ouahim (70. Hlousek), Redondo, Pourié (70. Huth)

Halle: Müller, Boeder, Vucur, Reddemann, Sternberg, Syhre (83. Vollert), Papadopoulos (46. Titsch-Rivero), Derstroff (61. Dehl), Nietfeld (11. Eberwein), Landgraf (61. Boyd), Shcherbakovski

Tore: 1:0 Pourié (28.), 1:1 Boyd (64.), 2:1 Kraus (82.), 3:1 Hercher (90.)

Schiedsrichter: Bacher (Amerang)

Gelbe Karten: Ouahim, Senger, Hercher, Kraus, Dr. Dinges (Mannschaftsarzt FCK) – Papadopoulos, Eberwein

Gelb-Rot: Redondo (61.)

Zuschauer: keine

Kunst-stücke

6. OKTOBER 1956

Das Tor des Jahrhunderts

52

Bei dem Kunststück, das sie in der 30. Minute zu sehen bekommen, trauen die Zuschauer im Leipziger Zentralstadion ihren Augen nicht. Kopfüber nach vorne fallend trifft Fritz Walter mit der Hacke akrobatisch zum zwischenzeitlichen 3:1 für den 1. FC Kaiserslautern gegen Wismut Karl-Marx-Stadt ins Netz und reißt die Massen förmlich von den Sitzen. 120.000 Fans sind es wohl, die den Vergleich der beiden Spitzenklubs aus Ost- und West-Deutschland erleben dürfen. Der FCK ist natürlich mit seinen fünf Weltmeistern nach Leipzig gekommen und gewinnt das Spiel mit 5:3. Fritz Walter trifft wie sein Bruder Ottmar doppelt, das fünfte Tor steuert Karl Schmidt bei.

So besonders wie das Hackentor ist auch der Empfang der Walter-Elf. Die Begeisterung ist so riesig, dass selbst das Hotel des FCK regelrecht belagert wird. Nur über den Hinterausgang schaffen es die Lauterer pünktlich zum Anpfiff. Für die Partie im erst wenige Wochen zuvor fertiggestellten „Stadion der Hunderttausend" gibt es 300.000 Kartenanfragen. Man habe sich gefühlt wie bei einem Heimspiel, berichtet Horst Eckel Jahrzehnte später über die Atmosphäre im Zentralstadion, wo insbesondere Fritz Walter mit Sprechchören gefeiert wird.

Da es vom „Fall-Vorzieher" des FCK-Kapitäns keine Filmaufnahmen, sondern lediglich Fotos gibt, ist man bei der Würdigung stets auf die Berichte der Augenzeugen angewiesen – oder noch besser auf die Schilderung von Walter selbst. Der beschreibt in seinem Buch „So habe ich's gemacht" sein Tor wie folgt: „Der von rechts kommende Flankenball senkte sich hinter meinem Rücken. Da ließ ich mich nach vorne fallen, fast in den Handstand und schlug mit der Hacke zu." Dass der Abschluss aus gut zwölf Metern tatsächlich im oberen Eck des Tores einschlug, ist laut Walter auch ein bisschen Glück. Dass er zu so einem Abschluss mit der Hacke aber überhaupt in der Lage war, sei allerdings alles andere als Zufall. Denn er habe solche Situationen im Training sogar geübt. Ob geübt oder nicht: Die Presse überschlägt sich nach dem Spiel förmlich in Superlativen, nennt Fritz Walter den „Großmeister des Weltklasse-Fußballs" und seinen Treffer das „Tor des Jahrhunderts".

Dem Leipziger Sportfotografen Hanns-Peter Beyer gelingt dieses Bild vom berühmten Hackentor gegen Wismut Karl-Marx-Stadt. Beyer zeichnete die Flugbahn des Balles ins Bild.

21. APRIL 1979

Zwei Hechtsprünge

53

Einwurf Geye, Riedl tritt an und flankt von rechts. In der Mitte lauert Klaus Toppmöller, schiebt sich vor seinen Gegenspieler Bruno Pezzey und hechtet den Ball unter die Latte des Eintracht-Tores. Der Mittelstürmer rappelt sich auf, rennt am Tor vorbei und setzt zur Feier des Tages zu einem zweiten Hechtsprung an, landet diesmal aber sanft auf der Hochsprungmatte hinter dem Gehäuse. In der Partie gegen Frankfurt ist es nach 15 Minuten die 1:0-Führung (Endstand: 2:2), in der Historie der erste Treffer des 1. FC Kaiserslautern, der von den ARD-Zuschauern zum „Tor des Monats" gewählt wird.

Erst in der 98. Auflage dieses bis heute beliebten Wettbewerbs gelingt es einem Lauterer Spieler, die Gunst des Publikums zu gewinnen. Mit 15.846 Stimmen setzt sich Toppmöller recht deutlich gegen Allan Simonsen (Mönchengladbach/12.353) und Edmund Kaczor (Preußen Münster/11.746) durch. Nur Vierter wird sein Mannschaftskollege Benny Wendt (8.512) mit seinem Treffer gegen den MSV Duisburg eine Woche zuvor.

Die Kür Toppmöllers fällt in die Saison, in der der FCK erstmals Herbstmeister wird und bis in den Frühling ein Titelkandidat bleibt. Nach diesem 29. Spieltag liegt er nur einen Punkt hinter dem Tabellenführer VfB Stuttgart auf Rang drei. Ein Grund, warum es am Ende nicht reicht, ist die Rote Karte, die Klaus Toppmöller am nächsten Spieltag gegen Arminia Bielefeld wegen einer Tätlichkeit kassiert (→ 113). Ohne seinen treffsicheren Mittelstürmer holt der FCK an den letzten vier Spieltagen nur noch einen Punkt und wird Dritter.

Für den Rekordtorjäger Toppmöller, an jenem Samstag im April 1979 noch Kapitän, ist es eine der letzten Gelegenheiten, sich auszuzeichnen. Er verletzt sich zu Beginn der neuen Saison am Knie und wird dann in die USA wechseln. Bis dahin ist Hans-Peter Briegel bereits der zweite von insgesamt 15 Lauterer Siegern in diesem Wettbewerb. Der einzige, dem dies zweimal gelingt (und dies in zwei aufeinanderfolgenden Monaten), ist Stefan Kuntz 1993. Als bislang letzter Schütze wird Florian Dick für seinen Volleytreffer gegen den FSV Frankfurt ausgezeichnet.

Alle „Tore des Monats“ des 1. FC Kaiserslautern

Torschütze	Datum	Gegner
Klaus Toppmöller	April 1979	Eintracht Frankfurt
Hans-Peter Briegel	August 1979	FC Valencia
Wolfgang Wolf	Januar 1983	1. FC Köln
Franco Foda	März 1990	Hamburger SV
Bruno Labbadia	April 1991	Bayer Leverkusen
Marcus Marin	Oktober 1993	VfB Stuttgart
Stefan Kuntz	November 1993	1. FC Köln
Stefan Kuntz	Dezember 1993	Eintracht Frankfurt
Pavel Kuka	September 1994	IA Akranes
Claus-Dieter Wollitz	September 1995	Slovan Bratislava
Ciriaco Sforza	Oktober 1997	Bayern München
Ratinho	März 1998	1860 München
Jürgen Rische	April 1998	Arminia Bielefeld
Olaf Marschall	September 1998	Hertha BSC
Ilijan Mizanski	Juli 2010	FC Liverpool
Florian Dick	April 2014	FSV Frankfurt

Flugkopfball zum Tor des Monats im April 1979: Klaus Toppmöller mit dem 1:0 gegen Eintracht Frankfurt.

1. NOVEMBER 1986

Fünf auf einen Streich

54

Nur noch Sekunden sind zu spielen. Sergio Allievi, der im Sommer aus Wattenscheid kam, nimmt das Leder am Mittelkreis auf und dribbelt sich bis in den Strafraum der Gäste aus Gelsenkirchen. Dann passt er zu seinem mitgelaufenen Teamkollegen Frank Hartmann, und der lupft das Spielgerät über den herauseilenden Schalke-Keeper Pavel Mačák hinweg ins Netz. Kurz darauf ist Schluss. Der FCK hat dem FC Schalke 04 eine fette 5:1-Packung verabreicht.

Frank Hartmann ist mit diesem finalen Treffer ein Hattrick gelungen. Und nicht nur das: Er hat auch die beiden Lauterer Tore in der ersten Hälfte erzielt. Fünf Buden in einem Spiel also. Das haben in der Bundesliga bis dato noch nicht viele geschafft. Und damit dürften auch die größten Skeptiker überzeugt sein. Die Ablöse von 1.000.000 D-Mark, die der FCK im Sommer in den 26-Jährigen investierte, ist gut angelegt. Geholt haben ihn die Pfälzer übrigens von dem Klub, den er gerade abgeschossen hat – dem FC Schalke 04. Die Fans der Königsblauen hielten schon zu Beginn der Partie ein Spruchband mit der Aufschrift „Verräter“ hoch.

Dabei ist Frank Hartmann gar nicht zum Torjäger geboren, er ist nicht mal gelernter Stürmer. Als Mittelfeldspieler ist er eigentlich geholt worden, um mit seiner Dynamik und Laufstärke das auszugleichen, was Lauterns launigem Genie Wolfram Wuttke oft fehlt. Diesmal aber gestattet Trainer Hannes Bongartz seinem Königstransfer mehr Freiheiten nach vorne – und der bedankt sich eindrucksvoll.

Bongartz? Ja, der Spielmacher aus der ersten Feldkamp-Ära sitzt seit Sommer 1985 auf der Trainerbank. „Atze“ Friedrich, der nun zum zweiten Mal das Präsidentenamt am Betzenberg ausübt, hat sich für einen Trainernovizen mit Stallgeruch entschieden. Und es läuft bislang gut. Obwohl zuletzt etliche gestandene Erstligaspieler den Verein verließen und im Sommer fast nur Personal aus unteren Klassen verpflichtet wurde.

Frank Hartmann gehört zu den wenigen, die schon Bundesligist-Luft schnupperten. Und weiß diese Erfahrung gut einzubringen. Der FCK landet am Saisonende auf einem unerwartet starken Rang 7, an dem Hartmann mit 17 Treffern großen Anteil hat. Insgesamt wird er vier Jahre das FCK-Trikot tragen und in 108 Pflichtspielen 31 Tore erzielen.

Fünf Tore in einem Bundesliga-Spiel sind für den FCK bislang nur Frank Hartmann (am Boden) gelungen: Am 1. November 1986 erzielt der neue Mittelfeldspieler der Roten Teufel alle fünf Treffer gegen seinen Ex-Klub Schalke 04.

7. MAI 1994

Auf den letzten Drücker

55

Aus und vorbei, sollte man meinen, aber nicht für Ciriaco Sforza. In Höchstgeschwindigkeit treibt er den Ball über den linken Flügel, lässt die Hamburger stehen und serviert punktgenau. Aus und vorbei, das gilt erst recht nicht für Stefan Kuntz, der sich knapp über der Grasnarbe in diesen Ball hechtet und wenige Sekunden vor Spiel- und Saisonende seinen 18. Treffer erzielt. Damit wird der Lauterer Kapitän (zusammen mit Anthony Yeboah) Torschützenkönig der Saison 1993/94.

Für den Torjäger ist es ein persönliches Happy End. Nach einem verheißungsvollen Halbjahr feiert er im Dezember 1993 sein längst überfälliges Debüt in der Nationalelf (inklusive Treffer). In der Liga hat er bis dahin 15 Tore in 20 Spielen erzielt. Doch dann scheint eine hartnäckige Wadenverletzung beide Ziele zu gefährden: die WM-Teilnahme mit der Nationalelf und die Torjägerkanone. Am 25. Spieltag geht er nach 20 Minuten vom Feld und fehlt in den nächsten sieben Spielen. Seine Rückkehr mit zwei Treffern an den letzten beiden Spieltagen lässt tatsächlich beide Träume wahr werden.

Ein anderer ist in dieser 93. Minute im Hamburger Volksparkstadion bereits geplatzt: Da sich der FC Bayern am letzten Spieltag keine Blöße gibt und 2:0 gegen den FC Schalke 04 führt, ist längst klar, dass für den FCK nur die Vizemeisterschaft bleibt.

Den über 20.000 mitgereisten Fans war dies in diesem Moment (fast) egal. Angesichts von einem Punkt (und drei Toren) Rückstand ist der Titelgewinn vor dem letzten Spieltag theoretisch möglich, aber unwahrscheinlich. Dass diese Mannschaft dennoch bejubelt und gefeiert wird, hat sie sich redlich verdient.

„Aus und vorbei" ist eben keine Option, als die Lauterer sechs Spieltage vor Schluss zu einem Endspurt ansetzen und alle Spiele, inklusive des direkten Duells mit den Bayern, gewinnen. Und das in einer Art und Weise, die mitreißt. Selten hat eine FCK-Elf besser Fußball gespielt als im Frühjahr 1994!

Selten hat eine FCK-Elf besser Fußball gespielt als im Frühjahr 1994.

Torschützenkönig der Saison 1993/94: Stefan Kuntz. Der Traum von der Meisterschaft erfüllt sich dagegen leider nicht.

SHARP
SHARP

1. FC Kaiserslautern gegen Hertha BSC: Olaf Marschall gelingt ein Traumtor zur Aufholjagd. Nach 1:3-Rückstand gewinnt der FCK am Ende 4:3. Und die Zuschauer der ARD-„Sportschau“ wählen das Tor später zum „Tor des Jahres“.

Niemals denken!

56

„Wennst denkst, is eh zu spät." Diesen Satz hat einst kein geringerer als der Bomber der Nation, Gerd Müller, allen ihm nachfolgenden Torjägergenerationen mit auf den Weg gegeben. Olaf Marschall sieht das ein wenig anders: „Wenn Zeit ist, sollte man nicht blind draufhalten, sondern auch überlegen", erklärt Lauterns „Fußballgott" einmal in einem Interview. Und was er mit diesem Flugball von Ciriaco Sforza anstellt, sieht alles andere als „blind draufgehalten" aus – obwohl er mit dem Rücken zum Tor steht. Er nimmt den Ball mit der Brust an, tickt nochmal kurz mit der Stirn dagegen und kickt ihn dann im Fallen über sich hinweg. Das Leder fliegt in hohem Bogen ins lange Toreck. Das „Tor des Jahres", nicht nur für die Zuschauer der „Sportschau".

Der Treffer leitet eine der Aufholjagden ein, wie sie in diesen Jahren typisch sind am „Betze". Der FCK liegt 1:3 hinten, 68 Minuten sind gespielt. Marschall hat bereits in der ersten Hälfte das zwischenzeitliche 1:1 erzielt, aber, auch das muss gesagt werden, einen Elfmeter verschossen. Dieser Treffer markiert das 2:3. Vier Minuten danach trifft Michael Schjønberg per Strafstoß zum 3:3, noch einmal zehn Minuten später erzielt der Däne den Siegtreffer zum 4:3.

Selbstverständlich trägt Olaf Marschall auch wieder sein berühmtes Nasenpflaster. Von dessen Wirkung er selbst nie wirklich überzeugt ist – angeblich soll es die Atmung verbessern und so für mehr Sauerstoff in der Blutbahn sorgen. Aber er hat einen Werbevertrag mit dem Hersteller geschlossen. Als er dieses Traumtor erzielt, ist er 32 Jahre alt. Es ist bereits sein vierter Saisontreffer nach gerade mal vier Spieltagen. In der Spielzeit davor hat er sein Team mit 21 Buden zur Deutschen Meisterschaft geschossen. Der Stürmer steht immer noch in seinem Zenit. Gerade Torjäger brauchen eben ihre Zeit zur Reife, das weiß niemand besser als er selbst: „Es hat schon Gründe, warum die meisten Stürmer erst mit Ende zwanzig ihre beste Zeit haben. Dann lässt der Druck nach, und man agiert vorm Tor abgeklärter."

Das hat er mit diesem Treffer einmal mehr eindrucksvoll bewiesen. Und soo viel nachgedacht hat er dabei übrigens wieder nicht. „Die Idee, mir selbst den Ball aufzulegen, kam intuitiv. Da wurde nicht überlegt", gesteht er später. Gerd Müller wird's gerne hören, da oben auf seiner Wolke im Torjägerhimmel.

„Es hat schon Gründe, warum die meisten Stürmer erst mit Ende zwanzig ihre beste Zeit haben."

Statistik

52

6. OKTOBER 1956

SC Wismut Karl-Marx-Stadt – FCK 3:5 (3:4)

FREUNDSCHAFTSSPIEL

SC Wismut: Steinbach, Glaser, Bauer, K. Wolf, Müller, S. Wolf, Wagner, Kaiser, Tröger, Günther (77. Freitag), Viertel

FCK: Hölz, Schmidt, Kohlmeyer, Mangold, Eckel, Bauer, Späth, F. Walter, O. Walter (77. Liebrich), Wenzel, Wodarzek (54. Scheffler)

Tore: 1:0 Wagner (12.), 1:1 O. Walter (16.), 1:2, 1:3 F. Walter (26., 30.), 1:4 O. Walter (36.), 2:4, 3:4 Tröger (42., 43.), 3:5 Schmidt (78.)

Schiedsrichter: Reinhardt (Ost-Berlin)

Zuschauer: 120.000

53

21. APRIL 1979

Eintracht Frankfurt – FCK 2:2 (1:2)

1. BUNDESLIGA 1978/79, 29. SPIELTAG

Eintracht: Koitka, Borchers, Grabowski (61. Schaub), Kraus, Körbel, Lorant, Müller, Nachtweih, Neuberger, Pezzey, R. Wenzel (56. Elsener)

FCK: Hellström, Bongartz, Briegel, Geye, Groh (66. Schuhmacher), R. Meier, Melzer, Neues, H. Riedl (80. Schwarz), K. Toppmöller, Wendt

Tore: 0:1 Toppmöller (15.), 0:2 H. Riedl (20.), 1:2 Grabowski (28.), 2:2 Elsener (80.)

Schiedsrichter: Ahlenfelder (Oberhausen)

Zuschauer: 36.000

Gelbe Karten: Kraus – H. Riedl

54

1. NOVEMBER 1986

FCK – Schalke 04 5:1 (2:1)

1. BUNDESLIGA 1986/87, 12. SPIELTAG

FCK: Ehrmann, Allievi, Dusek, Groh, Hartmann, Hoos, Kohr, Majewski, Moser, Trunk (82. Roos), Wuttke (75. Schupp)

Schalke 04: Mačák, Dietz, Hannes, Kruse, Opitz, Regenbogen, Roth, Thon (80. Bistram), S. Täuber, K. Täuber, Wegmann

Tore: 1:0 Hartmann (19.), 2:0 Hartmann (22.), 2:1 Wegmann (27.), 3:1 Hartmann (53.), 4:1 Hartmann (73.), 5:1 Hartmann (90.)

Schiedsrichter: Schmidhuber (Ottobrunn)

Zuschauer: 36.832

Gelbe Karten: Moser – Kruse, Roth

55

7. MAI 1994

Hamburger SV – FCK 1:3 (1:1)

1. BUNDESLIGA 1993/94, 34. SPIELTAG

HSV: Golz, Albertz (78. Andersen), Babbel, Bäron, Hartmann, Hubtchev, Ivanauskas (84. Sassen), Kovacevic, Letchkov, Schnoor, von Heesen

FCK: Ehrmann, Brehme, Hengen, Kadlec (46. Lusch), Kuka, Kuntz, R. Lutz, T. Ritter (71. Haber), Roos, Sforza, M. Wagner

Tore: 0:1 Kuka (18.), 1:1 Ivanauskas (35.), 1:2 Wagner (90.), 1:3 Kuntz (93.)

Schiedsrichter: Assenmacher (Hürth)

Gelbe Karten: Hartmann – Sforza

Zuschauer: 36.200

56

12. SEPTEMBER 1998

FCK – Hertha BSC 4:3 (1:2)

1. BUNDESLIGA 1998/99, 4. SPIELTAG

FCK: Reinke, Roos (23. Reich), Ramzy (55. Rische), Schjønberg, Buck, Ratinho, T. Riedl, Sforza, M. Wagner, Marschall, Rösler (46. Hristov)

Hertha BSC: Kiraly, Herzog, Rekdal, Sverrisson, Veit (64. van Burik), Schmidt (83. Tchami), Wosz, Tretschok, Mandreko (31. Dardai), Preetz, Thom

Tore: 0:1 Veit (1.), 1:1 Marschall (5.), 1:2 Thom (45.), 1:3 Dardai (54.), 2:3 Marschall (68.), 3:3, 4:3 Schjønberg (71./Foulelfmeter, 82.)

Schiedsrichter: Dardenne (Nettersheim)

Zuschauer: 39.000

Gelbe Karten: Marschall – Mandreko, Rekdal, Veit, Thom

Besonderes: Kiraly hält Elfmeter von Marschall (30.)

Außen-seiter

2. AUGUST 1997

„Bei uns darfst du wieder Otto sein"

57

Immer wieder verzweifelte Blicke zur Stadionuhr. Ein letzter Pfiff auf dem kleinen Finger, wie nur er ihn beherrscht. Hören wird ihn niemand, nicht in dieser hektischen Schlussphase, in der es nur noch darum geht, das Ergebnis über die Zeit zu bringen. Ein letzter Schluck aus der Wasserflasche. Noch ein verzweifelter Blick zur Stadionuhr.

Dann endlich ist Schluss.

Betreuer und Ersatzspieler fallen sich um den Hals. Nur den Trainer bekommt niemand zu fassen. Der läuft einfach los. Und läuft und läuft und läuft. Über die Aschenbahn des Münchner Olympiastadions, zur Kurve, zu den Lautern-Fans. Vor dem Zaun, hinter dem sie ihm zujubeln, baut er sich in Jubelpose auf: Otto Rehhagel.

Er ist wieder da. Zurück in der Bundesliga, zurück in München. Zurückgekehrt als Trainer des 1. FC Kaiserslautern. Und hat direkt am ersten Spieltag der Saison 1997/98 den Deutschen Meister im eigenen Haus geschlagen, den FC Bayern München. Bei dem er vor anderthalb Jahren gefeuert worden war.

Im Sommer 1995 hatten sie ihn, den Meistertrainer, aus Bremen geholt. Aber weil er es nicht direkt schaffte, Spiel um Spiel zu gewinnen, hatten sie ihn kritisiert und gedemütigt wie nie zuvor in seiner Karriere. Die Münchner Medien, Manager Uli Hoeneß, Kaiser Franz Beckenbauer und sogar die eigenen Spieler.

Als neue Herausforderung hatte er sich dann bewusst für diesen Klub in der Provinz entschieden, dessen Stolz nach dem ersten Abstieg seiner Klubgeschichte ebenfalls tief verletzt war. „Bei uns darfst du wieder Otto sein", versprach ihm Jürgen Friedrich, sein ehemaliger Mannschaftskamerad beim FCK und nun dessen Aufsichtsratsvorsitzender.

Und nun steht er da und ist wieder Otto, voll und ganz. Was für ein Triumph.

Und das ist noch nicht alles, was die Münchner an diesem Tag schlucken müssen. „Wer bei Bayern gewinnt, kann auch jeden anderen schlagen", gibt der Däne Michael Schjønberg, der Schütze des 1:0-Siegtreffers, hinterher zu Protokoll. Die nehmen den Mund ganz schön voll, denken sich die Gastgeber. Nicht ahnend, was diese Saison noch alles auf sie zukommt. Denn die Lauterer werden auch am Ende vor ihnen stehen. Als Aufsteiger, der direkt zur Meisterschaft durchmarschiert.

„Wer bei Bayern gewinnt, kann auch jeden anderen schlagen"

Darf wieder Otto sein und gewinnt als Aufsteiger direkt in München bei seinem alten Arbeitgeber, dem FC Bayern: Otto Rehhagel im August 1997 vor den FCK-Fans im Münchner Olympiastadion.

Olympiastadion
München
FC BAYERN
1.FC KAISERSLAUTERN
0 : 1
»Zapp-Za-Rapp«
FAN-Club

27. AUGUST 2010

66 Sekunden Betze-Wahnsinn

58

Die obligatorische Zeremonie nach Heimtoren des 1. FC Kaiserslautern ist noch gar nicht komplett abgeschlossen, als der gerade gefeierte Torschütze wieder an den Ball kommt. „Ivoooooo ILICEVIC!!!", wie Stadionsprecher Horst Schömbs im Zusammenspiel mit den Zuschauern nach dem spektakulären Treffer zum 1:0 gegen Bayern München in sein Mikrofon schreit, wird von Christian Tiffert mit einem langen Ball aus der eigenen Hälfte auf die Reise geschickt. Der Kroate macht ein paar Meter auf den Strafraum zu und spielt den Ball zentral vor dem Tor in Richtung des lauernden Srdjan Lakic. Weil der Münchner Abwehrspieler Holger Badstuber das Leder verpasst, kommt der Torjäger frei vor Hans-Jörg Butt zum Abschluss und schiebt eiskalt ein zum 2:0. Der Begriff Tollhaus ist für den mit fast 50.000 Zuschauern ausverkauften Betzenberg in diesem Moment noch untertrieben. Die FCK-Fans, die kurz davor das erste Bundesliga-Heimspiel der Roten Teufel seit dem Abstieg 2006 mit einer großen „1. Liga"-Choreografie angemessen einleiten, rasten regelrecht aus.

Mit einer Torfolge, für die der Begriff Doppelschlag wohl erfunden wurde, liegt der Aufsteiger gegen den haushohen Favoriten mit 2:0 in Führung und bringt diesen Vorsprung auch in der zweiten Halbzeit zum frenetisch gefeierten zweiten Saisonsieg im zweiten Spiel über die Zeit. Die Matchwinner in einer durch die Bank überzeugenden Mannschaft sind wie schon beim 3:1-Auftaktsieg eine Woche zuvor in Köln die Kroaten Lakic und Ilicevic. Letzterer legt nicht nur den zweiten Treffer vor, er trifft 66 Sekunden zuvor mit einem fantastischen Distanzschuss aus etwa 18 Metern auch zum 1:0. Ein Tor wie ein Kunstwerk, das der Mann mit der Rückennummer 22 in seiner typischen Jubelpose mit verschränkten Armen feiert. Den Bayern nutzen auch ein Ballbesitz-Anteil von 75 Prozent und eine frühe hundertprozentige Chance von Thomas Müller nichts. An diesem Abend und in den Tagen danach darf der Betze feiern wie zu besten Zeiten. Mit jeder Menge Häme in Richtung des Gegners inklusive und einem bis heute kultigen YouTube-Hit eines arabischen Live-Kommentars: „Muschmunken, muschmunken!"

Eine Torfolge, für die der Begriff Doppelschlag wohl erfunden wurde.

Ein Tor wie ein Kunstwerk: das 1:0 von Ivo Ilicevic gegen den FC Bayern.

12. FEBRUAR 2014

„Bleib ruhig, Ruben“

59

Bleib ruhig, Ruben. Das und nichts anderes sei ihm in diesem Moment durch den Kopf gegangen, erzählt er hinterher. Ruhig bleiben. Nach 114 Spielminuten. Beim Stand von 0:0. Als Spieler der Roten Teufel, die heute Abend ganz in Weiß spielen, weil's ein Auswärtsspiel ist. Bei Bayer Leverkusen. Dem Champions-League-Teilnehmer und aktuellen Tabellenzweiten der Bundesliga.

Die Lauterer sind nach wie vor Zweitligist. Die Zeichen stehen allerdings nicht schlecht, dass sich das bald wieder ändern wird. Nach 20 Spieltagen stehen sie auf Rang drei, die Rückkehr ins Oberhaus scheint im zweiten Anlauf nach dem Abstieg 2012 möglich. Trainer Kosta Runjaic, im vergangenen September für Franco Foda gekommen, lässt einen gepflegten Fußball spielen.

Jetzt aber ist DFB-Pokal angesagt. Viertelfinale. Und der Tabellendritte der zweiten Liga hat den Zweiten der ersten Liga in die Verlängerung gezwungen. Und das in dessen eigenem Stadion. Das sich, zugegeben, mittlerweile ein wenig anfühlt wie der „Betze“. Denn die rund 5000 mitgereisten FCK-Fans sind deutlich lauter als der Leverkusener Anhang. Weil sie es längst gewittert haben: Hier liegt eine faustdicke Überraschung in der Luft.

Vor sechs Minuten allerdings waren sie kurz verstummt. Lauterns Karim Matmour wurde im Strafraum von Leverkusens Andrés Guardado gelegt. Schiedsrichter Tobias Welz

pfiff Elfmeter – doch Mo Idrissou schoss vorbei. Das schockte. Als dann jedoch der nächste Angriff aufs Bayer-Tor zurollt, sind alle, die es mit dem 1. FC Kaiserslautern halten, sofort wieder da. Und jetzt haben sie erneut das Atmen eingestellt.

Mo Idrissou flankt vor rechts. Der Ball fliegt hoch durch den Strafraum, auf Ruben Jenssen zu, der von der Bayer-Abwehr unbemerkt in den Strafraum getrabt ist. In halblinker Position wartet er auf den Ball. Ideal für einen Linksfuß. Ruben Jenssen ist Linksfuß. Und sagt sich: Bleib ruhig, Ruben.

Dann zieht er ab. Und trifft. 1:0 für Lautern. Die Pokal-Sensation ist perfekt. Der Höhepunkt der Saison. Denn im Halbfinale bei den Bayern lässt der Favorit nichts anbrennen und mit dem Aufstieg wird's auch diesmal nichts.

Hier liegt eine faustdicke Überraschung in der Luft.

Ruben Jenssen bleibt ruhig – und trifft zum Sensationssieg gegen Bayer Leverkusen, den Tabellenzweiten der Bundesliga.

10. AUGUST 2019

Die Besten im Südwesten

60

Manfred Starkes Jubel fällt um einiges verhaltener aus als der seiner Mitspieler. Dabei gibt es in diesem Moment doch allen Grund, um emotional mal so richtig steil zu gehen. Bei weniger als einer halben Stunde verbleibender Spielzeit liegt der 1. FC Kaiserslautern gegen den zwei Klassen höher spielenden FSV Mainz 05 mit 1:0 in Führung. Die Sensation ist im Fritz-Walter-Stadion auf einmal zum Greifen nah.

Starke selbst bringt den FCK per Foulelfmeter auf die Siegerstraße. Der Grund für seine eher verhaltene Reaktion ist die Ausführung des Strafstoßes, den FSV-Torwart Florian Müller in der rechten unteren Ecke eigentlich schon pariert hat, den Ball aber wie auch immer mit seiner Hand auf der anderen Seite seines Kastens über die Torlinie lenkt. Gezählt wird der Treffer bei allem Dusel natürlich trotzdem und so nimmt in der 63. Minute einer der größten Lauterer Pokal-Coups der jüngeren Vergangenheit seinen Lauf. Noch dazu einer, der allen Roten Teufeln eine besondere Genugtuung verschafft gegen den Emporkömmling aus der Landeshauptstadt.

Im Gegensatz zu früheren Rheinland-Pfalz-Duellen machen zum Pokalspiel auch die Mainzer Fans in ungewohnter Masse mobil und kommen mit rund 6.000 Anhängern auf den mit mehr als 40.000 Zuschauern bestens gefüllten Betzenberg. Die Gäste sind dabei so siegessicher, dass sie neben im Vorfeld fleißig verteilter Aufkleber und großen Sprüchen auch gleich noch ein T-Shirt mit Mainzelmännchen-Motiv und dem etwas voreiligen Aufdruck „Die Besten im Südwesten" im Gepäck haben.

Der Erstligist ist zunächst das klar bessere Team, scheitert bei seinen teils hochkarätigen Chancen aber entweder am herausragenden FCK-Schlussmann Lennart Grill oder steht sich fast schon slapstickartig immer wieder selbst im Weg. Mit jeder gespielten Minute bekommt man im Stadion mehr das Gefühl, dass für die sich leidenschaftlich wehrenden Roten Teufel etwas gehen kann – erst Recht natürlich nach dem bereits beschriebenen Elfmeter zum 1:0. Die knappe Führung wird gemeinsam mit dem frenetischen Publikum bis in die 90. Minute verteidigt, dann macht Florian Pick mit einem schicken Solo zum 2:0 den Deckel drauf und sorgt endgültig für Partystimmung im weiten Rund. Die Besten im Südwesten ziehen in die nächste Runde ein.

Die Sensation ist im Fritz-Walter-Stadion auf einmal zum Greifen nah.

Riesenjubel nach dem 2:0 durch Florian Pick (Mitte, ohne Trikot): Der große, aber drittklassige FCK gewinnt gegen den Emporkömmling Mainz 05 aus der Bundesliga mit 2:0 im DFB-Pokal.

89:47
2:0

Statistik

57

2. AUGUST 1997

FC Bayern München – FCK

0:1 (0:0)

1. BUNDESLIGA 1997/98, 1. SPIELTAG

FC Bayern: Kahn, Babbel, Basler (55. Hamann), Elber, Fink (74. Nerlinger), Helmer, Lizarazu, Matthäus, Rizzitelli (55. Jancker), Scholl, Strunz

FCK: Reinke, Kadlec, Schjønberg, H. Koch (31. Hristov), Roos, Schäfer, Ratinho (75. Reich), Sforza, M. Wagner, Kuka, Marschall

Tor: 0:1 Schjønberg (80.)

Schiedsrichter: Fröhlich (Berlin)

Zuschauer: 63.000

Gelbe Karten: Fink, Matthäus, Strunz, Lizarazu – Reinke, Wagner, Sforza, Marschall

58

27. AUGUST 2010

FCK – Bayern München

2:0 (2:0)

1. BUNDESLIGA 2010/11, 2. SPIELTAG

FCK: Sippel, Dick, Amedick, Rodnei, Jessen, Bilek, Tiffert (90. Schulz), Kirch, Ilicevic, Nemec (53. Walch), Lakic (78. Hoffer)

FC Bayern: Butt, Lahm, van Buyten, Badstuber, Contento (63. Pranjic), van Bommel, Schweinsteiger, Müller, Ribéry, Olic (63. Kroos), Klose (75. Gomez)

Tore: 1:0 Ilicevic (36.), 2:0 Lakic (37.)

Schiedsrichter: Meyer (Burgdorf)

Zuschauer: 49.780 (ausverkauft)

Gelbe Karte: Müller

Gelb-Rot: Ilicevic

59

12. FEBRUAR 2014

Bayer Leverkusen – FCK

0:1 n.V. (0:0)

DFB-POKAL 2013/14, VIERTELFINALE

Bayer Leverkusen: Leno, Wollscheid, Toprak, Donati, Rolfes, Guardado, Bender (66. Hegeler), Can, Derdiyok (34. Kießling), Sam (66. Castro), Son

FCK: Sippel, Dick, Simunek (112. Heintz), Torrejón, Löwe, Alushi, Karl, Matmour, Ring (70. Idrissou), Jenssen, Occean (85. Lakic)

Tor: 0:1 Jenssen (114.)

Schiedsrichter: Welz (Wiesbaden)

Zuschauer: 25.244

Gelbe Karten: Sam, Can, Toprak, Son - Löwe, Karl, Sippel, Lakic

Besonderes: Idrissou schießt Foulelfmeter neben das Tor (98.)

60

10. AUGUST 2019

FCK – Mainz 05

2:0 (0:0)

DFB-POKAL 2019/20, 1. RUNDE

FCK: Grill, Schad, Sickinger, Matuwila, Hercher, Bachmann, Hemlein (56. Skarlatidis), Starke (87. Fechner), Kühlwetter, Pick (92. Kraus), Thiele

Mainz 05: Müller, Niakhaté, Brosinski, Martín, Bell (67. St. Juste), Latza (63. Maxim), Fernandes, Baku (75. Burkardt), Boëtius, Quaison, Onisiwo

Tore: 1:0 Starke (63., Foulelfmeter), 2:0 Pick (90.)

Schiedsrichter: Zwayer (Berlin)

Zuschauer: 40.694

Gelbe Karten: Hemlein, Matuwila, Sickinger, Pick, Grill, Hildmann (FCK-Trainer) – Onisiwo, Latza, Bell

Kalt erwischt

23. MAI 1954

Häme für Herberger

61

Werner Kohlmeyer ist vor seinem Gegenspieler am Ball, aber Torwart Willi Hölz kann nur noch versteinert registrieren, wie der sonst so zuverlässige FCK-Verteidiger den Ball an ihm vorbei ins eigene Netz schießt. Es ist das 2:1 für Hannover 96. Drei Minuten nach Wiederanpfiff haben die Niedersachsen das Spiel gedreht. Am Ende steht es 5:1: in einer nicht für möglich gehaltenen Deutlichkeit löst der Außenseiter die Lauterer als Deutschen Fußballmeister ab.

Zwei Titel, viertes Endspiel, fünf Nationalspieler. Das sind die wesentlichen Parameter, auf denen der Favoritenstatus des Südwestmeisters basiert. Hannover 96 dagegen hat bislang nicht einmal eine Endrundenteilnahme vorzuweisen. In dieser Konstellation sind die Rollen klar verteilt.

Wer allerdings den Weg der beiden Kontrahenten ins Hamburger Finale genauer betrachtet, ist lediglich von der Höhe des Resultats überrascht. Der FCK ist weit entfernt von der Souveränität des Vorjahres und verteidigt seinen Südwesttitel erst am letzten Spieltag gegen den FK Pirmasens. Die 96er dagegen haben nicht nur den HSV zum ersten (und einzigen) Mal als Meister der Oberliga Nord abgelöst, sondern anschließend auch den VfB Stuttgart ausgeschaltet und damit die allseits erwartete Neuauflage des Vorjahresfinals verhindert.

Anfangs läuft es noch wie erwartet. Horst Eckel gelingt die frühe Führung (13.), aber bereits der Ausgleich von Hannes Tkotz direkt vor dem Halbzeitpfiff ist der erste Dämpfer, Kohlmeyers Fauxpas die endgültige Wende und symptomatisch für die schwache Mannschaftsleistung. Nach dem 1:3 durch Wewetzer (77.) folgt eine Schlussviertelstunde, in der sich die Mannschaft aufgibt und zwei weitere Treffer kassiert.

Der größte Verlierer scheint allerdings Bundestrainer Sepp Herberger zu sein, dessen Auswahl von fünf Verlierern und völlige Nichtberücksichtigung des Deutschen Meisters hämisch kommentiert wird. Aber wie gerne Experten irren, offenbart sich im Sommer 1954 zum Glück in einem weiteren Endspiel.

Nach einer heftigen Schlappe im Endspiel um die Deutsche Meisterschaft gratulieren die FCK-Spieler den siegreichen Hannoveranern.

Fünf Verlierer, aber kein Deutscher Meister.

Klaus Toppmöller (links) scheitert immer wieder am Ludwigshafener Torhüter Dieter Hermann, in der 90. Minute sogar vom Elfmeterpunkt. Am Ende scheidet der Bundesliga-Tabellenführer im Pokal beim Amateuroberligisten SV Südwest Ludwigshafen aus.

2. DEZEMBER 1978

Nervenschwach

62

Der Ball liegt auf dem Elfmeterpunkt. In der 90. Minute. Mit einem Schuss kann Klaus Toppmöller die Katastrophe noch abwenden. Der Ball scheint gut platziert, aber Torwart Dieter Hermann hält! Es ist die passende Pointe am Ende eines irren Spiels, in dem der SV Südwest Ludwigshafen den 1. FC Kaiserslautern in der dritten Runde des DFB-Pokals mit 2:1 (1:0) bezwingt.

Als Tabellenführer der Bundesliga treten die Lauterer die nur 60 Kilometer lange Reise zum Oberligisten an. 14 Spieltagen sind sie nicht zu bezwingen, zwei davon haben sie sogar im Südweststadion absolviert, bevor die neue Osttribüne eröffnet werden konnte. Eine Woche vorher ist diese Serie gegen Borussia Mönchengladbach gerissen. Und dieses 1:5 hat offenbar Spuren hinterlassen.

Es ist noch keine Minute gespielt, als Günther Becker den Außenseiter mit einem satten Linksschuss 1:0 in Führung bringt. Dann lässt sich der junge Hans-Peter Briegel provozieren und sieht für ein Revanchefoul die Rote Karte. In Rückstand und Unterzahl gelingt dem FCK sehr wenig. Immer wieder stolpern sie in die Abseitsfalle der glänzend präparierten Ludwigshafener. Erst in der 70. Minute gleicht Werner Melzer im Anschluss an einen Freistoß aus.

Jetzt scheint sich das Spiel zu drehen, aber die tapferen Amateure sind weit davon entfernt, aufzugeben. Wieder ist es Becker, der auf der linken Seite loszieht und in der Mitte Willi Kiefer findet, der völlig frei vor Hellström kaltschnäuzig zum 2:1 trifft (76.). Ausgerechnet „Salto-Willi" also, der vier Wochen zuvor in der Oberliga wegen Meckerns vom Platz geflogen war und eigentlich noch gesperrt gewesen wäre. Nach der Pokal-Auslosung wird die Sperre um zwei Wochen verkürzt, und der Torjäger aus Geinsheim wird zusammen mit Becker und Hermann zum Pokalhelden.

Der SV Südwest scheitert erst im Viertelfinale am 1. FC Nürnberg, schafft aber weder in diesem noch in den folgenden Jahren den erhofften Sprung in den Profifußball. Der FCK dagegen schüttelt die Blamage ab und beendet seine bis dahin beste Saison in der Bundesliga auf Rang drei.

29. MAI 1999

Debakel statt Millionen

63

Als im Frankfurter Waldstadion ein Stück Bundesliga-Geschichte geschrieben wird, ist die Messe für den 1. FC Kaiserslautern längst gelesen. Den Übersteiger von Eintracht-Stürmer Jan Åge Fjørtoft zum 5:1-Endstand kennt heute jeder. Für die Hessen ist der Treffer das fehlende Puzzleteil zum kaum mehr für möglich gehaltenen Klassenverbleib, für die Roten Teufel nur noch der Schlusspunkt eines zu diesem Zeitpunkt bereits feststehenden Debakels. Durch die krachende Niederlage am letzten Spieltag der Saison 1998/99 rutscht die Mannschaft von Trainer Otto Rehhagel noch vom vierten auf den fünften Tabellenplatz und verpasst die Teilnahme an den Qualifikationsspielen zur Champions League. Dabei hätte angesichts der Ergebnisse auf den anderen Plätzen sogar ein Unentschieden gereicht.

Als „Spiel um Millionen" wird die Partie aus FCK-Sicht im Vorfeld betitelt, und wer weiß, wie die Klub-Geschichte in den folgenden Jahren weiter verlaufen wäre, hätte der FCK zum zweiten Mal in Folge in der Königsklasse um die großen Geldtöpfe gespielt. Stattdessen ergeben sich die Männer vom Betzenberg im ausverkauften Waldstadion fast ohne

Gegenwehr in ihr Schicksal. Nach einer einseitigen ersten Halbzeit steht es immerhin noch 0:0 und auch die Führung der Gastgeber durch Chen Yang kurz nach Wiederbeginn gleichen die Roten Teufel in der 68. Minute mit einem von Michael Schjønberg verwandelten Handelfmeter noch einmal aus. Danach brechen beim FCK alle Dämme und die Mannschaft ergibt sich nach dem nur zwei Minuten später fallenden 1:2 nahezu wehrlos.

Das Ziel Champions League ist bereits mit dem dritten und spätestens dem vierten Gegentor praktisch außer Reichweite. Für Frankfurt geht es derweil im Abstiegs-Fernduell mit Hansa Rostock und dem 1. FC Nürnberg noch um alles. Im legendärsten Abstiegskampf der Bundesliga-Historie kommt es auf jedes einzelne Tor an. Und den alles entscheidenden Treffer erzielt schließlich der Frankfurter Fjørtoft und besiegelt damit den Abstieg der Nürnberger, die vor dem Spieltag noch auf Tabellenplatz zwölf gestanden hatten. Im Vergleich zum „Club" jammert der FCK im Mai 1999 auf hohem Niveau. Die Qualifikation für den UEFA-Pokal ist angesichts des Debakels im Spiel um Millionen aber nur ein kleiner Trost.

Nach dem 1:2 brechen beim FCK alle Dämme.

Da ist das Debakel vollendet: Fjørtoft trifft zum 5:1 für die Eintracht. Der FCK spielt in der neuen Saison „nur" im UEFA-Cup.

21. SEPTEMBER 2001

Die „West“ feiert den Gegner

64

Abpfiff. Der Betzenberg jubelt. Ein einziges Tor hat das Spiel entschieden. Die Sieger laufen eine Ehrenrunde, sogar die Haupttribüne erhebt sich zum Applaus. War ja schon öfter zu sehen „uff'm Betze“. Diesmal aber ist es anders. Nicht die Roten Teufel werden von den 12.000 Zuschauern frenetisch gefeiert, sondern ihr Gegner. Der nämlich hat gerade mit 1:0 gewonnen.

Ausgespielt worden ist die erste Runde im UEFA-Cup, das Rückspiel zwischen dem 1. FC Kaiserslautern und Bohemians Dublin. Das Hinspiel in Irland hatte der FCK 3:1 gewonnen. Dass da zu Hause noch was anbrennen könnte, glaubte niemand mehr im Ernst. Worauf die Lauterer ihr Heimspiel im Schongang angingen. Nicht einmal, als Dublins Stürmer Glen Crowe in der 37. Minute den Führungstreffer für sein Team erzielte, legten sie einen Zahn zu.

Womit sie aber nicht rechneten: Dass ihnen ihre Fans diese Arbeitsverweigerung derart übelnehmen würden. Und einfach das Lager wechselten. Irgendwann schwenkten sie ihre Fahnen für den Gegner, feuerten die Iren aus vollen Kehlen an, und die übrigen Ränge stimmten ein.

Die Betze-Buben hätten es zumindest ahnen können. Denn die Stimmung im Umfeld ist gerade äußerst angespannt. Der FCK ist schlecht in die Bundesliga-Saison 2000/01 gestartet. Die Kritik an Otto Rehhagel, dem Meistertrainer von 1998, wird lauter und lauter. So wird dieses Spiel zum Ventil, auch „Rehhagel raus“-Rufe sind zu hören. Tatsächlich wird „König Otto“ nur noch wenige Tage im Amt sein.

Die tapferen Iren können selbst kaum glauben, wie ihnen geschieht. Ein mit 12.000 Zuschauern gefülltes Fritz-Walter-Stadion mag Einheimischen als bescheidene Kulisse erscheinen, auf sie aber wirkt sie überwältigend. In Irland kicken sie oft vor nur dreistelligen Besucherzahlen. Als sie an den jubelnden Rängen vorbeilaufen, ist deutlich zu sehen, dass nur wenige einigermaßen erfolgreich gegen ihre Tränen zu kämpfen vermögen. Die meisten lassen ihrer Rührung freien Lauf.

Robert Bowman (links) und Igli Tare im Kampf um den Ball.

6. OKTOBER 2021

Blamage im Südwestpokal

65

Ungewohnte Atmosphäre für den großen FCK im Verbandspokal.

Ganz am Ende hält es auch Torwart Matheo Raab nicht mehr in seinem Kasten. Der Keeper des 1. FC Kaiserslautern geht bei der mutmaßlich letzten Aktion der Partie beim Oberligisten TuS Mechtersheim in der vierten Minute der Nachspielzeit mit nach vorne, um die große Blamage vielleicht doch noch abzuwenden. Tatsächlich findet die Ecke der Roten Teufel auch den Kopf eines Mitspielers, aus dem Getümmel kann ein Mechtersheimer den Ball dann aber aus dem eigenen Strafraum dreschen und der Schiedsrichter pfeift ab. Trotz 1:0-Führung verlieren die Profis vom Betzenberg beim Amateurklub aus der Vorderpfalz mit 1:2 (1:1) und scheiden im Verbandspokal des Südwestdeutschen Fußballverbandes sensationell aus.

Am sogenannten Südwestpokal nimmt der FCK erst seit der Saison 2018/19 und bedingt durch den Abstieg in die 3. Liga teil. In den ersten beiden Jahren kann er den Wettbewerb als jeweils haushoher Favorit schließlich für sich entscheiden. Durch das Wiedersehen mit ganz alten Südwest-Rivalen wie Wormatia Worms oder dem FK Pirmasens, aber auch durch Partien bei ambitionierten Amateurklubs, deren Spieler oft genug selbst eingefleischte FCK-Fans sind, hat der Wettbewerb anfangs durchaus einen gewissen Reiz.

Gleichzeitig spielt aus Sicht des FCK aber stets die Gefahr einer riesigen Blamage mit. Das eine oder andere Mal sind die Partien ganz schön knapp, wie etwa beim erst spät und in Unterzahl herausgeschossenen 3:0 beim Mainzer Stadtteilverein SV Gonsenheim in der Saison 2019/20, der die Roten Teufel im früheren Bundesliga-Stadion am Bruchweg empfängt.

Im Vergleich dazu ist das Aus in Mechtersheim und damit im eigenen Einzugsgebiet wohl das kleinere Übel. Groß ist die Schmach trotzdem, als die Mechtersheimer Aleksandr Biedermann (43.) und Marvin Benefo (78.) nach der FCK-Führung durch Julian Niehues (39.) die Partie drehen und die Sensation perfekt machen. Die vierte Teilnahme der Roten Teufel am Verbandspokal ist damit schon früh nach der ersten Partie beendet.

Statistik

61

23. MAI 1954

Hannover 96 – FCK
5:1 (1:1)

ENDRUNDE UM DIE DEUTSCHE MEISTERSCHAFT 1954, FINALE

Hannover 96: Krämer, Geruschke, Kirk, W. Müller, Bothe, Gehrcke, Wewetzer, Paetz, Tkotz, Zielinski, Kruhl

FCK: Hölz, Baßler, Kohlmeyer, Eckel, W. Liebrich, Render, Scheffler, F. Walter, O. Walter, Wenzel, Wanger

Tore: 0:1 Eckel (13.), 1:1 Tkotz (44.), 2:1 Kohlmeyer (47., Eigentor), 3:1 Wewetzer (77.), 4:1 Kruhl (80.), 5:1 Paetz (86.)

Schiedsrichter: Schmetzer (Mannheim)

Zuschauer: 76.000 in Hamburg

62

2. DEZEMBER 1978

Südwest Ludwigshafen – FCK
2:1 (1:0)

DFB-POKAL 1978/79, 3. RUNDE

Südwest Ludwigshafen: Hermann, Wlodarczyk, Krebs, Lähr, Langensteg, Flohr, Streller, Kiefer (87. Ritz), Becker, Klemm, Steller

FCK: Hellström, Schwarz (78. Dobiasch), Neues, Briegel, Groh, Melzer, Geye, Bongartz, Schuhmacher, K. Toppmöller, Wendt

Tore: 1:0 Becker (1.), 1:1 Melzer (70.), 2:1 Kiefer (78.)

Schiedsrichter: Schütte (Gelsenkirchen)

Zuschauer: 17.000

Rote Karten: Wlodarczyk (83.) – Briegel (30.)

Besonderes: K. Toppmöller verschießt Elfmeter (90.)

63

29. MAI 1999

Eintracht Frankfurt – FCK
5:1 (0:0)

1. BUNDESLIGA 1998/99, 34. SPIELTAG

Eintracht Frankfurt: Nikolov, Janßen (85. Westerthaler), Bindewald, Kutschera, Zampach (68. Brinkmann), Schur, Bernd Schneider, Sobotzik, Weber (57. Gebhardt), Yang, Fjørtoft

FCK: Reinke, Ramzy (57. Ballack), Koch, Schjønberg, Buck, Ratinho, Sforza, Riedl (50. Reich), Wagner, Rösler (34. Rische), Marschall

Schiedsrichter: Jansen (Essen)

Tore: 1:0 Yang (47.), 1:1 Schjønberg (68., Handelfmeter), 2:1 Sobotzik (69.), 3:1 Gebhardt (79.), 4:1 Schneider (81.), 5:1 Fjørtoft (89.)

Zuschauer: 58.245 (ausverkauft)

Gelbe Karten: Schneider, Sobotzik

64

21. SEPTEMBER 2001

FCK – Bohemians Dublin 0:1 (0:1)

UEFA-CUP, 1. RUNDE, RÜCKSPIEL

FCK: G. Koch, H. Koch, Ramzy, Strasser, Grammozis, Komljenovic, Pettersson, Hristov, Reich, Lokvenc, Tare (46. Klose)

Dublin: Russell, Bowman, Hill, Webb, Hopper (58. O'Connor), Caffrey, O'Keeffe, Hunt, Williamson (62. O'Neill), Morrison, Crowe

Tor: 0:1 Crowe (37.)

Schiedsrichter: Vuorela (Finnland)

Zuschauer: 12.379

Gelbe Karte: Strasser

65

6. OKTOBER 2021

TuS Mechtersheim – FCK 2:1 (1:1)

VERBANDSPOKAL 2021/22, 5. RUNDE

Mechtersheim: Klein, Klicic, da Silva, Bauer, Ristovski, Weisenborn, K. Özkaya (65. M. Özkaya/87. Ferreira da Cruz), Muth, Simon, Benefo, Biedermann

FCK: Raab, Tomiak, Senger, Winkler, Schad, Niehues (46. Kleinsorge), Ritter, Zuck, Stehle (46. Huth), Kiprit (65. Hanslik), Redondo (74. Wunderlich)

Tore: 1:0 Niehues (40.), 1:1 Biedermann (43.), 2:1 Benefo (78.)

Gelbe Karten: Özkaya, Klein / Ritter

Schiedsrichter: Simon (Wöllstein)

Zuschauer: 2.471

Nachbarn

25. DEZEMBER 1949

Weihnachten auf dem Erbsenberg

66

Punktgenau serviert Fritz Walter den Ball auf den Kopf des jungen Mittelläufers Werner Liebrich, der zum 3:0 einköpft. Es ist der schönste und letzte Treffer in einem „erfreuliche[n] Lokalkampf auf dem Erbsenberg" (PVZ), den der 1. FC gegen den VfR Kaiserslautern gewinnt.

Erfreulich deswegen, weil der Berichterstatter die Fairness beider Lager lobt – auf dem Platz und auf den Rängen. Vielleicht liegt es an der Terminierung auf den 1. Weihnachtsfeiertag, dass alles friedlich bleibt. Vielleicht ist es auch Dankbarkeit gegenüber Fritz Walter, der den Aufstieg der „Rasenspieler" quasi im Nebenjob als Trainer unterstützt hat. In Deutschland gibt es Mitte 1949 zwei Staaten, in Kaiserslautern zwei erstklassige Fußballvereine, die sich erstmals nach dem Krieg in einem Pflichtspiel gegenüberstehen.

Die taktische Ausrichtung spiegelt die klare Rollenverteilung. Der Neuling konzentriert sich auf die Defensive und macht dem Nachbarn vom Betzenberg das Leben so schwer wie möglich. Ottmar Walter nutzt einen der wenigen Patzer zum 0:1, Werner Baßler verwandelt einen Handelfmeter zum 0:2. Damit ist die Vorentscheidung gefallen, ehe Liebrich das Endergebnis herstellt.

Den Status des FCK als klare Nummer eins der Stadt kann der VfR niemals gefährden, aber sich als Oberligist etablieren. Und so klar wie bei diesem Aufeinandertreffen gewinnt der FCK längst nicht alle Begegnungen. Vor allem unter der Ägide Ernst Willimowskis sind die Erbsenberger ein unangenehmer Gegner und gewinnen 1952 sogar mit 4:2 gegen den amtierenden Deutschen Meister.

Großes Aufsehen erregen die direkten Duelle eher selten, bis sich die Wege nach Einführung der Bundesliga 1963 unwiderruflich trennen, aber die tiefe Abneigung, mit der sich einige Hardliner in beiden Lagern begegnen, wird noch eine weitere Generation überdauern. Heute ist es längst kein Widerspruch mehr, wenn Lauterer Herzen für beide Vereine schlagen.

Am 1. Weihnachtstag 1949 spielt der FCK vor vollem Haus am Erbsenberg gegen den Ortsrivalen VfR Kaiserslautern. Der FCK gewinnt das Nachbarschaftsduell klar mit 3:0.

3. FEBRUAR 1963

Das wichtigste aller Derbys

67

Werner Liebrich und Ottmar Walter fühlen sich an alte Zeiten erinnert. Sie sitzen bei Fritz im warmen Wohnzimmer und müssen ihrem kranken „Kapitän" aus erster Hand berichten. „Ein sehr gutes Spiel und ein großer Sieg", fasst Liebrich den 5:2-Sieg gegen den FK Pirmasens zusammen, der den Weg des 1. FC Kaiserslautern in die neugeschaffene Bundesliga ebnet.

Auf der Höhe ihres eigenen Schaffens gibt es wenig Zweifel daran, wer im Südwesten den Ton angibt. Aber bereits zum Ende der Walterelf hat „die Klub" das Lauterer Titelabo gekündigt und feiert seinerseits drei Meisterschaften am Stück. Als der Südwesten nur zwei Plätze in der neuen nationalen Liga erhält, von denen Anfang 1963 einer für den 1. FC Saarbrücken reserviert wird, steigt die Nervosität. Aus dem vermeintlichen Zweikampf zwischen dem amtierenden Südwestmeister Borussia Neunkirchen und dem FK Pirmasens ist ein Dreikampf geworden, da der FCK ab November plötzlich Sieg an Sieg reiht.

Das direkte Duell am ersten Februarsonntag ist eines der wichtigsten Spiele der Vereinsgeschichte. Bei klirrender Kälte,

auf schneebedecktem Platz zeigt die junge Lauterer Elf eine reife Leistung. Statt Liebrich, Walter und Walter heißen die Protagonisten Jürgen Neumann, Winfried Richter und Willy Reitgaßl. Der spielerisch überlegenen Elf aus der Schuhstadt begegnet die von Günter Brocker bestens eingestellte Mannschaft mit taktischer Disziplin und läuferischem Einsatz. „Wenn der Boden besser gewesen wäre, hätten wir dieses Spiel wahrscheinlich gewonnen", mosert FKP-Trainer „Adi" Preißler, aber das kann dem FCK egal sein.

Nicht einmal die Verletzung des Torwarts Wolfgang Schnarr, der in den letzten zehn Minuten von Feldspieler Feldmüller vertreten wird, kann ihn aufhalten. Er kassiert zwar das 4:2 durch Dausmann (86.), aber Reitgaßl antwortet schnell und lässt keine Spannung mehr aufkommen.

Bei Fritz in der Beethovenstraße – und nicht nur dort – wird darauf angestoßen, dass der 1. FC Kaiserslautern nicht nur eine glorreiche Vergangenheit besitzt, sondern auch eine verheißungsvolle Zukunft.

Auf dem verschneiten Betzenberg schlagen die Lauterer den FK Pirmasens sicher mit 5:2 – ein ganz wichtiger Sieg für die Bundesligaqualifikation.

ZUCK
21
Kemmler
Kopier Systeme
mler
ysteme
EICHBAUM

11. SEPTEMBER 2021

Kostenloses Teambuilding

68

Kurz vor Schluss entlädt sich die Energie eines emotionalen Kurpfalz-Derbys noch einmal mit voller Wucht. „Scheiß SVW!", singen die Anhänger des 1. FC Kaiserslautern mit Inbrunst dem Erzrivalen Waldhof Mannheim entgegen, ehe sie dem eigenen Team die verdienten Ovationen für einen leidenschaftlichen Kampf zukommen lassen. Wer nach dem Spielende einerseits die langen Gesichter der Mannheimer sieht und andererseits den Applaus im Rest des Fritz-Walter-Stadions, muss denken, der FCK hätte die 23. Auflage des Prestige-Duells für sich entschieden. Dass stattdessen ein torloses Remis ohne großartige fußballerische Höhepunkte solche Emotionen entfacht, ist wohl nur mit der besonderen Rivalität der beiden Klubs aus Kaiserslautern und Mannheim zu erklären – und an diesem Spieltag auch mit der Rolle des Schiedsrichters.

Referee Florian Heft zückt am achten Spieltag der Saison 2021/22 insgesamt viermal den roten Karton und schickt mit Kenny Redondo sowie Marvin Senger zwei Spieler der Roten Teufel noch vor der Pause vorzeitig zum Duschen. Die Platzverweise gegen Waldhof-Sportchef Jochen Kientz und FCK-Teammanager Florian Dick ändern nichts an der doppelten Unterzahl auf dem Rasen, dafür fachen sie die eh schon überkochenden Emotionen noch weiter an. In der zweiten Halbzeit verteidigen die acht verbliebenen Feldspieler der Lauterer in zwei Viererketten und mit viel Einsatz das Unentschieden. Jede Abwehraktion wird vom Betzenberg frenetisch gefeiert. Und kommt doch einmal ein Ball durch, ist Torwart Matheo Raab als Turm in der Schlacht zur Stelle.

In der Rückschau ist das Remis für den FCK viel mehr wert als den einen Punkt. Gestärkt durch die ungeplante Teambuilding-Maßnahme gewinnt die Mannschaft von Trainer Marco Antwerpen die nächsten vier Ligaspiele ohne ein einziges Gegentor und geht bis zur Winterpause nur noch einmal als Verlierer vom Platz. Im neuen Jahr starten die Roten Teufel wieder mit vier Dreiern in Serie und nehmen endgültig Kurs in Richtung der erfolgreichsten Drittliga-Saison, an deren Ende die umjubelte Rückkehr in die 2. Bundesliga steht.

Das Remis ist für den FCK viel mehr wert als den einen Punkt.

Ein umkämpftes Nachbarschaftsduell endet im Kartenfestival. Das 0:0 fühlt sich für den FCK an wie ein Sieg, am Ende der Saison steigen die Lauterer in die 2. Bundesliga auf.

2. APRIL 2024

Berlin, Berlin, wir fahren nach Berlin!

69

Wahrscheinlich hat Tim Schreiber, der Torwart des 1. FC Saarbrücken, die Situation bereits abgehakt und ist mit den Gedanken bei der nächsten Spieleröffnung. In der 53. Minute des Halbfinals um den DFB-Pokal zwischen den Saarländern und dem 1. FC Kaiserslautern kommt der Lauterer Marlon Ritter beim Stand von 0:0 in aussichtsreicher Position zum Kopfball, so wirklich gefährlich wirkt der Versuch von Lauterns Nummer sieben, seines Zeichens auch nicht als Kopfballungeheuer bekannt, allerdings nicht. Dann aber springt der eigentlich harmlose Aufsetzer auf dem ramponierten Rasen des Saarbrücker Ludwigsparkstadions gar nicht richtig hoch. Schreiber rutscht der Ball durch die Hosenträger zum 1:0 für die Roten Teufel – und im direkt dahinter befindlichen Gästeblock mit den FCK-Fans gibt es kein Halten mehr.

Der große Traum vom Einzug ins Pokalfinale in Berlin, dem insgesamt achten in der FCK-Historie und dem ersten seit mehr als 20 Jahren, wird in diesem Moment immer realer. Erst recht, als Almamy Touré ebenfalls per Kopf auf 2:0 erhöht.

Dieses Mal ohne Mithilfe des Rasens, der rund um das Halbfinale der beiden alten Südwest-Rivalen aber auch so eine herausragende Rolle spielt. So mancher Spötter würde sogar behaupten, dass die sensationelle Pokal-Saison des Drittligisten Saarbrücken ohne den Untergrund gar nicht möglich gewesen wäre.

Zur Erinnerung: Die Blau-Schwarzen vom Ludwigspark bezwingen auf dem sehr schwer zu bespielenden Platz nacheinander den FC Bayern, Eintracht Frankfurt und Borussia Mönchengladbach. Die letztgenannte Partie musste nach Dauerregen und wegen Unbespielbarkeit des Rasens sogar neu angesetzt werden. Auch im Vorfeld des Saar-Pfalz-Derbys beschäftigt sich die Vorberichterstattung tagelang mehr mit dem Wetterbericht als mit der taktischen Aufstellung. Vorsichtshalber wird der Platz zwischenzeitlich mit einer Plane abgedeckt, tausende Löcher werden in den Rasen gebohrt. Dass die Gastgeber zudem ein Drittligaspiel im Vorfeld des Halbfinals verlegen, kommt im Lager der Roten Teufel gar nicht gut an. Umso größer sind danach der Jubel und auch die Schadenfreude. Die erst mit dem Abstieg des FCK in die 3. Liga wiederbelebte Geschichte des Saar-Pfalz-Derbys ist um ein Kapitel reicher, an das sich alle Anhänger der Roten Teufel immer gern erinnern werden.

Umso größer sind danach der Jubel und auch die Schadenfreude.

Ekstase pur: Marlon Ritter jubelt mit Tymoteusz Puchacz über den Finaleinzug.

bwin

Statistik

66

25. DEZEMBER 1949

VfR Kaiserslautern – FCK

0:3 (0:1)

MEISTERSCHAFT SÜDWESTDEUTSCHLAND-NORD (1. LIGA), 7. SPIELTAG

VfR: W. Berndt, Weber, Pilkahn, Jung, Toll, Mehn, Steiner, Schröer, Render, Glaiber, Schulz

FCK: Hölz, Huppert, Kohlmeyer, Fuchs, Gawliczek, W. Liebrich, Grewenig, F. Walter, O. Walter, Baßler, Folz

Tore: 0:1 O. Walter (15.), 0:2 Baßler (51. Elfmeter), 0:3 W. Liebrich (65.)

Schiedsrichter: Fritz (Oggersheim)

Zuschauer: 5.000

67

3. FEBRUAR 1963

FCK – FK Pirmasens

5:2 (1:0)

OBERLIGA SÜDWEST 1962/63, 19. SPIELTAG

FCK: Schnarr, Kostrewa, Miksa, Mangold, Schneider, Neumann, Feldmüller, Reitgaßl, Richter, Pulter, Meier

FK Pirmasens: Jann, Dell, Roos, Klein, Hoffmann, Herbrik, Brill, Dausmann, Seebach, Kapitulski, Weishaar

Tore: 1:0 Reitgaßl (10.), 2:0 Richter (49.), 2:1 Weishaar (58.), 3:1 Richter (68.), 4:1 Meier (74.), 4:2 Dausmann (86.), 5:2 Reitgaßl (87.)

Schiedsrichter: Kreitlein (Stuttgart)

Zuschauer: 23.000

68

11. SEPTEMBER 2021

FCK – Waldhof Mannheim

0:0

3. LIGA 2021/22, 8. SPIELTAG

FCK: Raab, Tomiak, Kraus, Senger, Hercher (86. Hanslik), Ritter, Wunderlich (78. Schad), Zuck, Zimmer (78. Niehues), Klingenburg Redondo

Waldhof: Königsmann, Sommer (45. Costly), Verlaat, Seegert, Rossipal (78. Donkor), Saghiri, Höger (67. Gouaida), Boyamba (67. Ekincier), Lebeau, Schnatterer, Martinovic

Schiedsrichter: Heft (Neuenkirchen)

Zuschauer: 13.150

Gelbe Karten: Zimmer, Tomiak, Hengen (Geschäftsführer FCK), Antwerpen (Trainer FCK), Raab – Lebeau, Seegert, Sommer, Saghiri, Schnatterer

Rot: Redondo (25., grobes Foulspiel), Senger (42., Notbremse), Dick (Team-Manager FCK / 45.+5, unsportliches Verhalten) – Kientz (Sportlicher Leiter SVW / 25., unsportliches Verhalten)

Besonderes: Zu dem Spiel waren wegen der Coronavirus-Pandemie 2020/21 nur maximal 20.000 Zuschauer zugelassen, darunter 1.000 Gästefans, die strenge Hygieneregeln beachten mussten.

69

2. APRIL 2024

1. FC Saarbrücken – FCK

0:2 (0:0)

DFB-POKAL 2023/24, HALBFINALE

Saarbrücken: Schreiber, Thoelke, Zeitz (78. Biada), Boeder, Rizzuto, Kerber, Sontheimer (67. Civeja), Gaus (67. Di Michele Sanchez), Naifi (67. Stehle), Rahibic (86. Uaferro), Brünker

FCK: Himmelmann, Touré, Elvedi, Tomiak, Puchacz, Kaloc, Niehues, Zimmer (78. Ronstadt), M. Ritter, Redondo (31. Opoku), Hanslik (68. Stojilkovic)

Tore: 0:1 Ritter (53.), 0:2 Touré (75.)

Schiedsrichter: Fritz (Korb)

Zuschauer: 15.904

Gelbe Karten: Sontheimer, Gaus, Zeitz, Stehle, Brünker, Uaferro, Di Michele Sanchez – Tomiak, Touré, Niehues

In aller Welt

3. MAI 1957

Die Walterelf in Amerika

70

Als das Flugzeug durch die Wolkendecke stößt, hängen alle Spieler an den Bullaugen der Super Constellation. So etwas wie die Wolkenkratzer Manhattans hatte noch keiner von ihnen je gesehen. Dabei wird die Mannschaft des 1. FC Kaiserslautern in New York City sehnlichst erwartet. Die amerikanische Metropole ist der erste Etappenort auf der USA-Tournee der Walterelf im Mai 1957. Der einzige, dem dieser Anblick entgeht, ist Fritz Walter. Aufgrund seiner Flugangst reist er lieber mit dem Schiff nach Übersee.

Dort gibt es in jenen Jahren den Deutsch-Amerikanischen Fußball-Bund (DAFB, englisch GAFA), zu dessen Zielen die Verbreitung ihres Lieblingssports, aber auch die Aussöhnung mit Deutschland gehören. Trainer des rührigen Verbands ist Johann Herberger, ein Neffe des deutschen Bundestrainers, der die Lauterer Delegation dann auch begleitet. Im ersten Spiel vor 25.000 Zuschauern unterliegt der FCK der Auswahlmannschaft mit 0:1.

In den restlichen fünf Spielen, die in den nächsten zwei Wochen anstehen, geben sich die Lauterer keine Blöße mehr, gewinnen am Ende sogar zweistellig. Ohnehin zählt der Fußball schnell zum entspannten Teil des Programms. Eng getaktet reiht sich Empfang an Empfang. Die Begeisterung der Community deutscher Auswanderer kennt keine Grenzen. Die Walterelf ist zu diesem Zeitpunkt über ihren Zenit hinaus, aber mit ihren fünf Weltmeistern immer noch eine absolute Attraktion. Und auch wenn es beispielsweise eine Ehre ist, vom deutschstämmigen New Yorker Bürgermeister Robert F. Wagner jr. begrüßt zu werden, sind die jungen Männer vom unablässigen Trubel bald ermüdet, wie Karl Schmidt in seinen Briefen berichtet. Anmerken lassen sie sich davon nichts. Die Mannschaft wird in New York, St. Louis, Detroit und Philadelphia als großartiger Botschafter sowohl ihres Landes als auch ihres Sports gewürdigt.

Die FCK-Spieler in New York vor der City Hall mit Bürgermeister Robert F. Wagner.

Eng getaktet reiht sich Empfang an Empfang.

O - TELEVISIE
ELS - TEXTIEL

24. JUNI 1962

Europäisches Flair

71

Der FCK nimmt Abschied von einem seiner Allergrößten. Nach 18 Jahren in der ersten Mannschaft steht das letzte Heimspiel von Werner Liebrich an. Der FC Nancy ist aber nicht zu Ehren des letzten aktiven Weltmeisters angereist, sondern ganz offiziell im Rahmen des ersten europäischen Wettbewerbs, an dem der 1. FC Kaiserslautern je teilnimmt.

Der „International Football Cup" ist sicherlich nicht zu vergleichen mit den bereits existierenden Europapokalwettbewerben für Landesmeister und Pokalsieger. Die in deutschen Medien verwendete Bezeichnung als Intertoto-Runde ist ein deutlicher Hinweis auf den Ursprung des Wettbewerbs, der in der fußballfreien Zeit des Sommers Fußballwetten ermöglichen soll.

Ohne Reiz und Bedeutung ist die Konkurrenz keinesfalls. Bei ihrer zweiten Auflage bietet sie ein Teilnehmerfeld von 32 Mannschaften aus acht europäischen Ländern. Der FCK muss sogar ein Ausscheidungsspiel gegen Hertha BSC austragen und hat dabei doppelt Glück, denn der 1:1-Ausgleich gelingt erst zwei Minuten vor Schluss und am Ende der torlosen Verlängerung entscheidet das Los zugunsten der Pfälzer, die damit neben Rot-Weiß Oberhausen, dem FC Bayern München und dem VfV Hildesheim starten dürfen.

In der Vierergruppe mit Tatabanya, Titelverteidiger Ajax Amsterdam und dem FC Nancy wird der FCK am Ende abgeschlagen Letzter. Dem Punktgewinn in der ersten Partie gegen die Ungarn (2:2) folgen nur noch Niederlagen. Das dramatische 4:5 im Heimspiel gegen Ajax wirkt wie ein letztes Aufbäumen. Die letzten drei Spiele gehen deutlich verloren. Außer der Erfahrung internationalen Flairs erwirbt der FCK ein Jahr später ein „Souvenir", denn die Verpflichtung von „Co" Prins hat ihren Ursprung in den beiden Duellen mit Amsterdam.

Auch Werner Liebrich wird sich ungeachtet der Ergebnisse zeitlebens gerne an diesen letzten Wettbewerb seiner Karriere erinnern. Ihr finaler Vorhang fällt eine Woche später in Tatabanya, wo ihm in Gyula Grosics noch einmal der ungarische Torhüter von Bern gegenübersteht. Für den Lauterer Weltmeister endet die Reise, während internationale Vergleiche für den Verein zehn Jahre später aufs Neue beginnen.

Intertoto-Cup 1962/63

27.5.1962: FCK – Tatabanya 2:2 (1:1)
3.6.1962: Nancy – FCK 3:1 (0:1)
10.6.1962: FCK – Ajax 4:5 (0:3)
17.6.1962: Ajax – FCK 6:0 (2:0)
24.6.1962: FCK – Nancy 0:3 (0:1)
1.7.1962: Tatabanya – FCK 6:2 (1:2)

Werner Liebrich im Zweikampf mit „Co" Prins

13. DEZEMBER 1972

Elfmeterkrimi auf dem Betzenberg

72

FCK-Torwart Sepp Stabel weiß wohl, was kommt, als er Sanasar Geworkjan von Ararat Eriwan relativ großzügig die linke Ecke seines Tores anbietet. Im Elfmeterschießen der dritten Runde des UEFA-Pokals zwischen dem 1. FC Kaiserslautern und der Mannschaft aus der damaligen Sowjetrepublik Armenien haben vier der ersten fünf gegnerischen Schützen diese Ecke anvisiert. Auch Geworkjan tut nichts anderes, scheitert mit seinem strammen, doch auch zu zentral platzierten Versuch aber am entschlossen in die von ihm angebotene Ecke hechtenden Stabel.

Da zuvor bereits ein Armenier den Pfosten getroffen hat, während für den FCK Lothar Huber, Fritz Fuchs, Ernst Diehl, Jochen Müller und Klaus Ackermann bei nur einem Fehlschuss von Jürgen Friedrich verwandeln, gewinnen die Gastgeber das Elfmeterschießen mit 5:4. Das 0:2 aus dem Hinspiel in Eriwan, das für den FCK angesichts einer 18-stündigen Anreise über Ost-Berlin und Moskau einer Odyssee gleichkommt, machen zuvor Hermann Bitz und Huber per Foulelfmeter wett. Der überragende Wolfgang Seel legt das erste Tor mustergültig vor und holt dann auch den Strafstoß heraus. Die Gäste kriegen sich nach der Elfmeter-Entscheidung

des Schiedsrichters van der Kroft gar nicht ein. Minutenlang muss Huber auf die Ausführung warten, verwandelt den Strafstoß aber dennoch sicher.

Am Ende steht der FCK bei seiner ersten Teilnahme am UEFA-Pokal direkt im Viertelfinale, nachdem es in den ersten beiden Runden Erfolge gegen Stoke City und den portugiesischen Vertreter GD Fabril do Barreiro gegeben hat. In der Runde der letzten Acht treffen die Roten Teufel mit Borussia Mönchengladbach auf den einzigen anderen verbliebenen Bundesligisten und müssen sich deutlich geschlagen geben. Im Rückspiel auf dem Bökelberg setzt es mit 1:7 eine der höchsten Niederlagen der FCK-Vereinsgeschichte.

Am Ende steht der FCK bei seiner ersten Teilnahme am UEFA-Pokal direkt im Viertelfinale.

Dramatisches Elfmeterschießen gegen Eriwan: Dank der Reaktionsschnelligkeit von Sepp Stabel erreicht der FCK das Viertelfinale.

3. NOVEMBER 1982

Höllenfeuer gegen den Nebel

73

Ja, wo laufen sie denn? Den Über-, geschweige denn den Durchblick zu bewahren, war am „Betze" selten so schwer wie in diesen Minuten. Schuld daran ist ... Nebel. Einfach nur Nebel. Der wird immer dichter. Und droht, das Vergnügen an einem weiteren großen Europapokal-Abend in Lautern nicht nur zu trüben, sondern komplett zu zerstören.

Mit dem SSC Neapel gastiert wieder einmal ein echtes Spitzenteam in der Pfalz. gespickt mit Nationalspielern, etwa dem Niederländer Ruud Krol oder dem Argentinier Ramón Díaz. Dennoch haben die Lauterer bereits das Hinspiel in Neapel mit 2:1 gewonnen. Es war die beste Partie, die sie unter ihrem neuen Trainer Rudi Kröner bestritten, der im Sommer das schwere Erbe von Meistertrainer Kalli Feldkamp antrat. So langsam scheint es wieder aufwärts zu gehen nach einem mauen Saisonstart, zu dem ein Virus einen Großteil der Mannschaft vorübergehend außer Gefecht gesetzt hatte.

Doch die Italiener wollen sich noch lange nicht geschlagen geben. Es geht rauf und runter, ist ein Klassespiel, das war schon in den ersten Minuten zu sehen. So denn was zu sehen ist. Denn der Nebel wird immer dichter. Was am gegenüberliegenden Tor geschieht, ist für die Fans in den Kurven so gut wie gar nicht zu erkennen. Der Schiedsrichter aber muss die Partie laufen lassen, solange er von der Mittellinie beide Gehäuse erblickt. Aber wie lange kann er das noch? Ein Spielabbruch droht.

Fünf Minuten vor der Pause demonstrieren einige gute FCK-Geister, wie erfinderisch einen Pfälzer die Not macht. Sie zünden Wachsfackeln an, platzieren sie hinter den Toren, andere schaufeln Holzscheite in Drahtkörbe und zünden diese an. Und tatsächlich: Der Rauch hebt die Nebelschleier in die Höhe. Einige Zuschauer zünden ihre Stadionhefte an und halten sie ebenfalls hoch. Ob zur Unterstützung oder weil sie glauben, Teil einer coolen Pyro-Show zu sein, wird nicht so ganz klar.

In der 70. Minute erzielt Torbjörn Nilsson das 1:0, zehn Minuten später trifft Hans-Peter Briegel nach einem furiosen Solo zum 2:0. Lautern ist eine Runde weiter. Weil man dem Gegner tüchtig Feuer gemacht hat.

Die Italiener haben sich übrigens in der zweiten Halbzeit mal über den Qualm im Stadion beschwert. Man kann es halt nicht jedem recht machen.

Kleine Höllenfeuer auf dem Betzenberg sollen den Nebel vertreiben. Das UEFA-Pokalspiel gegen den SSC Neapel kann trotz schlechter Sicht tatsächlich angepfiffen werden.

Was am gegenüberliegenden Tor geschieht, ist für die Fans in den Kurven so gut wie gar nicht zu erkennen.

19. SEPTEMBER 1990

Comeback als Pokalsieger

74

Eckball Axel Roos, Kopfball-Verlängerung Kay Friedmann, Tor Stefan Kuntz: Der Treffer zum 1:0-Sieg im Hinspiel der 1. Runde im Europapokal der Pokalsieger gegen Sampdoria Genua ist mit „einstudiert" wohl treffend beschrieben. In der 75. Minute ist es der Kapitän der Roten Teufel, der sich im Fünfmeterraum unwiderstehlich gegen seinen Gegenspieler durchsetzt und den Ball aus kurzer Distanz über die Linie drückt. Im ersten Europapokalspiel des FCK seit sieben Jahren und dem ersten überhaupt im Cup der Pokalsieger können die Gastgeber mit dem Resultat gut leben, zumal sie gegen den Titelverteidiger um die beiden Stürmerstars Gianluca Vialli und Roberto Mancini als Außenseiter in die beiden Spiele gegangen sind.

Um ein Haar wäre den Roten Teufeln sogar noch ein zweites Tor geglückt.

In der hitzigen Atmosphäre auf dem Betzenberg kassieren die Italiener auch noch zwei Platzverweise, was Sampdoria-Trainer Vujadin Boskov überhaupt nicht schmeckt. Als damaliger Trainer von Real Madrid beim legendären 5:0-Erfolg des FCK im März 1982 kennt Boskov den Lauterer Hexenkessel schließlich ganz genau und er wird seine Spieler entsprechend vorgewarnt haben. Um ein Haar wäre den Roten Teufeln sogar noch ein zweites Tor geglückt, aber Roos kommt an die scharfe Hereingabe kurz vor Schluss nach einem tollen Angriff über Kuntz und Guido Hoffmann nicht optimal heran und kann den Ball aus kurzer Distanz nicht im Tor unterbringen.

Trotzdem fahren Trainer Kalli Feldkamp und seine Mannen mit breiter Brust zum Rückspiel zwei Wochen später nach Italien – und finden sich dort am Abend der Begegnung in sintflutartigen Regenfällen wieder. Erst mit einer Verspätung von eineinviertel Stunden wird die Begegnung überhaupt angepfiffen und mündet nach einer Partie bei grenzwertigen Platzverhältnissen in einem 2:0 für die Gastgeber. Zu allem Überfluss bringt ein äußerst umstrittener Strafstoß die Lauterer früh ins Hintertreffen. Die Premiere des FCK im Europapokal der Pokalsieger ist nach der ersten Runde beendet, er darf sich aber trösten mit einer Rekordeinnahme beim Hinspiel von zwei Millionen Mark – und am Ende der Saison natürlich mit dem sensationellen Gewinn der Deutschen Meisterschaft. Ein Titel, den kurioserweise auch der Gegner einfährt. Denn Italiens Meister 1991 heißt zum ersten Mal in der Geschichte Sampdoria Genua.

Der Jubel des Torschützen:
Stefan Kuntz nach seinem 1:0-Siegtreffer.

16. SEPTEMBER 1998

Debüt in Europas Königsklasse

75

Die erste Halbzeit des Champions-League-Spiels gegen Benfica Lissabon ist ohne die ganz großen Höhepunkte schon fast zu Ende, da macht der doppelte Außenrist von Martin Wagner den Unterschied. Mit der Außenseite und etwas unkonventionell spielt der Linksfuß einen Ball in Richtung von Marian Hristov, der sich dank seiner Kopfballstärke behauptet und das Leder per Kopf zurück in den Lauf des durchlaufenden Mitspielers legt. Wagner nimmt die Vorlage direkt aus der Luft und trifft wieder mit dem Außenrist vorbei am sich vergeblich streckenden Michel Preud'homme im Benfica-Tor zum 1:0 für die Roten Teufel (41.).

Da im weiteren Spielverlauf kein zweiter Treffer mehr fällt, gewinnt der amtierende Deutsche Meister gegen den portugiesischen Rekordchampion mit 1:0 und feiert im ersten Champions-League-Spiel der Vereinsgeschichte einen Einstand nach Maß. Entsprechend ausgelassen feiern knapp 32.000 Zuschauer – mehr sind von der UEFA aus Sicherheitsgründen nicht zugelassen – den Erfolg, durch den sich die Mannschaft von Trainer Otto Rehhagel in der Gruppe mit Benfica, PSV Eindhoven und HJK Helsinki berechtigte Hoffnungen auf das Weiterkommen machen darf.

Tatsächlich gewinnt der FCK in der Gruppenphase, die er knapp sieben Jahre zuvor gegen den FC Barcelona noch dramatisch verpasst hat, alle drei Heimspiele sowie die Auswärtspartie in Eindhoven und zieht als souveräner Erster ins Viertelfinale ein. Dort wartet mit Bayern München allerdings ein schwerer und – in diesem Kontext – unattraktiver Gegner, da man den Münchnern damals noch in der Liga regelmäßig gegenübersteht. Entsprechend fällt im Pfälzer Lager die Reaktion auf die Auslosung aus und die Stimmung bessert sich auch nicht, als sich die beiden Mannschaften im März 1999 in Hin- und Rückspiel gegenüberstehen. In München unterliegt der ersatzgeschwächte FCK trotz ordentlicher Leistung mit 0:2, die zweite Partie auf dem Betzenberg endet nach einem frühen Elfmeter für die Gäste und einem Platzverweis für János Hrutka mit 0:4.

Entsprechend ausgelassen feiern knapp 32.000 Zuschauer den Erfolg.

Siegtorschütze Martin Wagner geht zufrieden vom Feld, seine Mitspieler Hany Ramzy (links) und Marian Hristov klatschen jubelnd ab.

HRISTOV
7
Deutsche

Statistik

72

13. DEZEMBER 1972

FCK – Ararat Eriwan

5:4 i. E. (0:0, 2:0, 2:0)

UEFA-CUP, ACHTELFINALE, RÜCKSPIEL

FCK: Stabel, Huber, Schwager, Fuchs, Diehl, Friedrich, Bitz, Seel, Pirrung (46. Müller), Hosic, Ackermann

Eriwan: Abramjan, Geworkjan, Aratjunjan, Martirosjan, Mesropjan, Andriasjan, Ischtojan, Sansasanjan, Petrosjan (68. Bondarenko), Markarow, Kasarjan

Tore: 1:0 Bitz (7.), 2:0 Huber (75., FE)

Elfmeterschießen: 1:0 Huber, 1:1, 2:1 F. Fuchs, 2:2, 3:2 E. Diehl, 3:3, 4:3 Müller, 4:4, 5:4 Ackermann, Stabel hält

Schiedsrichter: Clementide (Schweiz)

Zuschauer: 25.000

73

3. NOVEMBER 1982

FCK – SSC Neapel

2:0 (0:0)

UEFA-POKAL, 2. RUNDE, RÜCKSPIEL

FCK: Reichel, Wolf, Dusek, Briegel, Melzer, Brummer (53. Kitzmann), Eilenfeld, Geye, Bongartz, Nilsson, Allofs

SSC Neapel: Castellini, Bruscolotti, Ferrario, Krol, Marino (46. Criscimanni), Citterio, Celestini, dal Fiome, R. Diaz (86. Jacobelli), Vinazzani, Pellegrini

Tore: 1:0 Nilsson (70.), 2:0 Briegel (81.)

Rote Karte: Celestini (75.)

Schiedsrichter: Courtney (England)

Zuschauer: 34.500

74

19. SEPTEMBER 1990

FCK – Sampdoria Genua

1:0 (0:0)

EUROPAPOKAL DER POKALSIEGER 1990/91, 1. RUNDE

FCK: Ehrmann, Kadlec, Friedmann, Dooley, Scherr, Lelle, Roos, Kranz (63. Hoffmann), Hotic, Kuntz, Haber

Sampdoria: Pagliuca, Lanna, Pari, Bonetti, Michailitschenko, Vierchowod, Katanec, Vialli, Cerezo (39. Invernizzi), Mancini, Dossena (81. Lombardo)

Tor: 1:0 Kuntz (75.)

Schiedsrichter: Blankenstein (Niederlande)

Zuschauer: 33.000 (ausverkauft)

Rote Karten: Bonetti (67.), Lanna (90.)

75

16. SEPTEMBER 1998

FCK – Benfica Lissabon

1:0 (1:0)

CHAMPIONS LEAGUE, GRUPPENPHASE, 1. SPIELTAG

FCK: Reinke, Koch, Ramzy, Schjønberg, Buck, Ratinho (88. Riedl), Wagner, Roos (71. Reich), Sforza, Marschall, Hristov

Benfica: Preud'homme, Tahar, Ronaldo, Paulo Madeira, Basto, Calado, Thomas, João Pinto (65. Poborsky), Pembridge, Pringle, Deane (76. Hugo Leal, 88. Sousa)

Tor: 1:0 Wagner (41.)

Gelbe Karten: Ramzy, Schjønberg, Sforza – Pringle, Tahar

Rote Karte: Tahar (88., grobes Foulspiel)

Schiedsrichter: Collina (Italien)

Zuschauer: 31.112

Der 12. Mann

2. MÄRZ 1985

Der Betze brennt schon 1985

76

Was die Zuschauer am 21. Spieltag der Saison 1984/85 auf dem Betzenberg zu sehen bekommen, hat es in einem Bundesliga-Stadion so noch nicht gegeben. Rund 20 Bengalos leuchten bei der Partie des 1. FC Kaiserslautern gegen Eintracht Frankfurt in der heimischen Westkurve, mitgebracht von einer Bus-Besatzung Lauterer Fans, die zwei Wochen zuvor in Verona war, um FCK-Idol Hans-Peter Briegel bei seinem neuen Verein einen Besuch abzustatten. So richtig wissen die Anhänger nicht, was sie in Norditalien erwartet. Nachdem sie den heimischen Tifosi aber ihr Banner präsentieren mit der Aufschrift: „Fanclub Hell's Devils grüßt Hans-Peter Briegel", ist das Eis gebrochen und die Pfälzer Delegation entdeckt beim Hellas-Heimspiel gegen Inter Mailand Elemente einer Fankultur, die hierzulande noch völlig unbekannt sind.

Neben der Pyrotechnik ist das beispielsweise auch das Stilmittel der großen Blockfahne, die über den Köpfen der Fans ausgerollt wird. Unter Mithilfe einer dem FCK verbundenen Brauerei wird so eine gigantische Fahne auch in Kaiserslautern hergestellt und ab dem Ablösespiel für Briegel am 2. August 1985 bei jedem Heimspiel stolz präsentiert. Leider ist das aufgrund des Materials eher unhandliche Ungetüm schon nach wenigen Monaten wieder Geschichte. Durch den Umbau der Westkurve im Sommer 1986 zu einer überdachten Geraden ist die Blockfahne mit der Aufschrift „Rote Teufel" schlicht und einfach zu groß.

Nicht mehr verschwinden werden derweil die damals noch nicht verbotenen bengalischen Feuer, für die der Betzenberg berühmt ist wie kein zweites Stadion in Deutschland. Den legendären Höhepunkt erleben Freunde dieses Spektakels am 6. November 1991 gegen den FC Barcelona. Das „Spiel der 100 Bengalos" darf heute in keiner Chronik der FCK-Geschichte fehlen. Die rot leuchtende Westkurve ist die Verbildlichung schlechthin für den Mythos Betzenberg. Wie sechs Jahre zuvor bei der Premiere stammt das Material für die gewaltige Pyroshow aus Italien. Mal wird es bei den nun regelmäßig stattfindenden Besuchen von FCK-Fans in Verona einfach mitgebracht, mal gegen Vorkasse auf dem Postweg geordert. Der Betze brennt im wahrsten Sinne des Wortes – und zwar schon deutlich vor dem Überschwappen der Ultra-Bewegung nach Deutschland in den 1990er Jahren.

Die Pfälzer Delegation entdeckt Elemente einer Fankultur, die hierzulande noch völlig unbekannt sind.

Zwar nicht die erste Pyroshow auf dem Betzenberg, dafür ist die brennende Westkurve beim Spiel gegen den FC Barcelona 1991 aber legendärer Teil der FCK-Geschichte.

0631/6041
erus Heiztechnik
WWK WWK WWK
VERSICHERUNGEN

2. SEPTEMBER 1989

Konkrete Struktur

77

Es ist kurz vor elf. Langsam wird's rappelvoll im Nebenzimmer der Stadiongaststätte in der Nordtribüne des Fritz-Walter-Stadions. Vertreter von rund 50 Fan-Clubs des 1. FC Kaiserslautern drängen sich zusammen. Die „Außendienstmitarbeiter" des FCK. So hat sie der ehemalige Präsident „Atze" Friedrich mal genannt. Heute Vormittag wollen die Außendienstler den „Fanbeirat" aus der Taufe heben, der künftig das organisatorische Dach für alle Anhänger ihres Herzensklubs bilden soll.

Ein großer Tag. Nicht nur für die Fanvertreter, sondern vor allem auch für Norbert Thines, heute FCK-Präsident. Vor über 20 Jahren hat er, damals noch Geschäftsführer, die Fanclubs regelmäßig zu Treffen eingeladen, sich mit ihnen ausgetauscht und so vorbereitet, was nun eine konkrete Struktur erhält. Das Einzugsgebiet des FCK wird in acht geografische Regionen sowie eine Sektion „Überregional" aufgeteilt. Die in jeder Region beheimateten Fanclubs wählen einen Vorsitzenden, diese bilden gemeinsam mit dem nicht-stimmberechtigten Behinderten-Fanbeauftragten den Fanbeirat. Der bestimmt aus seiner Mitte einen Sprecher, der die Anhänger im Vereinsrat vertritt.

Im Veranstaltungskalender des FCK finden sich mittlerweile etliche Highlights, die auf Initiativen des Fanbeirats zurückgehen. Die regionalen Vorsitzenden laden regelmäßig zu Treffen, bei denen sich FCK-Verantwortliche „ungefiltert" mit ihren Anhängern austauschen. Das alljährliche Saisoneröffnungsspiel zwischen Profis und Fanauswahl nimmt seinen Anfang im Rahmen eines Zeltlagers auf der Burg Lichtenberg bei Kusel im Juli 1993. Die Veranstaltung steht unter dem Motto „FCK-Fans für Europa" und gilt heute als Vorreiter der von allen Fußballverbänden getragenen Aktion „Rote Karte dem Rassismus". Der Fanbeirat zeichnet zudem für die „Hautnah"-Events verantwortlich, zu denen Spieler, Trainer und Offizielle den Anhang in seinen Heimatorten besuchen. Sie organisieren Sommer- und Hallenfußball-Turniere oder Tombolas, um soziale Projekte oder unverschuldet in Not geratene FCK-Fans zu unterstützen. Oder helfen, Hilfskonvois in von Krieg und Naturkatastrophen heimgesuchten Ländern auf die Beine zu stellen. Auch der 2009 gegründete Kids-Club, die „Teufelsbande", wird vom Fanbeirat mit-initiiert. So leisten die „Außendienstler" ihren Beitrag, das FCK-Gen auch an nachfolgende Generationen weiterzugeben.

Otto Roth, eines der dienstältesten Mitglieder im Fanbeirat, ist 2024 verstorben ist. Das Foto zeigt ihn bei der Verleihung des „Fan-Fuxxes" für „Die besten Fans der Bundesliga".

1. JUNI 1997

Gemeinsam in die erste Liga

78

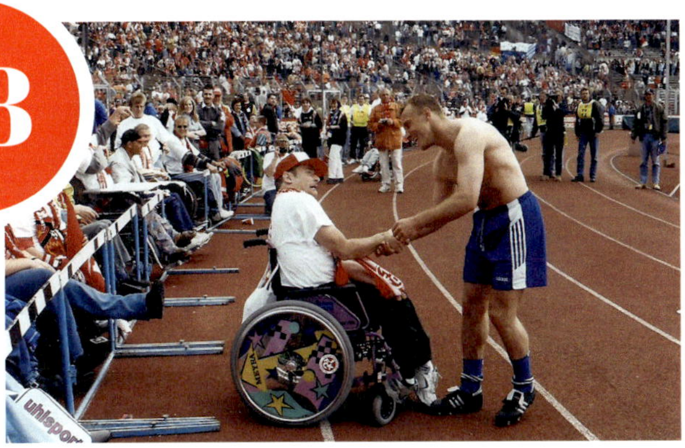

Als die kurios anmutende Karawane eine knappe Stunde vor Spielbeginn durch das Marathontor des Frankfurter Waldstadions einzieht, vergessen selbst die Eintracht-Fans für einen Moment die tiefsitzende Rivalität zwischen den beiden Südwestklubs. Vor der Gegentribüne sind 50 Rollstuhlfahrer und 13 gehbehinderte Fans auf dem Weg Richtung Lauterer Fankurve, wo die Mitglieder der ungewöhnlichen Reisegruppe enthusiastisch empfangen werden.

Initiiert und organisiert haben den Rollstuhl-Konvoi Helga und Erich Huber vom Fanclub „Fairplay" aus Landstuhl. Seit Jahren engagiert sich das fußballverrückte Ehepaar für Fans, die für ihren Stadionbesuch mehr Hindernisse als andere überwinden müssen. Aber mehr als 60 davon mit auf die Reise nehmen? Im Konvoi in ein fremdes Stadion? So etwas hat es in der Bundesliga noch nie gegeben.

Die Organisatoren lassen keine Klinke ungeputzt, finden 60 freiwillige Helfer und auch Sponsoren, die Geld spenden oder, wie das Busunternehmen Imfeld und das DRK, die benötigten Fahrzeuge kostenlos zur Verfügung stellen. Schließlich sind es 25 Fahrzeuge, die den ganzen Tross vom Firmengelände des Busunternehmens in Landstuhl in Etappen bis zum Ziel in der Otto-Fleck-Schneise bringen. Am Ende eskortiert von der Polizei, damit ja nichts schiefgeht. Und ja, an diesem Tag passt alles. Verkehr, Logistik oder die Gesundheit der Teilnehmer – am Ende bleiben alle befürchteten Probleme aus.

Einziger Schönheitsfehler ist das torlose Unentschieden auf dem Rasen. Verkraftbar, da der Aufstieg längst feststeht. Dafür gehört den „Rollis" und ihrem Anhang nach dem Abpfiff noch einmal die ganze Aufmerksamkeit, als sich die Mannschaft bei jedem von Ihnen für ihre Unterstützung bedankt und viele Spieler ihre getragenen Trikots verschenken. Mit oder ohne dieses Souvenir bleibt es für alle Beteiligten bis heute ein unvergessener Tag.

13. MÄRZ 1999

Die erste Choreo

79

Als die Westkurve als rot-weiß-rotes Gesamtbild erstrahlt, ist das der Lohn für all die Mühen und Anstrengungen im Vorfeld. Die erste Choreografie im Fritz-Walter-Stadion, die diesen Namen verdient, steigt am 22. Spieltag der Saison 1998/99. Inspiriert und fasziniert vom Ende der 1990er-Jahre nach Deutschland überschwappenden Ultra-Gedanken hatte eine Gruppe junger FCK-Fans erst wenige Monate zuvor die „Generation Luzifer“ gegründet. Die rot-weiße Zettel-Choreo im Heimspiel gegen den 1. FC Nürnberg ist ihr erster großer Auftritt.

Der FCK kann mit dem Vorhaben zunächst wenig anfangen, gewährt den Ultras aber bereits zwei Stunden vor der Stadionöffnung Zugang zum Bereich hinter der Westkurve, um dort die letzten Vorbereitungen zu treffen. Großzügig bringen die rund 30 Mitwirkenden an allen denkbaren Stellen Infozettel an und verteilen schließlich das Material an den Block-Eingängen an die hineinströmenden Massen. Bei den allermeisten Fans sind Begriffe wie Ultras oder Choreografien noch völlig unbekannt, trotzdem ist die Bereitschaft da, bei der Aktion mitzumachen. Fast alle nehmen einen der insgesamt 12.000 Zettel sowie den Hinweis entgegen, diese beim Einlaufen der Mannschaften in die Höhe zu recken. Letzteres klappt zwar nicht ganz wie erhofft, letztlich sorgen einige Anhänger mit ihrem vorschnellen Einsatz der Zettel aber nur dafür, dass das gewünschte Gesamtbild gleich zweimal entsteht. Zuerst beim Verlesen der Mannschaftsaufstellungen und dann – wie von den Ultras geplant – beim Einlaufen.

Bei den Machern ist die Begeisterung jedenfalls riesig. Nicht zuletzt, weil die Choreografie am Abend sogar in den Zusammenfassungen des Spiels im Fernsehen zu sehen ist. Und so werden innerhalb kurzer Zeit gleich die nächsten Aktionen auf dem Betzenberg geplant. Beim Heimspiel gegen Borussia Dortmund macht man sich auf der Südtribüne zunächst den Schriftzug „1. FCK“ auf den Sitzen zunutze. Gegen die Bayern kommen dann wieder rote und weiße Zettel in der Westkurve zum Einsatz – allerdings in einer größeren Dimension, was ein volleres Gesamtbild zur Folge hat. Im Vergleich zu den Kunstwerken der heutigen Zeit wirken diese ersten Choreos noch sehr einfach und simpel. Ohne das Engagement und den Mut der ersten Ultras, die sich Ende der 1990er so etwas ohne jegliche Erfahrung einfach mal getraut haben, wäre die Entwicklung zu den spektakulären Kurvenshows der Folgejahre aber gar nicht erst möglich gewesen.

9. JUNI 2019

Pioniere aus dem Westerwald

80

Der älteste FCK-Fanclub aus Nomborn 1969 und 2019

Zum großen Jubiläum macht sich natürlich auch eine vom damaligen Kapitän Florian Dick angeführte Delegation des 1. FC Kaiserslautern auf den Weg in den Westerwald. Dort, im 750-Einwohner-Örtchen Nomborn, feiert im Juni 2019 der FCK-Fanclub Nomborn sein 50-jähriges Bestehen. Länger gibt es keinen anderen Fanclub des vierfachen Deutschen Meisters vom Betzenberg.

Dass sich die erste offizielle Fan-Vereinigung der Roten Teufel rund 160 Kilometer von Kaiserslautern entfernt gründet, geht wie vieles beim FCK zurück auf die Erfolge der Walter-Elf in den 1950er Jahren. Zwar spielt der berühmte 1. FC Kaiserslautern nach 1960 in der alten Oberliga Südwest des Öfteren bei der TuS Neuendorf im nahegelegenen Koblenz, immer wieder zieht es eine Gruppe FCK-Begeisterter aus Nomborn aber schon in diesen Jahren zu Heimspielen auf den Betzenberg. Drei Stunden dauert die einfache Fahrt. Herausgeputzt mit Anzug und Krawatte und in zwei Autos ist die Westerwälder Reisegruppe dafür einen ganzen Tag unterwegs und wird bei der Rückkehr im Heimatort schon sehnsüchtig erwartet, um vom Erlebten zu berichten.

An Pfingsten 1969 rufen die FCK-Freunde den Fanclub ins Leben. Damit sind die Nomborner auch über den FCK hinaus eine der älteren Fan-Vereinigungen, die in diesen Jahren häufig noch Bezeichnungen wie „Stammtisch" oder „Freundeskreis" tragen. Zu einem größeren Phänomen werden Fanclub-Gründungen in der Bundesliga erst in den 1970ern. Auch der FCK kann 1969 mit den Anhängern aus dem Westerwald zunächst wenig anfangen und schickt den 14 Gründungsmitgliedern erst mal einen Spielerpass nach Nomborn.

Heute sind Präsident Manfred Habel und die rund 25 Mitglieder mächtig stolz auf die lange Historie ihres Fanclubs. Unter den aktuell rund 520 offiziellen Fanclubs der Roten Teufel mit mehr als 20.000 Mitgliedern befinden sich mittlerweile Zusammenschlüsse in ganz Deutschland von Flensburg bis München, von Köln bis Berlin. International halten Betze-Fans in den USA, in Brasilien und sogar in Australien die FCK-Fahne hoch. Die Ehre des allerersten Fanclubs der Roten Teufel überhaupt gebührt aber für alle Zeit den FCK-Fans aus dem kleinen Westerwald-Örtchen Nomborn.

17. APRIL 2022

Alle zusammen „nuff uff de Betze“

81

Trommeln, Rauchschwaden und dann diese bombastische Lautstärke: Für den nicht enden wollenden Strom an rot-weißen Anhängern, den die Ultras des 1. FC Kaiserslautern am Ostersonntag 2022 durch die Lauterer Innenstadt hinauf auf den Betzenberg führen, ist die Beschreibung imposant wohl noch untertrieben. Vom Sankt-Martins-Platz in der Altstadt macht sich der Fanmarsch am Vormittag auf den Weg an der Fruchthalle vorbei und über die Eisenbahnstraße in Richtung Fritz-Walter-Stadion, wo an diesem Tag das Saar-Pfalz-Derby gegen den 1. FC Saarbrücken steigt.

Als die gewaltige Masse die Bahnunterführung am Elf-Freunde-Kreisel passiert, dürfte sie mit allen unterwegs dazu gestoßenen Anhängern bis zu 8.000 Personen stark sein. Eine größere Zahl hat es bei einem Fanmarsch in Kaiserslautern noch nicht gegeben.

Allerdings ist diese Form des gemeinsamen Einstimmens auf eine bedeutende Partie, die wie viele andere Elemente der heute dominierenden Fankultur aus Italien stammt, auch noch ein vergleichsweise neues Stilmittel des organisierten Supports. Aus der Altstadt ziehen die Betze-Fans erstmals anlässlich der Wiederauflage des Derbys gegen Waldhof im September 2019 gemeinsam zum Stadion. Ebenso vor dem Relegations-Hinspiel gegen Dynamo Dresden im Mai 2022 und schließlich beim Legenden-Spiel im April 2023 gegen den Hamburger SV, bei dem sich dem sogenannten Corteo am Ende ebenfalls bis zu 8.000 Anhänger anschließen.

Die Premiere eines organisierten Fanmarsches findet wohl 2005 beim Auswärtsspiel in Mainz statt, wo die FCK-Fans geschlossen hinter einem Banner mit der Aufschrift „Lautern marschiert“ zum Stadion am Bruchweg laufen. Jahre später, etwa beim Relegationsspiel gegen die TSG Hoffenheim im Mai 2013 oder am letzten Spieltag der Saison 2014/15 gegen den FC Ingolstadt, dient der Bahnhofsvorplatz als Treff- und Startpunkt.

Beim größten Highlight der jüngeren FCK-Geschichte, dem DFB-Pokalfinale in Berlin 2024, darf ein Corteo natürlich ebenfalls nicht fehlen. Erst kurzfristig per Handzettel und Mund-zu-Mund-Propanda mobilisiert, sind es schließlich rund 10.000 Fans, die vom Theodor-Heus-Platz im Westen der Hauptstadt gemeinsam zum Olympiastadion ziehen.

Fanmarsch zum Stadion vor dem Derby gegen Saarbrücken.

Statistik

76

2. MÄRZ 1985

FCK – Eintracht Frankfurt

2:1 (2:0)

1. BUNDESLIGA 1984/85, 21. SPIELTAG

FCK: Reichel, T. Allofs, Bold, Brehme, Geye, Hübner (46. Trunk), Kitzmann, Lang (71. Majewski), Melzer, Moser, W. Wolf

Eintracht: Pahl, Berthold, Binz (59. Müller), Boy, Kraaz, Krämer, Körbel, Mohr, Sievers (76. Trieb), Svensson, Tobollik

Tore: 1:0 Hübner (9.), 2:0 Allofs (40.), 2:1 Krämer (52.)

Schiedsrichter: Kautschor (Eschweiler)

Zuschauer: 13.441

Gelbe Karten: Lang, Moser, W. Wolf – Boy

Besonderes: Allofs verschießt Elfmeter gegen Pahl (73.)

78

1. JUNI 1997

Eintracht Frankfurt – FCK

0:0

2. BUNDESLIGA 1996/97, 33. SPIELTAG

Eintracht: Nikolov, Bindewald, Roth (62. Weber), Hubtchev, Dickhaut, Kutschera, Gaudino, Schur, Janßen, Becker (62. Guht), Güntensperger (85. Flick)

FCK: Reinke, Kadlec (46. Schäfer), Schjønberg, H. Koch, Roos, Brehme (46. T. Riedl), M. Wagner, Ratinho (76. Wegmann), Marschall, Rische, Reich

Schiedsrichter: Buchhart (Schrobenhausen)

Zuschauer: 27.000

Gelbe Karte: Schjønberg

79

13. MÄRZ 1999

FCK – 1. FC Nürnberg

2:0 (1:0)

1. BUNDESLIGA 1998/99, 22. SPIELTAG

FCK: Reinke, Hrutka, Ibrahim (46. Riedl), Koch, Ramzy, Ballack (86. Graf), Wagner, Ratinho (79. Roos), Sforza, Reich, Rösler

Nürnberg: Köpke, Nikl, Baumann, van Eck, Störzenhofecker, Oechler (46. Driller), K. Reinhardt (64. S. Günther), Wiesinger (66. Kurth), Gerber, Ciric, Kuka

Tore: 1:0 Rösler (39.), 2:0 Ratinho (61.)

Schiedsrichter: Koop (Lüttenmark)

Zuschauer: 41.500

Gelbe Karten: Hrutka, Ibrahim – Kuka

81

17. APRIL 2022

FCK – 1. FC Saarbrücken

3:1 (1:0)

3. LIGA 2021/22, 34. SPIELTAG

FCK: Raab, Tomiak, Kraus, A. Winkler, Hercher (83. Schad), M. Ritter, Ciftci, Zuck, Wunderlich, Hanslik (58. Redondo), Boyd (87. Klingenburg)

1. FC Saarbrücken: Batz, Becker (46. Jänicke), Boeder, Zellner, Ernst, Zeitz, Gnaase (46. Gouras), Krätschmer, Günther-Schmidt, Scheu (73. Hawkins), Jacob (66. Steinkötter)

Tore: 1:0 Hanslik (17.), 1:1 Jänike (48.), 2:1 Boyd (57.), 3:1 Redondo (65.)

Schiedsrichter: Brand (Unterspiesheim)

Zuschauer: 46.895

Gelbe Karten: Antwerpen (Trainer) – Gnaase, Krätschmer

Rot: Kraus (45., grobes Foulspiel)

Besonderes: Batz hält Foulelfmeter von Boyd (17.) Aufgrund eines Sicherheitspuffers neben dem Gästeblock war die Zuschauerkapazität des Fritz-Walter-Stadions auf maximal 46.895 (statt 49.850) begrenzt.

Eigentore

6. MAI 1951

Verzählt

82

Ein dramatisches Spiel vor 65.000 Zuschauern im Südweststadion. Ottmar Walter verletzt. Ein junger, noch unbekannter Nachwuchsstürmer namens Horst Eckel als zweifacher Torschütze: Einen Tag nach dem ersten Spiel der Endrunde um die Deutsche Meisterschaft gegen die SpVgg. Fürth (2:2) gibt es viel Bemerkenswertes, aber plötzlich geht es nur noch um einen Mann, der gar nichts dafür kann: Dieter Schaack.

Der junge Torhüter macht ein gutes Spiel. Er ist erst vor wenigen Wochen von Mainz an den Betzenberg gewechselt. Mit einem Oberligaspiel sowie einem Einsatz bei der Reserve glauben die Lauterer, den Statuten zu genügen. In der Endrunde ist nur spielberechtigt, wer zuvor mindestens zwei Pflichtspiele für seinen Verein absolviert hat. Die Fürther sehen dies anders und legen Protest ein. Das Urteil des DFB erkennt beide Sichtweisen an: Das Ergebnis bleibt vorerst in der Wertung. Sollten die Franken mit einem Sieg die Lauterer überholen können, wird die Partie wiederholt. Der Torhüter wird für den Rest der Endrunde gesperrt.

Damit hat der FCK zwar einen Punkt gerettet, steht aber mitten in der heißen Phase der Saison ohne Torwart da. Der für Schaack ausgebootete Karl Adam hat seine Sachen gepackt und ist zurück nach Koblenz. In einer Zeit, in der selbst Festnetztelefone seltener Luxus sind, bleibt Trainer Richard Schneider keine andere Wahl, als sich in den Zug zu setzen, um den enttäuschten Schlussmann zurückzugewinnen. Adam erweist sich seinerseits als Sportsmann, schluckt seinen Stolz und fährt mit der Mannschaft am nächsten Wochenende nach Hamburg, um den FC St. Pauli mit 4:2 zu schlagen.

Mit dem Modellathleten im Tor qualifiziert sich der FCK zum zweiten Mal für das Endspiel um die Deutsche Meisterschaft. Und dort, im Berliner Olympiastadion gegen Preußen Münster (→ 12), sind die Paraden Karl Adams ein Garant für den ersten Titelgewinn des Vereins. Er bleibt ihm und seinen alten Kameraden trotz des folgenden Wechsels zum TuS Neuendorf zeitlebens verbunden. Dieter Schaack hingegen wird nach dieser Episode als Fußballer nie mehr im Rampenlicht stehen. Beim FCK ist ab 1952 erneut Willi Hölz der Rückhalt der Walterelf.

Der FCK hat zwar einen Punkt gerettet, steht aber mitten in der heißen Phase ohne Torwart da.

Dieter Schaack fängt den Ball vor Adi Preißler während eines Freundschaftsspiels gegen Preußen Münster am 5. August 1951. Der FCK gewinnt 3:1 in Ludwigshafen.

Der erste Spielabbruch in der Bundesliga wegen Zuschauerausschreitungen: Nachdem mehrere Gegenstände auf den Platz geworfen wurden, beendet Schiedsrichter Rudolf Frickel die Partie gegen Fortuna Düsseldorf.

27. NOVEMBER 1976

So eine Flasche

83

Der FCK liegt nach 76 Minuten 0:1 hinten, drängt auf den Ausgleich. Es ist ganz schön Feuer in der Partie. Gegner Fortuna Düsseldorf wehrt sich auch mit unsauberen Mitteln, und für den Geschmack der Zuschauer lässt Schiedsrichter Rudolf Frickel zu viel durchgehen. Die Pfiffe gegen seine Entscheidungen werden immer schriller. Da! Dieter Brei foult den Lauterer Stürmer Wolfgang Metzler! Wenigstens pfeift Frickel diesmal. Doch was ist das? Plötzlich bückt er sich, hebt etwas vom Boden auf, spricht mit FCK-Kapitän Seppl Pirrung ...

Was nun genau passiert, erfahren die 12.000 Zuschauer erst später aus Funk und Fernsehen. Frickel hat ein leeres Fläschchen Steinhäger auf dem Rasen entdeckt. Daraufhin weist er den Lauterer Spielführer an, eine Lautsprecherdurchsage zu veranlassen: Wenn weiter Gegenstände aufs Spielfeld fliegen, werde das Spiel abgebrochen. Doch bis die Nachricht bei Stadionsprecher Udo Scholz angelangt ist, sind bereits zwei weitere Fläschchen und ein Feuerzeug geflogen. Frickel bricht die Partie ab.

„Ich bin doch kein Bauernschiedsrichter", gibt er später zu Protokoll. Worauf der pfälzische Bauernverband überlegt, ihn wegen Beleidigung zu verklagen, dies dann aber doch unterlässt. Der FCK wehrt sich mit allen juristischen Mitteln, kann es aber nicht verhindern: Die Partie wird mit 2:0 zugunsten Düsseldorfs gewertet, dazu verhängt das DFB-Sportgericht 8.000 D-Mark Geldstrafe. Immerhin kommt der Klub um eine Platzsperre herum.

Es ist der erste Spielabbruch in der Bundesliga aufgrund von Zuschauerausschreitungen. Entsprechend groß ist das Medienecho. Mehrheitlich erhält Frickel Applaus. Weil er ein klares Signal auf die Ränge gesandt habe, sich künftig zu mäßigen.

Angesichts dessen, was in den folgenden Jahren noch alles an Gegenständen auf die Plätze flog, kann allerdings kaum davon die Rede sein, dass sein „Signal" irgendetwas bewirkte. Ausgerechnet in Düsseldorf wird FCK-Stürmer Ragnar Ache im Oktober 2023 von einer halbvollen Cola-Flasche am Kopf getroffen und ist sogar für einige Sekunden bewusstlos. Aber auch dieses Spiel wird nicht abgebrochen, wie so viele, die hätten abgebrochen werden müssen, wären die Maßstäbe, die Frickel seinerseits setzte, konsequent weiter angewandt worden.

8. APRIL 1989

Zu früh gefreut

84

Sie können ihr Glück kaum fassen. Torschütze Bruno Labbadia, Vorlagengeber Markus Schupp und der mitgestürmte Wolfgang Wuttke stehen vor den mitgereisten Fans in Köln-Müngersdorf. Nach 88 Minuten feiert das Trio den vermeintlichen 2:1-Siegtreffer. Aber was ist da los? Hinter ihnen pfeift Schiedsrichter Kurt Witke die Partie wieder an. Elf Kölner stürmen gegen acht Lauterer an. Kay Friedmann zerrt an Falko Götz und Witke entscheidet auf Strafstoß. Pierre Littbarski behält die Nerven und vollendet zum 2:2 (90.). „Statt zwei Minuten in Köln hätte die ganze Mannschaft zwei Tage in Kaiserslautern feiern können, wenn wir gewonnen hätten", ärgert sich Sepp Stabel hinterher.

Im April 1989 steht die Szene auch sinnbildlich dafür, dass in diesem Verein längst nicht mehr alle am gleichen Strang ziehen. Trainer Stabel, der den Verein im Vorjahr vor dem Abstieg gerettet und in dieser Saison frei von allen Sorgen im Tabellenmittelfeld platziert hat, genügt den Ansprüchen Reiner Geyes nicht mehr. Vergeblich hat der sich um Winfried Schäfer bemüht, in Gerd Roggensack den neuen Trainer bereits der Öffentlichkeit vorgestellt. Torjäger Harald Kohr hat seinen Abschied angekündigt. Die Mannschaft ist zu oft von den Launen Wolfram Wuttkes abhängig, der mit Stabel bekanntlich kein herzliches Verhältnis pflegt.

An diesem Tag dürfen sich alle ein wenig bestätigt fühlen. Stabel, dem gegen den Tabellenzweiten mit seinem nassforsch auftretenden Trainer Christoph Daum eine „taktische Meisterleistung" *(kicker)* attestiert wird. Wolfram Wuttke, der in geliehenen Schuhen groß auftrumpft und Kritik an Einstellung und Kampfgewicht widerlegt. Vielleicht sogar Reiner Geye, der davon überzeugt ist, dass mehr in dieser Mannschaft steckt, als sie seinerzeit zeigt.

In Stefan Kuntz findet der als Vizepräsident firmierende sportliche Leiter einen geeigneten Nachfolger für Harald Kohr. Die Personalie Roggensack dagegen erweist sich als Fiasko, das fast im Abstieg endet. Unter anderem auch deswegen, weil der mit Wolfram Wuttke schnell die gleichen Probleme hat wie sein Vorgänger. Anfang 1990 verlässt der polarisierende Spielmacher den FCK und wechselt zu Espanyol Barcelona.

Kam nicht mit allen Trainern gut zurecht: Wolfram Wuttke.

23. OKTOBER 1991

Bitterer Fehlschuss

85

Eine gefühlte Ewigkeit kauert Guido Hoffmann nach dem bittersten Fehlschuss seiner Karriere auf den Knien. Dann kippt der Offensivmann des 1. FC Kaiserslautern vornüber, das Gesicht in den Händen vergraben, auf den Rasen des Stadions Camp Nou von Barcelona. Der Lauterer möchte am liebsten im Boden versinken, dabei hat er Sekunden vorher doch eigentlich alles richtig gemacht. Schon in der gegnerischen Hälfte sieht Hoffmann in der 56. Minute einen etwas schlampigen Pass in der letzten Reihe des FC Barcelona perfekt voraus. Er geht energisch dazwischen, lässt auch Barça-Torwart Andoni Zubizarreta in vollem Tempo stehen, hat nur noch das leere Tor von sich – und schiebt den Ball mit seinem rechten Fuß am leeren Kasten vorbei.

Nach zwei Toren für die Katalanen durch Txiki Begiristain wäre der Treffer das 1:2 aus Sicht des FCK gewesen. Ob damit das dramatische Aus in letzter Sekunde des legendären Rückspiels in Kaiserslautern vermieden worden wäre, ist natürlich nicht nachzuweisen. Angesichts der damals noch geltenden Auswärtstorregel hätte sich die Ausgangslage der Roten Teufel für die zweite Partie zwei Wochen später auf dem Betzenberg aber deutlich verbessert. Entsprechend ist der sonst als Mannschafts-Spaßvogel stets fröhlich wirkende Hoffmann nach dem Schlusspfiff untröstlich.

Sein Fauxpas von Barcelona ist sicher der legendärste Fehlschuss in der FCK-Historie – und der bitterste. Vor allem, weil im Rückblick immer die Frage mitschwingt, wie ein Auswärtstor im Camp Nou die Klub-Geschichte wohl verändert hätte. Ein anderes schier unfassbares Missgeschick sei an dieser Stelle allerdings auch noch erwähnt. In der Saison 2014/15 ist es kurioserweise Guidos anders geschriebener Namensvetter Philipp Hofmann, der den Ball im Heimspiel gegen Union Berlin aus einem Meter über die Latte des leeren Kastens bugsiert. Dass man über diese Slapstick-Einlage heute beherzt lachen kann, liegt daran, dass der FCK das Spiel mit 1:0 gewonnen hat. Alles andere – etwa eine K.-o.-Runde auf Europas größter Bühne – will man sich besser gar nicht vorstellen.

Guido Hoffmann am 6. November während des Rückspiels gegen den FC Barcelona.

26. SEPTEMBER 1998

Fataler Wechselfehler

86

Schnell zieht Hany Ramzy sein Trikot über den Kopf, um seinen Gesichtsausdruck zu verbergen, aber es ist schon zu spät. Der Abwehrspieler des 1. FC Kaiserslautern hat im Heimspiel gegen den VfL Bochum gerade zwischen den grinsenden Ersatzspielern Michael Ballack und Lajos Szücs auf der Bank Platz genommen, als – eingefangen von den TV-Kameras – deutlich wird, dass die Verletzung, wegen der Ramzy von Trainer Otto Rehhagel kurz davor aus der Partie genommen wird, wohl doch nicht so schlimm ist. Später kommt heraus, dass der Ägypter die Blessur in Absprache mit dem Trainer nur vorgetäuscht hat, um einen Fauxpas des Lauterer Meistermachers Rehhagel schnellstmöglich zu korrigieren. Auslöser der skurrilen Maßnahme ist die alles andere als nicht so schlimme Verletzung von Michael Schjønberg, der sich nach einem Zusammenprall mit VfL-Torwart Thomas Ernst einen Schien- und Wadenbeinbruch zuzieht. Der von dieser Hiobsbotschaft geschockte Rehhagel schickt Pascal Ojigwe für Schjønberg auf den Rasen des Fritz-Walter-Stadions und begeht damit einen fatalen Fehler. Denn der Nigerianer Ojigwe ist neben den beiden Ägyptern Ramzy und Samir Ibrahim sowie dem Brasilianer Ratinho der vierte Nicht-Europäer auf dem Feld. Und das ist laut der damals geltenden Spielordnung in der Bundesliga verboten.

Auch Ramzys Schauspielanlage samt eiliger Auswechslung wird nichts daran ändern, dass der FCK die Partie in diesem Moment trotz eigener Führung verloren hat. Rehhagel informiert in der Halbzeit zunächst die Mannschaft und nimmt den Blackout in der Pressekonferenz nach dem Spiel auch gegenüber der Öffentlichkeit auf seine Kappe. Wer von den Zuschauern erst jetzt im Bilde ist, hätte sich allerdings auch vorher schon wundern können über den sehr verhaltenen Jubel der Lauterer Spieler nach Olaf Marschalls Treffer zum 2:0. Danach drehen die natürlich ebenfalls längst informierten Bochumer den Rückstand noch in einen 3:2-Erfolg und verzichten deshalb auf einen Protest. Wie die Begegnung ohne Schjønbergs Verletzung und den fatalen Wechselfehler ausgegangen wäre, bleibt Spekulation. Fakt ist aber, dass die Punkte dem FCK am Saisonende bitter fehlen werden.

Meistertrainer Otto Rehhagel weiß um seinen Fauxpas.

27. MÄRZ 2003

Drei Minuspunkte

87

Die Mitteilung der Deutschen Fußball-Liga kommt am Nachmittag und ist wenige Zeilen lang. Die wichtigste Information steht im dritten Absatz: „Die DFL hat daher als Sanktion einen Abzug von drei Gewinnpunkten und eine Geldstrafe von Euro 125.000 verhängt." Adressat der Sanktion ist der 1. FC Kaiserslautern, dessen Umgang mit sogenannten Persönlichkeitsrechten bei Spielerverträgen Anfang des Jahres 2003 auch die DFL auf den Plan gerufen hat. Die nimmt rückwirkend die Lizenzunterlagen des Pfälzer Bundesligisten seit der Spielzeit 1997/98 noch einmal unter die Lupe und verhängt als Konsequenz die genannte Bestrafung.

Die Untersuchung durch die DFL hatte der FCK selbst ausgelöst.

Im Gegensatz zu den Spielklassen darunter sind Punktabzüge in der Bundesliga bis heute selten. Beim FCK spricht man in einer ersten Reaktion einerseits von einer „harten Strafe", gleichzeitig ist auf dem Betzenberg aber durchaus Erleichterung zu spüren. Schließlich gilt der Punktabzug nicht für die laufende, sondern erst für die kommende Saison. Der jüngste Aufwärtstrend der Mannschaft unter Trainer Eric Gerets und der gerade geschaffte Sprung vom letzten auf den elften Tabellenplatz haben also Bestand. Die Konkurrenten der Lauterer im Abstiegskampf – wie der 1. FC Nürnberg oder Arminia Bielefeld – äußern deshalb harsche Kritik, die wiederum von der DFL mit dem Verweis auf den langen Zeitraum der Unregelmäßigkeiten zurückgewiesen wird.

René C. Jäggi im Dezember 2002.

Die Untersuchung durch die DFL hatte der FCK selbst ausgelöst, indem er einen Zwischenbericht der im Nachgang an die Mitgliederversammlung 2002 beauftragten Wirtschaftsprüfer selbst an die Finanzbehörden weitergeleitet hatte. Im Januar 2003 fordert das Finanzamt Kaiserslautern vom Verein daraufhin fast 13 Millionen Euro an Nachzahlungen, wovon der damalige Vorstandschef René C. Jäggi später knapp neun Millionen Euro im Rahmen einer Verständigung mit der Finanzbehörde bezahlt. Ein Vorgang, der im Nachgang noch viele Jahre für Diskussionen sorgt. Rein sportlich bleibt der Punktabzug derweil folgenlos. Trotz der Hypothek beendet die Mannschaft die Saison 2003/04 gerade so über dem Strich auf dem 15. Tabellenplatz.

Statistik

82

6. MAI 1951

FCK – SpVgg. Fürth

2:2 (1:0)

ENDRUNDE UM DIE DEUTSCHE MEISTERSCHAFT 1951, 1. SPIELTAG

FCK: Schaack, Rasch, Kohlmeyer, E. Liebrich, W. Liebrich, Jergens, Eckel, F. Walter, O. Walter, Baßler, Wanger

Tore: 1:0 Eckel (13.), 1:1 Helbig (47.), 1:2 Nöth (65.), 2:2 Eckel (71.)

Schiedsrichter: Kormannshaus (Löhne)

Zuschauer: 65.000

83

27. NOVEMBER 1976

FCK – Fortuna Düsseldorf

Spielabbruch

1. BUNDESLIGA 1976/77, 15. SPIELTAG

FCK: Hellström, Groh (74. Stickel), R. Meier (20. Scheer), Melzer, Metzler, Pirrung, H. Riedl, Ritschel, Sandberg, Schwarz, K. Toppmöller

Fortuna: Woyke, K. Allofs, Kriegler, Hickersberger, Zewe, Baltes, Seel, Zimmermann, Szymanek, Köhnen, Brei

Tor: 0:1 Zewe (56.)

Schiedsrichter: Frickel (München)

Zuschauer: 10.000

Besonderes: Das Spiel wurde in der 76. Spielminute beim Stand von 0:1 abgebrochen, nachdem Fans wiederholt Flaschen auf das Feld geworfen hatten. Der DFB wertete die Partie mit 0:2 Toren und 0:2 Punkten gegen den 1. FC Kaiserslautern.

84

8. APRIL 1989

1. FC Köln – FCK

2:2 (1:0)

BUNDESLIGA 1988/89, 25. SPIELTAG

1. FC Köln: Illgner, M. Olsen, Kohler, P. Steiner, Littbarski, Häßler, Gielchen (74. Götz), U. Rahn (74. Sturm), Görtz, T. Allofs, Povlsen

FCK: Ehrmann, Emig, Foda (40. Roos), Dooley, Hoos, Hartmann, Friedmann, Wuttke, Schupp, Kohr (74. Sommer), Labbadia

Tore: 1:0 Görtz (40.), 1:1 Kohr (62.), 1:2 Labbadia (87.), 2:2 Littbarski (89., FE)

Schiedsrichter: Witke

Zuschauer: 28.000

85

23. OKTOBER 1991

FC Barcelona – FCK

2:0 (1:0)

EUROPAPOKAL DER LANDESMEISTER 1991/92, 2. RUNDE, HINSPIEL

Barcelona: Zubizarreta, Koeman, Guardiola, Ferrer, Eusebio (63. Cristobal), Nadal, Bakero, Witschge, Begiristain, Stoitchkov (70. Salinas), Laudrup

FCK: Ehrmann, W. Funkel, Dooley, Stumpf, Haber (77. Degen), Scherr, Hoffmann, Kranz, Kuntz (60. Goldbaek), Witeczek, Hotic

Tore: 1:0, 2:0 Begiristain (43., 52.)

Schiedsrichter: Biguet (Frankreich)

Zuschauer: 65.000

Gelbe Karten: Bakero – Stumpf

86

26. SEPTEMBER 1998

FCK – VfL Bochum

2:3 (1:0)

1. BUNDESLIGA 1998/99, 6. SPIELTAG

FCK: Reinke, Ramzy (43. Koch), Ibrahim, Schjønberg (40. Ojigwe), Ratinho, Riedl, Hristov, Sforza, Buck (46. Ballack), Marschall, Rische

Bochum: Ernst, Sundermann, Waldoch, Fahrenhorst, Bemben (58. Dzafic), Petrovic (39. Gülünoglu), Schindzielorz, Toplak (46. Reis), Hofmann, Bastürk, Buckley

Tore: 1:0 Sundermann (5./ET), 2:0 Marschall (58.), 2:1 Reis (60.), 2:2 Buckley (67.), 2:3 Dzafic (74.)

Schiedsrichter: Wack (Biberbach)

Gelbe Karten: Ramzy, H. Koch – Bemben

Zuschauer: 41.500

Aushänge-schilder

Die Nationalspieler

88

Der Krieg tobt, aber der Ball rollt. Die deutsche Nationalmannschaft trifft im Frankfurter Waldstadion auf Rumänien. Reichstrainer Sepp Herberger versammelt eine sehr junge Auswahl. Mehr als die Hälfte seines 15-köpfigen Aufgebots ist unter 21. Eines dieser Talente ist der erst 19-jährige Fritz Walter, der an diesem Tag als erster Lauterer das Nationaltrikot trägt. Mit drei Treffern, zwei davon per Kopf, feiert der Stürmer beim klaren 9:3-Sieg ein vielbeachtetes Debüt.

Auf der Tribüne sitzen Vater Ludwig und Bruder Ottmar. Der nachvollziehbare Stolz des Seniors äußert sich in einer Bemerkung, die den kleinen Bruder sehr verletzt: „So gut wie der Fritz wirst du nie!" Der 16-jährige Ottmar, ebenfalls ein torhungriger Stürmer im FCK-Nachwuchs, wird diesen Satz nie vergessen. Er wird zu seinen Lebzeiten immer im Schatten des großen Bruders stehen, aber seinen Vater durch seine eigene glanzvolle Karriere Lügen strafen. Im ersten Nachkriegsländerspiel am 22. November 1950 gegen die Schweiz ist er der zweite Lauterer in Diensten des DFB.

Zusammen in der Nationalmannschaft spielen die Brüder 1951, wieder gegen die Schweiz. In seinem 25. Länderspiel ist Fritz dabei erstmals Kapitän der DFB-Elf. Kurz darauf komplettieren Werner Kohlmeyer, Werner Liebriech und schließlich Horst Eckel das berühmte Quintett, dass in Bern den WM-Titel gewinnt.

Nach der Ära der Walterelf wird es lange dauern, bis überhaupt wieder ein Spieler während seiner Zeit beim FCK das deutsche Nationaltrikot trägt. Insgesamt sind es 22. Oftmals ist die DFB-Karriere von sehr kurzer Dauer. Im Fall von Thomas Ritter sind es 1993 beim 5:0 gegen Uruguay ganze vier Minuten (ohne Nachspielzeit).

Unumstrittene Stammspieler werden nur noch drei: Hans-Peter Briegel (1979 bis 1984), Andreas Brehme (1984 bis 1986) und Miroslav Klose (2001 bis 2004). Er ist der bislang letzte Spieler in Diensten der Lauterer, dem im Februar 2004 in Kroatien ein Tor für den DFB gelingt.

Am Ende der Liste steht mit Marco Engelhardt ein Spieler, der weder beim FCK noch in der Nationalmannschaft den großen Erwartungen gerecht wurde. Sein Einsatz beim Confed-Cup 2005 gegen Argentinien ist seit nunmehr 20 Jahren der (vorläufige?) Schlusspunkt dieses Kapitels.

Nationalspieler unter dem Hakenkreuz: der junge Fritz Walter.

DFB-Nationalspieler des 1. FC Kaiserslautern (chronologisch)

Name	**Anzahl der Länderspiele (alle)/ als FCK-Spieler**
Fritz Walter	61
Ottmar Walter	21
Werner Kohlmeyer	22
Werner Liebrich	16
Horst Eckel	32
Karl Schmidt	9
Josef Pirrung	2
Klaus Toppmöller	3
Jürgen Groh	2 / 1
Hans-Peter Briegel	72 / 53
Andreas Brehme	86 / 40
Thomas Allofs	2 / 1
Wolfram Wuttke	4
Franco Foda	2
Martin Wagner	6
Stefan Kuntz	25 / 16
Thomas Ritter	1
Olaf Marschall	13 + 4 für die DDR
Marco Reich	1
Michael Ballack	98 / 1
Miroslav Klose	137 / 40
Marco Engelhardt	3

Weltmeister! Fritz Walter nach dem Finale 1954 mit dem WM-Pokal.

4. JULI 1954

„De ‚Betze' is Weldmäschder"

89

Ein Tag für die Ewigkeit. Und das nicht für die Fußballfreunde in der noch jungen Bundesrepublik Deutschland. Im Finale der Fußball-Weltmeisterschaft 1954 hat die deutsche Nationalmannschaft soeben die Auswahl von Ungarn besiegt.

Eine Sensation. Die Ungarn sind haushoher Favorit, vier Jahre und 31 Pflichtspiele ungeschlagen. Doch dann kommt die 84. Minute, in der Helmut Rahn das 3:2 für Deutschland erzielt, „aus dem Hintergrund", wie Reporterikone Herbert Zimmermann den Hunderttausenden an den Radiogeräten schildert. Einer seiner vielen Sätze, die sich nun für alle Zeit ins kollektive Gedächtnis aller Fußballfans einbrennen werden. Und jetzt ist das Spiel „aus, aus, aus – Deutschland ist Weltmeister!"

Das ganze Land, sicher. Aber in Kaiserslautern mehr als sonst irgendwo. In der legendären „Elf von Bern" stehen vier Söhne der Stadt: Werner Liebrich, Werner Kohlmeyer, Ottmar Walter und sein Bruder Fritz, der Kopf und Kapitän. Dazu der Vogelbacher Horst Eckel. Fünf FCK-Spieler in der Nationalmannschaft, das hat es weder vor noch nach dem Turnier in der Schweiz jemals gegeben. Und selbst dort laufen sie erst ab dem Viertelfinale alle gemeinsam auf. Das Halbfinale gegen Österreich gilt vielen Experten als Fritz Walters bestes Länderspiel. Er trifft, genau wie Bruder Ottmar, gleich doppelt.

Jetzt schimpft niemand mehr auf Sepp Herberger, der an ihnen festgehalten hat, auch nachdem sie kürzlich im Finale um die Deutsche Meisterschaft gegen Hannover 96 mit 1:5 untergegangen waren (→ 61). Dafür behauptet der Volksmund nun trotzig: „De ‚Betze' is Weldmäschder!"

Jenseits des lokalpatriotischen Überschwangs steht ein Lauterer stärker im Fokus als alle anderen. In dem Moment, in dem Fritz Walter den Pokal in Empfang nimmt „muss [er] Fotografen, Offiziellen, den Massen auf der Tribüne direkt in die Augen sehen. Die Öffentlichkeit wird ihren Blick nicht mehr abwenden. Dieser Mann mit den traurigen Augen ist – auf ewig – der Weltmeister aller Deutschen."

Die Schilderung Johannes Ehrmanns unterstreicht, dass es just sein anti-heldenhaftes Naturell ist, das den Kapitän dieser legendären Mannschaft zur nationalen Fußballikone macht. Ein leuchtendes Vorbild – und das über Regionen und Generationen hinweg.

29. JUNI 1958

Schiri mit Statur

90

Als der 17-jährige Pelé im WM-Finale die Fußballwelt verzückt, hat ein Lauterer beste Sicht auf den ersten WM-Titel einer brasilianischen Mannschaft: Albert Dusch assistiert dem Kollegen Maurice Guigue als Linienrichter.

Eigentlich ist der deutsche Unparteiische ein heißer Kandidat für die Leitung der Partie. Im Duell zwischen Schottland und England vor 130.000 Zuschauern im Glasgower Hampden Park verschafft sich der 95 Kilo schwere Hüne ebenso Respekt wie in zwei Einsätzen bei der Endrunde in Schweden. Dann aber eskaliert die Situation beim Halbfinale der DFB-Elf gegen die Gastgeber in Göteborg: Juskowiak muss nach einem Revanchefoul vom Platz und Fritz Walter beendet sein letztes Länderspiel nach einem harten Foul nur humpelnd. In der aufgeheizten Atmosphäre ist ein deutscher Schiedsrichter im Endspiel undenkbar.

Dort anzuknüpfen, wo die Erfolgssträhne seiner kickenden Vereinskameraden endet, wäre für Dusch nichts Neues. Erst als sich der FCK nicht mehr qualifiziert, ist der Weg frei für den Mann an der Pfeife: Zwischen 1956 und 1962 leitet er vier Endspiele um die Deutsche Meisterschaft und dreimal (1954, 1957, 1960) das DFB-Pokalfinale. Außerhalb der Weltmeisterschaften ist das Finale im Pokal der Landesmeister 1959 zwischen Real Madrid und Stade Reims der Höhepunkt seiner internationalen Karriere.

Der ehemalige FCK-Torwart, der einen als ungerecht empfundenen Platzverweis als Initialzündung zur zweiten sportlichen Karriere nennt, darf 1962 in Chile noch einmal bei einer WM den DFB vertreten, bevor er nach weit über 1.000 Einsätzen die Altersgrenze erreicht.

Der Nähmaschinenmeister der Lauterer Vorzeigefirma Pfaff wird weder dem Verein noch der Schiedsrichterei je verloren gehen. Als Obmann des Südwestdeutschen Fußballverbandes (SWFV) wird er sich bis ins hohe Alter als Funktionär verdient machen. 1974 stellt er einem jungen Fußballer eine Sondergenehmigung aus, damit dieser mit zwölf Jahren seine ersten Spiele pfeifen darf: Markus Merk (→ 94).

Das Finale im Europapokal der Landesmeister am 3. Juni 1959 in Stuttgart: Es spielt Real Madrid gegen Stade de Reims (2:0), links Schiedsrichter Albert Dusch beim Einlauf der Mannschaften.

Europameisterschaft 1980 in Italien: Deutschland besiegt Belgien im Finale mit 2:1, einer der Europameister: der Lauterer Hans-Peter Briegel. Obere Reihe: Karl-Heinz Rummenigge, Toni Schumacher, Bernd Cullmann, Bernd Schuster, Briegel, Horst Hrubesch, Uli Stielike und Trainer Jupp Derwall. Unten: Klaus Allofs, Manfred Kaltz, Bernard Dietz, Karlheinz Förster und Hansi Müller.

22. JUNI 1980

Außenseiter wird Europameister

91

„Aua!" Mitten im Jubel wird Hans-Peter Briegel schmerzhaft daran erinnert, warum er den Kopfball, der ihn zum Europameister macht, auf der Bank des Olympiastadions in Rom miterlebt. Als Horst Hrubesch im EM-Finale in der 88. Minute einen Eckball von Karl-Heinz Rummenigge zum 2:1 für die deutsche Mannschaft ins Tor wuchtet, ist der Lauterer verletzt ausgeschieden, weil er zu Beginn der zweiten Halbzeit umgeknickt ist.

Diese Blessur ist für Briegel im Wortsinn zu verschmerzen, da sie eine fast nichtige Fußnote in einer märchenhaften Erfolgsgeschichte ist. Der Rodenbacher gilt früh als Toptalent, aber in der Leichtathletik. Mit 17 spielt er erstmals im Verein Fußball, zwei Jahre später wechselt er zu den FCK-Amateuren, dann in den Bundesligakader der Lauterer. Sein Förderer Erich Ribbeck wird belächelt, der Spieler selbst verhöhnt aufgrund seiner unorthodoxen Spielweise, doch die Geduld zahlt sich aus.

Mit der Ankunft von Karl-Heinz Feldkamp erhält die Karriere den nächsten Schub und 1979 debütiert Briegel in der Nationalmannschaft. Nach „Cordoba" formt der neue Bundestrainer Jupp Derwall eine neue Mannschaft. Kein Experte, geschweige denn er selbst, hat vor dem Turnier in Italien große Erwartungen an ihn, aber als das EM-Turnier angepfiffen wird, steht der Lauterer Linksfuß auf dem Platz und verteidigt ihn, bis ihn im Finale die Verletzung zur Aufgabe zwingt.

Neben dem jungen Bernd Schuster und dem Finaltorschützen Horst Hrubesch zählt Briegel zu den überraschenden Protagonisten des Titelgewinns. Zwar gibt es kaum einen Artikel, der ohne die gängigen Klischees vom „Bauernbub", vom „Zehnkämpfer" oder vom „teutonischen Panzer" – wie ihn die italienischen Medien taufen – auskommt, aber jeder erkennt die Leistung und die Klasse des Neulings an.

Nach diesem Titelgewinn ist Briegel Stammspieler der Nationalmannschaft, bis er 1986 zurücktritt. Im Gegensatz zu seinem guten Freund Andreas Brehme wird er sich zwei Wünsche nie erfüllen: Er verliert zweimal das WM-Finale und auch mit dem FCK wird er keinen Titel holen. Dies gelingt ihm nur in Italien: Nach dem EM-Titel in Rom wird er 1985 sensationell italienischer Meister mit Hellas Verona und damit der erste „Fußballer des Jahres", der nicht in der Bundesliga spielt.

3. AUGUST 1991

In der Galerie der Großen

92

Rainer Holzschuh ist an diesem Abend Gast und Gastgeber in einem. Im „Aktuellen Sportstudio" des ZDF ist die Expertise des *kicker*-Chefredakteurs anlässlich des ersten gesamtdeutschen Bundesligaspieltags gerne gesehen und gehört. Mitgebracht hat der Journalist eine der höchsten Auszeichnungen, die er und seine Kollegen zu vergeben haben: Im Rahmen der Sendung wird Stefan Kuntz als Fußballer des Jahres 1991 ausgezeichnet.

Mit 443 von 890 Stimmen setzt sich der Kapitän der Lauterer Meistermannschaft bei der vom Nürnberger Fachmagazin in Zusammenarbeit mit dem Verband deutscher Sportjournalisten durchgeführten Wahl sehr klar vor Thomas Doll (137) und seinem Vorgänger Lothar Matthäus (82) durch. „Mit der Entscheidung für Stefan wurde zu Recht die Arbeit eines erstklassigen Menschen und Sportlers gewürdigt", schreibt Trainer Feldkampf in seiner gedruckten Laudatio. Ob in seiner eigentlichen Rolle als Torjäger oder wenn nötig auch als Libero – immer ist Kuntz Kopf und Diener seiner Mannschaft gleichzeitig und daher eine logische Wahl.

Bemerkenswert ist sie in zweifacher Hinsicht. Da der Wettbewerb erst 1960 ins Leben gerufen wird, kommt er genau zur rechten Zeit für den ersten Preisträger Uwe Seeler oder den Rekordgewinner Franz Beckenbauer, aber zu spät für Fritz Walter. Auch Hans-Peter Briegel wird die Auszeichnung 1985 zwar auf dem Betzenberg verliehen, aber eben im Trikot von Hellas Verona. Deswegen ist der spätere Vorstandsvorsitzende der erste und einzige Spieler des 1. FC Kaiserslautern, dem diese Ehre zuteil wird.

Gleichzeitig ist Stefan Kuntz der erste unter all den großen Namen, der sich zum Zeitpunkt der Auszeichnung zwar Torschützenkönig der Bundesliga, Deutscher Pokalsieger und Meister nennen darf, aber nicht Nationalspieler. Im September des gleichen Jahres ist sein DFB-Debüt gegen England fest eingeplant. Vier Tage vorher zieht er sich beim Ausstieg aus dem FCK-Mannschaftsbus einen Bänderriss zu und muss anschließend noch zwei weitere Jahre warten.

1. JUNI 2002

Start einer Weltkarriere

93

Ob einer der etwas mehr als 32.000 Zuschauer im Stadion von Sapporo geahnt hat, dass er in diesem Moment den Beginn einer Weltkarriere miterlebt? Wahrscheinlich nicht. Zu banal wirkt das erste Spiel der deutschen Nationalmannschaft bei der Weltmeisterschaft 2002 gegen den Underdog Saudi-Arabien, in dem ein junger Stürmer namens Miroslav Klose das DFB-Team in der 21. Minute mit 1:0 in Führung köpft. Zu Hause in Deutschland schaut man schon genauer hin auf einen der neuen Hoffnungsträger. Insbesondere beim 1. FC Kaiserslautern, wo man stolz ist auf den WM-Fahrer aus den eigenen Reihen und wo man genau weiß um die Treffsicherheit des Vollblutstürmers, vor allem per Kopf. Zwei Dreierpacks hat Klose im DFB-Trikot bei Vorbereitungsspielen für das Turnier in Japan und Südkorea bereits geschnürt. Und auch beim mit 8:0 überaus deutlich ausfallenden Auftaktsieg gegen die Saudis stehen für den Lauterer drei Treffer zu Buche.

Im zweiten Vorrundenspiel gegen Irland (1:1) trifft Klose erneut per Kopf. Ebenso beim Abschluss der Vorrunde gegen Kamerun (2:0). Spätestens jetzt sind Deutschlands Nummer elf und sein Salto-Torjubel auf der Fußball-Weltbühne angekommen.

Der Hype wird zusätzlich genährt durch das im Vorfeld so nicht erwartete erfolgreiche Turnier der Mannschaft von Teamchef Rudi Völler, die mit weiteren Siegen gegen Paraguay, die USA und Südkorea bis ins Finale vorstößt. Dort wartet mit Brasilien einer der Topfavoriten – und mit dem Kräftemessen Ronaldo gegen Klose das Duell der besten Torschützen. Am Ende geht der WM-Pokal ebenso nach Südamerika wie die Torjägerkanone, da Klose in der K.-o.-Runde keinen weiteren Treffer mehr erzielen kann. Das holt er allerdings nach bei den folgenden drei Weltmeisterschaften 2006, 2010 und 2014. In Brasilien holt sich das DFB-Team mit Klose seinen vierten WM-Titel – und der frühere FCK-Stürmer krönt sich zum besten WM-Torschützen aller Zeiten.

Das erste von drei Klose-Toren beim WM-Auftakt 2002 gegen Saudi-Arabien. Damit macht sich der Lauterer in der Fußballwelt bekannt.

4. JULI 2004

„Ritterschlag" für Markus Merk

94

Arm in Arm mit seinen Assistenten erwartet Markus Merk den Höhepunkt seiner Schiedsrichter-Karriere. In wenigen Minuten rollt im Estádio da Luz von Lissabon der Ball beim Finale der Europameisterschaft zwischen Gastgeber Portugal und dem späteren Sensations-Sieger Griechenland. Geleitet wird das Endspiel erstmals in der EM-Historie von einem Unparteiischen aus Deutschland. Merk selbst nennt die Nominierung für das Finale im Vorfeld seinen „Ritterschlag".

Der damals 42-jährige Merk ist zu diesem Zeitpunkt längst einer der besten Schiedsrichter der Welt – und doch versucht ein Teil der portugiesischen Presse die Eignung des Kaiserslauterers im Vorfeld der Partie in Zweifel zu ziehen. Hintergrund der haltlosen Unterstellungen ist die Freundschaft zwischen Merk und dem früheren FCK-Meistertrainer Otto Rehhagel, der die Griechen sensationell ins Finale geführt hat. Tatsächlich entscheidet der Außenseiter das Spiel durch ein Kopfballtor von Angelos Charisteas in der 57. Minute für sich und sorgt damit für eine der größten Sensationen im internationalen Fußball überhaupt. Mit der Leistung von Schiedsrichter Merk hat der Coup der Griechen allerdings nichts zu tun, was auch Portugals Trainer Luiz Felipe Scolari nach dem Schlusspfiff betont und Merk zu einer tadellosen Leistung gratuliert.

Der Schiedsrichter ist damit endgültig auf der obersten Ebene der internationalen Top-Referees angekommen und fügt seiner beeindruckenden Vita einen weiteren Meilenstein hinzu: Dreifacher Weltschiedsrichter des Jahres, weit mehr 300 Einsätze in der Bundesliga und nun neben Rudi Glöckner (WM 1970 in Mexiko) aus der damaligen DDR auch einer von nur zwei deutschen Unparteiischen, die ein Endspiel bei Welt- oder Europameisterschaften geleitet haben. 2008 hängt Markus Merk die Pfeife an den Nagel, 2019 kehrt er aber wieder zurück ins Fußball-Rampenlicht und kandidiert erfolgreich für den Aufsichtsrat bei seinem 1. FC Kaiserslautern.

Dr. Markus Merk vor dem Finale der EM 2004 zwischen Gastgeber Portugal und Griechenland bei der Begrüßung mit Luís Figo und Theodoros Zagorakis.

Statistik

89

4. JULI 1954

BR Deutschland – Ungarn 3:2 (2:2)

WELTMEISTERSCHAFT 1954 IN DER SCHWEIZ, FINALE IN BERN

Deutschland: Turek, Posipal, W. Liebrich, W. Kohlmeyer, Mai, Eckel, Rahn, Morlock, O. Walter, F. Walter, Schäfer

Ungarn: Grosics, Buzánszky, Lóránt, Lantos, Bozsik, Zakariás, Kocsis, Hidegkuti, Puskás, Czibor, Tóth

Tore: 0:1 Puskás (6.), 0:2 Czibor (8.), 1:2 Morlock (10.), 2:2, 3:2 Rahn (18., 84.)

Zuschauer: 62.500

Schiedsrichter: William Ling (England)

91

22. JUNI 1980

BR Deutschland – Belgien 2:1 (1:0)

EUROPAMEISTERSCHAFT 1980, FINALE

BRD: Schumacher, Stielike, Förster, Dietz, Kaltz, Schuster, Briegel (55. Cullmann), H. Müller, K.-H. Rummenigge, Hrubesch, K. Allofs

Belgien: Pfaff, Gerets, Meeuws, Millecamps, Renquin, Cools, Vandereycken, Van Moer, Mommens, Van Der Elst, Ceulemans

Tore: 1:0 Hrubesch (10.), 1:1 Vandereycken (75., Foulelfmeter), 2:1 Hrubesch (88.)

Schiedsrichter: Nicolae Rainea (Rumänien)

Gelbe Karten: Förster – Millecamps, Vandereycken, Van Der Elst

Zuschauer: 47.864

93

1. JUNI 2002

Deutschland – Saudi-Arabien 8:0 (4:0)

WELTMEISTERSCHAFT 2002, 1. SPIELTAG IN SAPPORO

Deutschland: Kahn, Linke, Ramelow (46. Jeremies), Metzelder, Frings, Schneider, Hamann, Ziege, Ballack, Jancker (67. Bierhoff), Klose (77. Neuville)

Saudi-Arabien: ad-Da'ayya', ad-Duchi, Zubromawi, Rida Tukar, Suleimani, al-Dosari (46. asch-Schahrani), ad-Duchi, at-Tamyat (46. al-Chathran), Nur, al-Dschabir, al-Hassan al-Yami (77. ad-Dusari)

Tore: 1:0, 2:0 Klose (21., 26.), 3:0 Ballack (40.), 4:0 Jancker (45.+1), 5:0 Klose (70.), 6:0 Linke (72.), 7:0 Bierhoff (85.), 8:0 Schneider (90.+2)

Zuschauer: 32.218

Schiedsrichter: Ubaldo Aquino (Paraguay)

Gelbe Karten: Ziege (43.), Hamann (83.) – Nur (90.+1)

94

4. JULI 2004

Portugal – Griechenland 0:1 (0:0)

EUROPAMEISTERSCHAFT 2004 IN PORTUGAL, FINALE IN LISSABON

Portugal: Ricardo, Miguel (43. Paulo Ferreira), Jorge Andrade, Ricardo Carvalho, Nuno Valente, Maniche, Costinha (60. Rui Costa), Deco, Luís Figo, Pauleta (74. Nuno Gomes), Cristiano Ronaldo

Griechenland: Nikopolidis, Seitaridis, Dellas, Kapsis, Fyssas, Basinas, Katsouranis, Zagorakis, Giannakopoulos (76. Venetidis), Charisteas, Vryzas (81. Papadopoulos)

Tor: 0:1 Charisteas (57.)

Zuschauer: 46.679

Schiedsrichter: Markus Merk (Deutschland)

Gelbe Karten: Costinha (12.), Nuno Valente (90.+3.) – Basinas (45.+2.), Seitaridis (63.), Fyssas (67.), Papadopoulos (85.)

Mehr als nur Fußball

20. JULI 1952

Ein Leben für den Leistungssport

95

Es ist der erste Wettkampftag in Helsinki. Der letzte von zwölf Vorläufen im 100-Meter-Sprint steht an. Der Blick auf die Zeiten der Konkurrenz macht Mut. Mit seiner eigenen Bestleistung (10,6 Sekunden) besitzt Erich Fuchs beste Chancen, ins Viertelfinale einzuziehen. Der Startschuss fällt. Handgestoppte 10,8 Sekunden später sind die Olympischen Spiele für den schnellen Mann aus Kaiserslautern vorbei, denn er wird mit dieser Zeit – die in den meisten anderen Läufen ausgereicht hätte – nur Dritter.

Sieben Jahre nach dem Ende des Zweiten Weltkriegs werden die deutschen Athleten wieder in die olympische Familie aufgenommen. Das erste Mal überhaupt ist auch ein Sportler des 1. FC Kaiserslautern am Start. Der Sprinter Erich Fuchs ist das Aushängeschild der von Ernst Kettenring geleiteten (und trainierten) Leichtathletikabteilung, die regional spitze ist, aber auf nationaler Ebene selten in Erscheinung tritt. Vor den Deutschen Meisterschaften in Berlin rechnet er sich Endlaufchancen aus und überrascht als Zweitplatzierter. Die Vize-Meisterschaft ist sein Ticket für Helsinki.

Nach seiner Karriere wird Erich Fuchs den rheinland-pfälzischen Sport als Wissenschaftler, Trainer und Funktionär mitgestalten. 1959 wird er als jahrgangsbester „Diplom-Turn- und Sportlehrer" an der Deutschen Sporthochschule in Köln ausgezeichnet, beginnt seine wissenschaftliche Laufbahn als Dozent an der Pädagogischen Hochschule in Kaiserslautern und wird später Professor in Landau.

Als Multifunktionär ist er Lehrwart und stellvertretender Vorsitzender der pfälzischen Leichtathleten, schafft als „Landesvorsitzender Leistungssport" Strukturen, die selbigen in Rheinland-Pfalz ermöglichen. Das betrifft sowohl die sogenannten Olympiastützpunkte, als auch die „Talentförderung durch Sportklassen" am Heinrich-Heine-Gymnasium in Kaiserslautern, heute eine FCK-Partnerschule.

Seinen größten Erfolg feiert Erich Fuchs als Trainer: 1960 in Rom gewinnt die von ihm betreute 4x100-m-Staffel der Damen die Silbermedaille. In gleicher Funktion reist er 1964 nach Tokyo (5.) und 1968 nach Mexiko-Stadt (6.). Aus FCK-Sicht ist er somit nicht nur der erste, sondern (bislang) auch der häufigste Teilnehmer an Olympischen Spielen.

Erich Fuchs 1952 bei den Olympischen Spielen in Helsinki.

4. AUGUST 1964

Ein Lauterer greift nach Gold

96

Der Korakuen Eispalast ist mit 4000 Zuschauern bis auf den letzten Platz gefüllt. In den Box-Wettbewerben der Olympischen Sommerspiele in Tokio steht das Finale im Mittelgewicht an. In der einen Ecke wartet der russische Europameister Waleri Popentschenko auf den ersten Gong. Ihm gegenüber will ein junger Mann vom 1. FC Kaiserslautern nach der Goldmedaille greifen: Emil Schulz, 26 Jahre alt, im Hauptberuf Färber in der Kammgarn-Spinnerei.

Boxen, Mittelgewicht, olympisches Finale: Der Lauterer Emil Schulz geht bereits in der ersten Runde zu Boden. Für seine Silbermedaille wird er in der Heimat trotzdem groß gefeiert.

Es ist das größte Jahr in der Sportlerkarriere des jungen Lauterers. Erst sichert er sich gegen Ewald Wichert den Meister-Titel der Bundesrepublik. Danach muss er sich erst einmal gegen den DDR-Meister Bernd Anders durchsetzen, um mit der gesamtdeutschen Mannschaft nach Japan reisen zu dürfen.

In Tokio startet er erneut mit einem Sieg, gegen den Briten William Stack. In diesem Kampf verletzt er sich an der Schlaghand. Den Rest des Turniers steht er nur mit Hilfe von Schmerzmitteln durch. Stoppen kann ihn dieses Handicap jedoch nicht. Er schlägt den Rumänen Ion Monea klar, den Italiener Francesco Valle knapp nach Punkten. Und nun steht er im Finale.

Sein Traum vom Gold geht jedoch nicht in Erfüllung. Popentschenko schickt ihn schon nach 60 Sekunden auf die Bretter. Schulz, berühmt für seine Nehmerqualitäten, rappelt sich zwar wieder auf, findet aber seinen Rhythmus nicht mehr. Er kassiert noch einen weiteren schweren Kinnhaken. Am Ende der ersten Runde bricht der italienische Ringrichter den Kampf ab.

Mit Silbermedaille und einem Lorbeerkranz behangen, kehrt der Pfälzer in seine Heimatstadt zurück, die ihn begeistert empfängt. 10.000 Fans jubeln ihm am Straßenrand zu. Ein Jahr später muss er seine Boxer-Karriere wegen eines Lungenleidens beenden. Emil Schulz stirbt 2010 im Westpfalz-Klinikum im Alter von 72 Jahren. Seit 2011 veranstaltet der 1. FC Kaiserslautern ihm zu Ehren alljährlich ein Gedächtnisturnier.

223 Kämpfe hat Emil Schulz für seinen Verein bestritten, nur 21 verloren. Profi hat er nie werden wollen, trotz zahlreicher Angebote.

10. SEPTEMBER 1966

„Der zweitschnellste Schwergewichtler der Welt"

97

Mit dem Rücken zum Seil stehend trifft ihn der Aufwärtshaken. Karl Mildenberger wankt, aber er fällt nicht. 1:29 Minuten ist die zwölfte Runde alt, als der englische Ringrichter Teddy Waltham dazwischengeht und den WM-Kampf im Schwergewicht beendet. Muhammad Ali hat seinen Titel zum sechsten Mal erfolgreich verteidigt, aber die 25.000 Fans im Frankfurter Waldstadion feiern auch seinen Herausforderer für dessen Leistung – darunter die Box-Legenden Max Schmeling und Joe Louis.

Das größte Lob erhält der Lauterer von seinem Gegner höchstpersönlich: „Mildenberger ist ein wahrer Gentleman, der zweitschnellste Schwergewichtler der Welt, der am besten aussehende weiße Boxer", zollt der äußerst selbstbewusste „Champ" seinem Kontrahenten Respekt. Alis offene Ablehnung (und spätere Verweigerung) seiner Einberufung zum Krieg in Vietnam machen ihn in den USA zur unerwünschten Person. Er muss Gegner (und Börsen) im Ausland finden und das ist „Mildes" Chance.

Den Trip nach Europa hat sich der Titelverteidiger leichter vorgestellt. Die ungewohnte Rechtsauslage und die Angriffslustigkeit des Pfälzers bereiten Ali mehr Probleme als erwartet. Der amerikanische Punktrichter Nat Fleischer wertet drei der elf vollen Runden für den Deutschen! Diese Leistung hat dem Europameister kaum jemand zugetraut, am wenigsten die Macher der heimischen Fernsehanstalten. Sie sind nicht gewillt, den aufgerufenen Preis für eine Übertragung zu zahlen, da sie einen frühen K. o. befürchteten.

So haben wohl nur die wenigsten der geschätzt 30.000 Fans, die den Boxer zu Hause begeistert empfangen, den Kampf mit eigenen Augen gesehen. Als „Gastgeber" fungiert ein ausgewiesener Fan des Boxsports: im offenen, mit rot-weißen Nelken geschmückten Wagen fährt Karl Mildenberger in Begleitung von Ottmar Walter an dessen Tankstelle vor.

Das größte Lob erhält der Lauterer von seinem Gegner höchstpersönlich.

Karl Mildenberger (rechts) liefert Muhammad Ali einen harten Kampf, drei der elf vollen Runden werden für den Lauterer gewertet. Am Ende aber siegt Ali.

29. SEPTEMBER BIS 1. OKTOBER 1988

Drei glänzende Tage in Seoul

98

Ein Kind der Stadt, zwei Fußballer und zum Abschluss der Triumph des Gasts aus Amerika. Binnen drei Tagen gewinnen vier FCK-Athleten bei den Olympischen Spielen in Seoul Edelmetall in drei verschiedenen Wettbewerben. Eine für den Verein bis heute einzigartige Bilanz.

Den Anfang macht Reiner Gies. Bei seiner zweiten Olympia-Teilnahme kämpft er sich mit drei Siegen bis ins Halbfinale im Halbweltergewicht. Wie schon in Los Angeles vier Jahre zuvor, als er noch im Fliegengewicht das Viertelfinale erreicht, steht der Lauterer gegen den späteren Gewinner seiner Klasse auf verlorenem Posten. Immerhin kann sich der siebenfache Deutsche Meister nach dem K. o. in Runde eins über die Bronzemedaille freuen.

Gleiches gilt einen Tag später für Wolfram Wuttke und Michael Schulz. Sie müssen den Traum vom Olympiasieg nach einem Elfmeterschießen gegen Brasilien begraben, nachdem Wuttke als letzter Schütze an Claudio Taffarel gescheitert ist. Im Spiel um Platz drei aber lässt die Mannschaft von Hannes Löhr, mit der Lauterer „10" als Spielmacher und Michael Schulz (an der Seite von Wolfgang Funkel) als Innenverteidiger, der italienischen Mannschaft keine Chance und siegt 3:0.

Während die deutschen Medaillengewinner zusammen mit der in Kaiserslautern wohnhaften Hürdensprinterin Claudia Zaczkiewicz gewürdigt und gefeiert werden, bleibt der bis heute einzige Olympiasieg eines FCK-Mitglieds eine Randnotiz, weil er im Medaillenspiegel für die USA verbucht wird. Allerdings gehört der in Baumholder stationierte Schwergewichtsboxer Ray Mercer, wie auch Reiner Gies, zur Trainingsgruppe von Günter Wiewecke. Durch seinen Finalerfolg gegen den Südkoreaner Baik Hyun-man macht er das Medaillenportfolio der FCK-Boxabteilung komplett: Nach Silber für Emil Schulz (→ 96) und Bronze für Gies gibt es nun auch einen „Golden Boy".

Ein Kind der Stadt, zwei Fußballer und zum Abschluss der Triumph des Gasts aus Amerika.

Das Team mit zwei FCK-Spielern, das 1988 die olympische Bronzemedaille gewinnt. Hinten von links: Wolfgang Funkel, Michael Schulz, Gerhard Kleppinger, Thomas Hörster, Roland Grahammer, Jürgen Klinsmann. Vorne: Ralf Sievers, Uwe Kamps, Frank Mill, Wolfram Wuttke, Thomas Häßler.

Reiner Gies (rechts) während eines Kampfes bei den Olympischen Spielen 1988 in Seoul.

Kaiserslauterns „Golden Boy" Ray Mercer gewinnt für die USA Gold im Schwergewichtsboxen.

16. SEPTEMBER 2008

Der große Sprung

99

Weltrekord! Gleich mit seinem ersten Satz über 6,50 Meter bei den Paralympischen Sommerspielen in Peking setzt Wojtek Czyz im Weitsprung ein gewaltiges Ausrufezeichen. Da stört es auch nicht, dass die weiteren Versuche des oberschenkelamputierten Leichtathleten vom 1. FC Kaiserslautern im Finale allesamt ungültig sind. Mit der neuen Bestmarke, die seinen bisherigen Weltrekord um 27 Zentimeter verbessert, gewinnt Czyz die Goldmedaille. Nach drei Siegen vier Jahre zuvor in Athen ist es insgesamt der vierte Paralympics-Erfolg in der Karriere des gebürtigen Polen, der längst einer der bekanntesten deutschen Behindertensportler ist. Die Leistung im „Vogelnest"-Stadion der chinesischen Hauptstadt ist umso bemerkenswerter, da Czyz' Vorbereitung auf den Saisonhöhepunkt aufgrund gleich mehrerer Verletzungen und Krankheiten alles andere als optimal verläuft. Wegen eines noch nicht vollständig auskurieren Mittelfußbruches verzichtet der Lauterer in Peking auf einen Start über 100 Meter und weiß, dass es auch im Weitsprung womöglich für nur einen guten Versuch reichen könnte. Und gut ist für den Weltrekord-Satz dann sogar kräftig untertrieben.

Zu den ersten Gratulanten nach dem großen Coup gehört der mit Czyz befreundete Fußball-Nationalspieler Miroslav Klose, vom heimischen Betzenberg übermittelt derweil der FCK-Vorstandsvorsitzende Stefan Kuntz Glückwünsche und lädt den „herausragenden Botschafter für den FCK und die Stadt Kaiserslautern" zum nächsten Heimspiel ins Fritz-Walter-Stadion ein. Eine Einladung, die Czyz gerne annimmt, schließlich ist er sowohl den Roten Teufeln als auch dem Fußball sehr verbunden.

Bis zu einem folgenreichen Tag im September 2001 träumt der junge Mann selbst von einer Karriere als Profikicker. Nach einem erfolgreichen Probetraining hat er bereits einen Vertrag in der damals drittklassigen Regionalliga bei Fortuna Köln in der Tasche, als er im letzten Spiel für seinen Verein VfR Grünstadt schwer verletzt wird und in der Folge sein linkes Bein oberhalb des Knies amputiert werden muss. Für den damals 21-Jährigen bricht zunächst eine Welt zusammen, relativ schnell widmet er sich aber neuen sportlichen Herausforderungen. Mit Titeln bei Welt- und Europameisterschaften sowie insgesamt sieben Paralympics-Medaillen ist Czyz einer der erfolgreichsten deutschen Behindertensportler. Im Sommer 2024 startet er für Neuseeland im Badminton bei seinen vierten Paralympischen Spielen.

Gut ist für den Weltrekord-Satz kräftig untertrieben.

Weltrekordsprung zu Gold: Mit diesem Satz gewinnt Wojtek Czyz bei den Paralympics 2008 in Peking die Goldmedaille.

DEUTSCHLAND
1536
SAMSUNG

28. FEBRUAR 2014

Schneller Glanz

100

In einer Sportart, in der es auf Tausendstelsekunden ankommt, hat man keine Zeit zu verlieren. Nur wenige Tage nach der Bekanntgabe ihres Wechsels zum 1. FC Kaiserslautern holt Miriam Welte bei der Bahnrad-WM in Kolumbien zwei Titel an zwei Tagen: zuerst im Teamsprint mit Kristina Vogel und dann solo im 500-Meter-Zeitfahren.

Der goldene Glanz, den der Neuzugang ohnehin verspricht, strahlt direkt noch ein bisschen heller. Miriam Welte ist zum Zeitpunkt ihres Beitritts nämlich amtierende Olympiasiegerin. Der Triumph von London 2012 ist auch der Ursprung der Kooperation zwischen der erfolgreichsten Sportlerin und dem bekanntesten Verein der Stadt: Selbstverständlich lässt es sich der FCK nicht nehmen, die Goldmedaillengewinnerin im Stadion zu ehren. Der daraus entstehende Kontakt, namentlich zum FCK-Vorsitzenden Stefan Kuntz, mündet schließlich in der Idee, Welte im FCK-Trikot starten zu lassen.

Zur Brücke, die die zwei fremden Welten verbindet, wird die Triathlon-Abteilung. Durch deren Beitritt zum Pfälzischen Radsportverband ebnet sie den Weg, diese Idee Wirklichkeit werden zu lassen. Das doppelte Gold ist dann der Auftakt einer sprichwörtlich glänzenden Bilanz mit 17 weiteren nationalen und internationalen Medaillen. Öffentlich wahrgenommen wird vor allem die bronzene bei den Olympischen Spielen in Rio, wieder im Teamsprint mit ihrer Partnerin Kristina Vogel.

Als Miriam Welte 2019 ihre Karriere beendet, wird sie mit der goldenen Verdienstnadel des Vereins geehrt. Und das nach nur fünf Jahren Mitgliedschaft. Sie verliert eben nur ungern Zeit.

Doppeltes Gold: erst im Teamsprint mit Kristina Vogel (links), dann im 500-Meter-Zeitfahren.

Abseits

12. APRIL 1965

Der verrückte Holländer

101

Klatschspalten bedienen FCK-Spieler im beschaulichen Kaiserslautern nur selten. An diesem Tag aber geistert ein Foto durch die Gazetten, das für reichlich Gesprächsstoff sorgt. Es zeigt Jacobus „Co" Prins mit seiner Verlobten Karin Brunn. Das Pikante daran: Die junge Frau, Ballettelevin am Pfalztheater Kaiserslautern, ist erst 20 Jahre alt, nach damaligem Recht also noch minderjährig. Und ihre Eltern sind gegen diese Verbindung, haben die per Zeitungsannonce verkündete Verlobung sogar für ungültig erklärt. Der verrückte Holländer jedoch sucht und findet den Weg zu seiner Geliebten über das Dach ihres Elternhauses und verschwindet mit ihr für einige Zeit spurlos. Glücklicherweise wird Karin Brunn volljährig, ehe eine Strafanzeige Prins für fünf Jahre ins Gefängnis bringen kann. Kurz darauf heiraten die beiden.

Er ist eben eine Ausnahmeerscheinung, dieser Co Prins. Übrigens auch fußballerisch, an guten Tagen jedenfalls. Der FCK hat ihn im Sommer 1963 aus Amsterdam geholt und startet mit ihm in die erste Saison der neu gegründeten Fußball-Bundesliga. Außer ihm sind damals nur drei weitere Ausländer am Ball. Und wenn er mit dem Leder am Fuß zaubert, steht der Betzenberg Kopf. Leider hat er dazu nicht immer Lust, sodass er manches Mal auch ausgepfiffen wird. Was dazu führen kann, dass er seinem Publikum erbost den blanken Hintern entgegenstreckt. Und er liebt das leichte, süße Leben, das auch seine Karin zu tolerieren hat. Mit seinem fetten Cadillac ist Prins oft im Mannheimer Rotlichtviertel unterwegs. Und gibt Frauen mit Zigarettenspitze gerne mit einen brennenden Zehn-Mark-Schein Feuer.

Er liebt das leichte, süße Leben.

Natürlich kann es am „Betze" mit einem solchen Paradiesvogel nicht lange gutgehen. 1965 ist Schluss. Co Prins geht mit seiner Karin zunächst in seine Heimat zurück, dann hierhin und dorthin, auch nach Amerika. 1981 ist er als Schauspieler in einem Hollywoodfilm zu sehen, in John Hustons Fußball- und Kriegsgefangenendrama „Flucht oder Sieg".

Am 25. September 1987 erliegt Co Prins einem Herzinfarkt, nach nur 49 bewegten Lebensjahren. Während eines Altherrenkicks für den FC Schild greift er sich an die Brust und sackt zusammen. Zuvor hat er noch einen Treffer markiert und mit den Worten kommentiert: „Jetzt müssen wir Alten für die Jungen auch noch die Tore machen."

Co Prins (links) und Willy Reitgaßl freuen sich über ein Tor gegen den 1. FC Köln (April 1964).

Uhren Schmuck
Optik

Der völlig zerstörte Ferrari von Klaus Toppmöller am Tag nach dem Unfall.

30. MAI 1976

Ein Unfall mit Folgen

102

Der junge Lauterer Stürmer Klaus Toppmöller hat bislang eine Bilderbuchkarriere hingelegt. 49 Bundesligatore hat er seit 1973 für seinen Verein erzielt. Vor einer Woche erst feierte er sein Debüt in der Nationalmannschaft, erzielte beim 2:0 gegen Spanien sogar einen Treffer. Es wird gemunkelt, dass er mittlerweile auf der Wunschliste des großen FC Bayern steht, der Ausschau hält nach einem möglichen Nachfolger für Gerd Müller. Dem 24-Jährigen vom Betzenberg steht die Welt offen, der Weg auf die große internationale Bühne scheint vorgezeichnet.

Doch dann kommt die Nacht, die alles verändert.

Die Mannschaft besucht die Maikerwe in Kaiserslautern. Auf dem Heimweg an die Mosel rammt Toppmöller mit seinem Ferrari Dino ein entgegenkommendes Fahrzeug der US-Armee. Nachts, mitten im tiefen Hunsrück. Alle Beteiligten werden verletzt, auch seine künftige Ehefrau Roswitha, die neben ihm sitzt. „Ich hole Hilfe", erklärt Toppmöller, steigt aus und verlässt den Unfallort. Was rechtlich als Fahrerflucht gewertet werden kann. 15 Stunden irrt er durch die Wälder, unter Schock stehend und mit einer Gehirnerschütterung. Die Polizei sucht nach ihm mit Spürhunden. Erst am Nachmittag gibt sie Entwarnung: Klaus Toppmöller ist gefunden worden.

Seine so vielversprechend angelaufene Karriere nimmt damit eine dramatische Wende. Die anstehende Europameisterschaft kann er abschreiben. In die Nationalmannschaft schafft er es erst 1979 wieder zu zwei weiteren Einsätzen. Die Schlagzeilen lassen auch das Interesse des FC Bayern erlöschen.

Den FCK trifft sein Ausfall ebenfalls hart. Die Mannschaft schwächelt im Saisonendspurt ohnehin, mit Roland Sandberg ist auch sein kongenialer Partner angeschlagen. Toppmöller fehlt vor allem im Pokalfinale gegen den HSV, die Lauterer unterliegen glatt mit 0:2.

In der Vereinschronik aber hat sich der Mann aus Rivenich als bester Bundesliga-Torschütze aller Zeiten verewigt, mit 108 Treffern in 204 Einsätzen. Und den Rang wird ihm sobald niemand streitig machen.

Die Schlagzeilen lassen auch das Interesse des FC Bayern erlöschen.

Der Tod des „Volksverräters“

103

Eine deutsch-deutsche Tragödie nimmt ihren Lauf. Nach einem Freundschaftsspiel zwischen dem 1. FC Kaiserslautern und dem BFC Dynamo Ost-Berlin setzt sich der DDR-Profi Lutz Eigendorf von seinem Team ab und taucht im pfälzischen Trippstadt unter. Später nimmt ihn der damalige FCK-Geschäftsführer Norbert Thines in seiner Privatwohnung auf. In Kaiserslautern wolle er seine Fußballerkarriere auch fortsetzen, gibt er bekannt.

Bis er sein Debüt im Trikot der Roten Teufel feiern darf, vergeht allerdings über ein Jahr. Am 11. April 1980 wechselt Trainer Kalli Feldkamp den damals 23-Jährigen beim 4:1-Sieg über den VfL Bochum in der 65. Minute ein. In den beiden darauffolgenden Jahren bestreitet Lutz Eigendorf 61 Bundesligaspiele für den FCK, schießt sieben Tore. Zehnmal ist er bei UEFA-Cup-Spielen dabei. Auf Reisen nach Sofia und Moskau nimmt ihn sein Klub allerdings nicht mit. Zu groß ist die Furcht, hinter dem Eisernen Vorhang könnte der lange Arm der DDR-Staatssicherheit nach dem „Volksverräter“ greifen.

Zu Beginn der Saison 1982/83 wechselt Eigendorf nach Braunschweig. Der große Durchbruch am „Betze“ ist ihm nicht so recht gelungen. Dem technisch versierten Mittelfeldspieler mangelt es zwar nicht an Talent, doch wird ihm immer mal vorgeworfen, er genieße allzu sehr das süße Leben im Westen.

Am 7. März 1983 erschüttert eine Schreckensnachricht die Republik: Lutz Eigendorf ist tot. Zwei Tage zuvor war der Fußball-Profi in der Nähe von Braunschweig, wo er zuletzt unter Vertrag stand, mit seinem Alfa Romeo verunglückt. Nun ist er den Kopf- und Brustverletzungen, die er davonträgt, erlegen.

Bis heute steht der Verdacht im Raum, der angebliche Unfall sei ein Mord gewesen. Stasi-Agenten hätten dem damals 26-Jährigen zunächst Unmengen Alkohol eingeflößt, ihn dann in sein Auto gesetzt und auf seiner anschließenden, halsbrecherischen Heimfahrt in einer Kurve geblendet. Tatsächlich existieren Aussagen und Hinweise, denen zufolge die Stasi eine solche Tat zumindest plante. 2004 wird ein endlich eingeleitetes Ermittlungsverfahren jedoch eingestellt. Die Beweise seien nicht stichhaltig genug, heißt es. 2011 wird ein Antrag auf Wiederaufnahme abgelehnt.

Das Unfallauto von Eigendorf.

Lutz Eigendorf im Februar 1981 im FCK-Trikot.

24. JANUAR 2018

Wenn Fußball zur Nebensache wird

104

Die 15 Minuten der Halbzeitpause sind längst verstrichen, als sich im Rund des Stadions am Böllenfalltor in Darmstadt langsam, aber sicher die Erkenntnis breit macht, dass etwas nicht stimmt. 45 zähe Minuten sind im Kellerduell zwischen dem Tabellenletzten 1. FC Kaiserslautern und dem Drittletzten aus Darmstadt absolviert, die Rückkehr der Akteure auf den Rasen lässt aber weiter auf sich warten. Nach und nach machen erste News über die sozialen Netzwerke die Runde und dann von Stadionbesucher zu Stadionbesucher, dass es in der Kabine der Gäste einen medizinischen Notfall gegeben hat. Tatsächlich ist es FCK-Trainer Jeff Strasser, der in den Katakomben des Stadions wegen akuter Herzprobleme behandelt werden muss.

Noch ehe der Stadionsprecher eine informierende Durchsage macht, stimmt der Gästeblock mit den Lauterer Fans die ersten „Jeff Strasser"-Rufe an. Eine Fortführung der Partie scheint zu diesem Zeitpunkt bereits ausgeschlossen. Die Ersatzspieler der Roten Teufel sammeln ihre Sachen auf der Ersatzbank ein, dann wird der Spielabbruch offiziell verkündet.

Ein Krankenwagen bringt den FCK-Trainer unter Applaus und „You'll never walk alone"-Gesängen aus beiden Fankurven in ein Krankenhaus.

Am nächsten Tag gibt der Verein leichte Entwarnung und teilt mit, dass Strasser zumindest keinen Herzinfarkt erlitten habe, sich allerdings weiteren Untersuchungen unterziehen müsse. Die liefern einige Tage später die Diagnose von Herzrhythmusstörungen infolge einer verschleppten Grippe. Eine schnelle Rückkehr auf die Trainerbank ist ausgeschlossen, der FCK angesichts der prekären Tabellensituation gezwungen, sich einen neuen Cheftrainer zu suchen. Die Wahl fällt auf Michael Frontzeck, der trotz drei Siegen aus den ersten vier Partien – darunter auch das Ende Februar neu angesetzte Spiel in Darmstadt – den Abstieg aber nicht verhindern kann. Die mit großen Hoffnungen begonnene Rückkehr von Strasser als Trainer zum FCK endet derweil nach wenigen Monaten. An einem Tag, an dem es deutlich Wichtigeres gibt als ein Fußballspiel.

Unterstützung der FCK-Fans für Jeff Strasser beim ersten Spiel nach dem medizinischen Notfall in der Darmstädter Kabine.

Wahlkampf

7. MÄRZ 1977

Der jüngste Präsident der Liga

105

Es ist ein einziger, unbedachter Satz, der die Geschichte des 1. FC Kaiserslautern nachhaltig beeinflussen wird. „Friedrich hat gesagt, man habe ihn zur Kandidatur gedrängt, er selbst wollte gar nicht", versucht Präsident Willi Müller wenige Minuten vor der entscheidenden Abstimmung, seinen Gegenkandidaten zu diskreditieren. Der wiederum pariert geschickt: „Sehen Sie, das meine ich mit Führungsstil." Die Stimmung kippt. „Atze, Atze"-Rufe hallen durch den Saal. Kurz darauf ist es amtlich: Mit 357:349 Stimmen gewinnt Jürgen „Atze" Friedrich die Wahl gegen den Amtsinhaber Willi Müller.

Der frühere Kapitän der Bundesligamannschaft, der seine Karriere verletzungsbedingt beenden musste, ist mit 33 Jahren nicht nur halb so alt wie sein Vorgänger, sondern der jüngste Präsident der Liga. Müller scheitert aber weder an seinem Alter, noch an seiner Bilanz. Während seiner siebenjährigen Amtszeit konsolidiert sich der Verein sportlich und finanziell, macht sich national und international einen Namen. Sein Manko: Er ist ein Patriarch der alten Schule und duldet keinen Widerspruch. Deswegen hat er sich mit seinen Kollegen im Vorstand überworfen. Sein „Vize" Udo Sopp wirbt unverhohlen für Friedrich.

Im Saal der „Neuen Einracht" stehen sich also zwei Lager gegenüber. Über 1000 Leute sind gekommen, darunter knapp 780 Stimmberechtigte. Eine solche Mitgliederversammlung hatte es zuvor nie gegeben. Das anfängliche Knistern legt sich schnell. Friedrich ist zu zaghaft, um Müller wirklich herauszufordern. Erst als alles gelaufen scheint, lässt dieser sich zu seiner folgenschweren Bemerkung hinreißen.

Sein Nachfolger, „im modischen, hellgrauen Maßanzug, mit modischem Oberlippenbart und intellektueller Brille" ist nicht nur optisch ein neuer Typus. Er setzt ganz bewusst auf den Teamgedanken und weiß mit Udo Sopp, Ottwin Dohn, August Diehl und Geschäftsführer Norbert Thines starke Stützen an seiner Seite, deren Potenziale er nutzt.

In den nächsten 25 Jahren werden die Geschicke des Vereins – wenn auch in wechselnden Konstellationen – innerhalb dieses Zirkels konzentriert bleiben.

„Atze, Atze"-Rufe hallen durch den Saal.

Jürgen „Atze" Friedrich im April 1977: der jüngste Präsident der Liga.

9. JULI 1996

„König Kalli" beendet die Diskussion

106

Fast vier Stunden verfolgt er die erregten Diskussionen ohne äußere Regung. Dann aber, um 22:56 Uhr, ergreift Karl-Heinz Feldkamp das Mikrofon. „Mit jeder Stunde, die wir hier diskutieren, verpassen wir es, die sportlichen Weichen zu stellen!", appelliert er an die Mitglieder, den Weg für die neue Satzung freizumachen.

Zwei Monate nach dem ersten Abstieg aus der Bundesliga ist für eben diese Weichenstellung eine Außerordentliche Mitgliederversammlung auf dem Betzenberg einberufen worden. 1760 Stimmberechtigte werden Zeuge einer lange unversöhnlichen und scharfen Auseinandersetzung.

Feldkamp ist mitnichten unparteiisch. Zusammen mit Jürgen Friedrich, Dr. Robert Wieschemann, Wolfgang Fritz und Peter-Werner Landry möchte er den neuen Aufsichtsrat bilden, der laut der nun heftig diskutierten Satzungsänderung zum zentralen Organ des Vereins werden soll. Am Ende der sechs Minuten, in denen der Meistertrainer zur Versammlung spricht, ist der Beifallssturm ein klares Stimmungsbarometer. Die Diskussion ist beendet, die Satzung wird angenommen und der neue Aufsichtsrat mit großer Mehrheit gewählt.

Die Emotionen dieses Abends erklären sich aus der Tatsache, dass vor Satzungsänderung und Aufsichtsratswahl ein Abgang steht: Bereits eine Stunde vor Feldkamps Auftritt sind Norbert Thines und seine Stellvertreter zurückgetreten. Der bisherige Präsident wird heftig angegriffen und sieht sich als alleiniger Buhmann für den ersten Abstieg nach 33 Jahren Bundesliga hingestellt. In der neuen Konstellation noch einmal für das Amt zu kandidieren, schließt er aus: „Ich will keine Marionette sein!"

Thines weiß nach zwei Jahrzehnten in Diensten des Vereins viele loyale Mitglieder auf seiner Seite. Seine Kritiker werfen ihm dagegen vor, dass der Absturz durch eine rechtzeitige und ehrliche Analyse hätte verhindert werden können. Zum „Kronzeugen" wird Rainer Geye, der als Vize-Präsident und später als Manager jahrelang an Thines' Seite stand, aber ihm nun vorwirft, den Vertrag mit Trainer Friedel Rausch eigenmächtig verlängert zu haben, als die mittlerweile erfolgte Entlassung bereits drohte.

Die Wogen schlagen immer höher, bis Thines die Versammlung zuerst unterbricht und dann seinen Posten räumt. Die Fronten zwischen seinen Befürwortern und seinen Gegnern sind dennoch verhärtet. Bis „König Kalli" das Wort ergreift, und dank seiner Autorität und Eloquenz die Versammlung deeskaliert.

„Ich will keine Marionette sein!"

Norbert Thines im Mai 1996 in Leverkusen.

5. NOVEMBER 2002

Auswärtsspiel mit Konsequenzen

107

Um Punkt 19:12 Uhr übernimmt Kurt Beck das Mikrofon. Der Ministerpräsident von Rheinland-Pfalz ist es gewohnt, auch in hitzigen Versammlungen und Diskussionen die Ruhe zu bewahren und ist entsprechend der richtige Mann für die Leitung der Mitgliederversammlung des 1. FC Kaiserslautern im Jahr 2002, zu der sich der SPD-Politiker und FCK-Fan im Vorfeld bereit erklärt hat. Noch relativ zu Beginn der existentiellen Krise, in die der vierfache Deutsche Meister ab der Saison 2002/03 immer tiefer hineinrutscht, fiebern viele Vereinsmitglieder der Veranstaltung regelrecht entgegen.

Neben der Wahl eines neuen Aufsichtsrats soll dort der Weg frei gemacht werden für den neuen starken Mann im Klub, den Schweizer Rene C. Jäggi. Nicht zuletzt hoffen viele Mitglieder nach den Entwicklungen der vergangenen Wochen, in denen Jäggi erschreckende Finanzzahlen präsentiert hat, auf eine Abrechnung mit der bisherigen FCK-Spitze um die Vorstände Jürgen Friedrich, Gerhard Herzog sowie den Aufsichtsratsvorsitzenden Robert Wieschemann. Tatsächlich hat es einen vergleichbaren Andrang bei einer Mitgliederversammlung des FCK noch nicht gegeben, weshalb die Veranstaltung von der Nordtribüne des Fritz-Walter-Stadions in die deutlich größere Barbarossahalle verlegt wird.

Dort verweigern die Mitglieder wie erwartet dem bisherigen Vorstand und Aufsichtsrat die Entlastung und wählen aus den insgesamt 37 Kandidatinnen und Kandidaten ein neues Kontrollgremium, dem unter anderem FCK-Idol Hans-Peter Briegel sowie der künftige Vorsitzende Prof. Dr. Walter Ruda angehören. Von enormer Bedeutung ist zudem der Wunsch der Mitgliederversammlung, die Geschäftsvorgänge der vergangenen fünf Jahre professionell durchleuchten zu lassen, womit Jäggi wenige Wochen später die Wirtschaftsprüfer von PricewaterhouseCoopers beauftragt. Die Ergebnisse der Untersuchung werden für den FCK in der Folge zum Teil drastische Konsequenzen haben. Hätten die Mitglieder in der Nacht vom 5. auf den 6. November das alles schon gewusst, hätten sie womöglich auf so ein Mandat verzichtet.

Die Ergebnisse der Untersuchung werden drastische Konsequenzen haben.

FCK-Fan Kurt Beck während der Mitgliederversammlung am 5. November 2002.

Abschied

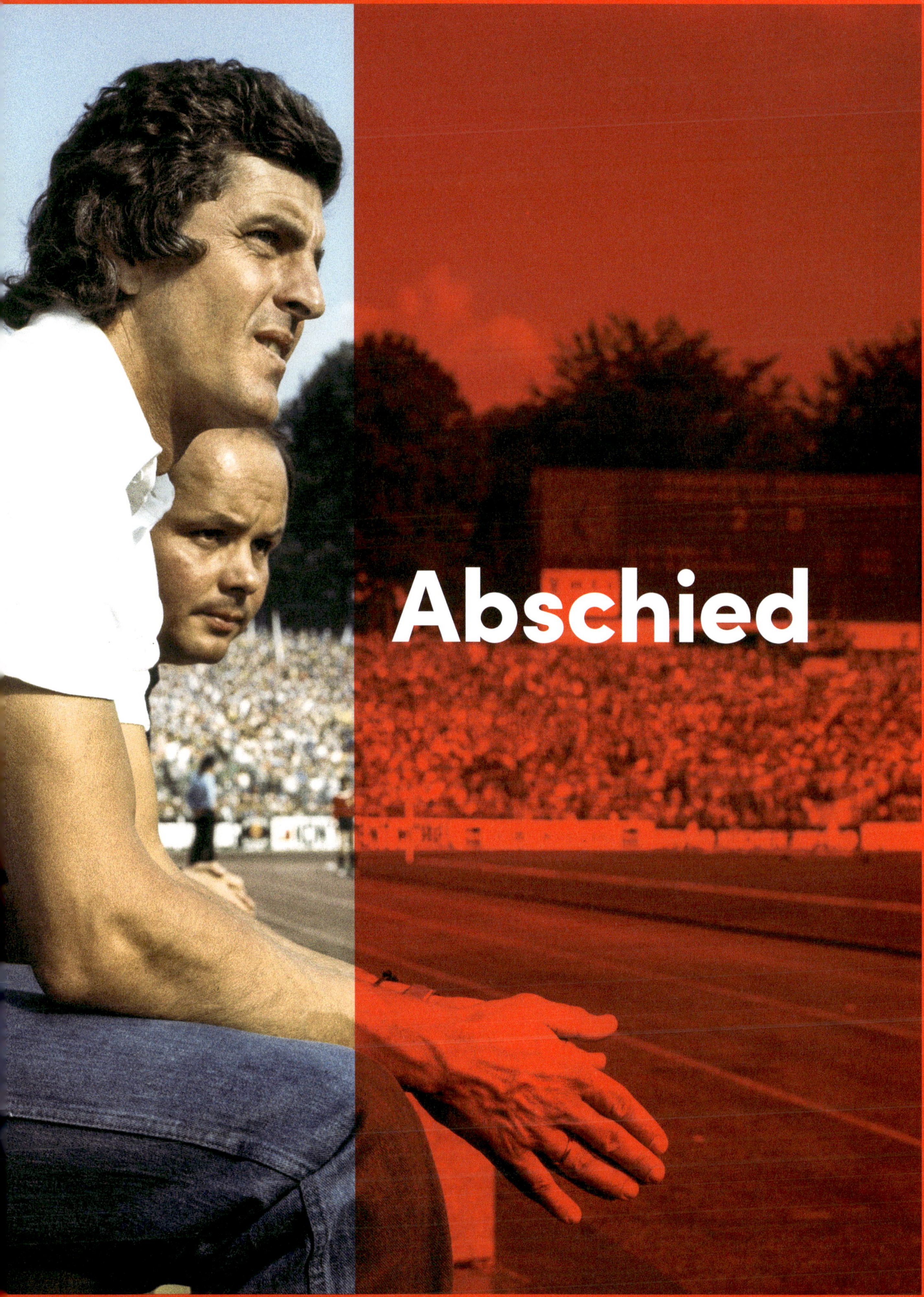

21. JUNI 1959

Das Ende einer Ära

108

Ganz am Ende, fast wie auf Bestellung, fängt es auch noch an zu regnen. Als die Zuschauer in das Stadioninnere strömen, um den Mann des Tages auf den Schultern vom Platz zu tragen, herrscht tatsächlich „sein Wetter". Nach 21 Jahren im Trikot der ersten Mannschaft des 1. FC Kaiserslautern feiert Fritz Walter mit einem 4:2-Sieg gegen Racing Paris das offizielle Ende seiner beispiellosen Karriere.

„Der größte Spieler, den der deutsche Fußball je hervorgebracht hat" nennt ihn Bundestrainer Sepp Herberger in seiner Halbzeitansprache und unter den rund 20.000 Zuschauern gibt es keinen einzigen, der ihm widersprechen würde. Fritz Walter selbst ist schlau genug, diesen Status nicht fahrlässig zu gefährden. Mit 38 Jahren merkt der Kapitän, dass es immer schwerer wird, die selbst gesteckten Standards zu erfüllen. Nicht nur er selbst, auch seine Mannschaft ist in die Jahre gekommen. Zweimal hinter dem FK Pirmasens 1959 sogar nur Dritter.

Heute zeigt sie sich noch einmal von ihrer besten Seite. Auch Ottmar gibt nach seiner Meniskusoperation sein Comeback und trifft auf Vorlage von Fritz zum 1:0. Wie sich später herausstellt ein trügerischer Moment, denn auch er muss seine Karriere in diesem Sommer beenden. Für keinen der beiden Brüder ist es der finale Auftritt im FCK-Trikot und dennoch markiert dieser Tag nicht nur den Abschied von einem, sondern von zwei Ausnahmefußballern. Es ist das Ende der Walterelf.

„Der größte Spieler, den der deutsche Fußball je hervorgebracht hat"

22. JULI 1978

Abschied mit Stil

109

Erich Ribbeck legt selbst Hand an (zumindest für den Fotografen). An meterlangen Spießen werden am Ende zwei Zentner Fleisch gegart, um die rund 180 Gäste satt zu kriegen. Der Oberbürgermeister ist da, die Walter-Brüder, der (neue) Bundestrainer Jupp Derwall, ja selbst sein Nachfolger beim FCK, Kalli Feldkamp, und die gesamte Mannschaft tummeln sich im Garten der Familie Ribbeck in Morlautern. Der Abschied des Trainers ist ein gesellschaftliches Ereignis, bei dem sich Prominenz aus Sport, Medien und Politik mischt mit Nachbarn und Freunden. „Eine solche Abschiedsfeier eines Bundesliga-Trainers [...] dürfte wohl einmalig sein", merkt FCK-Präsident Jürgen Friedrich schon damals an und liegt damit – aus Lauterer Sicht – bis heute richtig.

Die aufwendige und stilvolle Art Adieu zu sagen passt andererseits hervorragend zur in vielen Facetten ungewöhnlichen Amtszeit eines Trainers, die 1973 mit dem Kuriosum beginnt, dass er und sein Vorgänger Dietrich Weise einfach die Bänke in Kaiserslautern und Frankfurt tauschen. Sie dauert rund fünf Jahre. So lange am Stück sollte nie zuvor oder danach ein Trainer beim FCK in der Bundesliga arbeiten.

Die Platzierungen zwischen 6 und 13 erscheinen unspektakulär, auch wenn er denkwürdige Spiele wie das 7:4 gegen den FC Bayern oder den Spielabbruch gegen Düsseldorf an der Seitenlinie erlebt. Er bekommt von Präsident Müller mit Roland Sandberg und Ronnie Hellström zwei Schweden „geschenkt", die seine Mission am Betze maßgeblich beeinflussen. Gleichzeitig besitzt er den Mut, die Geduld und die fachlichen Fertigkeiten, um junge, regionale Talente am Anfang beeindruckender Karrieren zu fördern: Klaus Toppmöller, Werner Melzer, Hans-Peter Briegel oder am Ende Jürgen Groh sind die bekanntesten.

Als Ribbeck zum Jahreswechsel 1977/78 seinen Wechsel zum DFB ankündigt, tut er dies aus freien Stücken und in der Gewissheit, einen guten Job gemacht zu haben. Und das darf am Ende eben auch gebührend gefeiert werden.

So lange am Stück sollte in der Bundesliga zuvor oder danach kein anderer Trainer beim FCK arbeiten.

Erich Ribbeck war so lange ununterbrochen Bundesliga-Trainer am Betze wie sonst niemand: rund fünf Jahre. Hier beim Pokalfinale 1976 in Frankfurt gegen den HSV.

24. APRIL 1984

Tack så mycket, Ronnie!

110

Eigentlich ist er bekannt dafür, dass nichts und niemand ihn aus der Ruhe bringen kann. Aber dieser Abend, diese Ehrenrunde lässt ihn sichtbar um Fassung ringen. „Abschied ist ein scharfes Schwert", tönt es aus den Stadionlautsprechern und selbst wer es weniger mit Roger Whittaker hält, ist ergriffen von dem Moment, in dem Ronnie Hellström Abschied nimmt vom Betzenberg - und umgekehrt!

Das Stadion ist pickepackevoll – mit Menschen und Emotionen. 34.000 Zuschauer auf den Tribünen sehen den 1. FCK als Gegner einer Auswahl, die zeigt, wie viel Respekt und Sympathie dieser Torwart im Laufe seiner Karriere nicht nur in Kaiserslautern erwarben hat. Zu seinen von Roland Sandberg angeführten schwedischen Kumpels und dem ehemaligen Lauterer Torjäger Klaus Toppmöller gesellen sich fünf deutsche Weltmeister (Beckenbauer, Breitner, Grabowski, Maier und Overath), die nie mit, sondern immer nur gegen ihn gespielt hatten.

Vor allem ‚Sepp' Maier ist als Spaßvogel in seinem Element, aber auch der ‚Kaiser' lässt sich nicht lumpen. Er nimmt den Ball im Strafraum in die Hand, platziert ihn direkt auf dem Elfmeterpunkt und Hellström verwandelt. „Diese Anerkennung von Fans, Mitspielern und Gegnern zu erhalten, war das schönste Erlebnis für mich", schwärmt er noch Jahrzehnte später.

Welche Achtung sich Ronnie Hellström in einem Jahrzehnt erworben hat, lässt sich auch daran ablesen, dass es ein Abschiedsspiel für einen „Legionär" – so nannte man ausländische Profis damals noch – in Deutschland zuvor nie gegeben hatte. Aber seine oft herausragende Leistung in 266 Bundesliga-Spielen, sein untadeliges Verhalten als Sportsmann, der nie eine Gelbe geschweige denn eine Rote Karte sieht, und die Beharrlichkeit von Norbert Thines überzeugen am Ende auch den DFB.

Das Band zwischen dem Schweden und dem FCK wird bis zu seinem viel zu frühen Tod im Februar 2022 nie abreißen. Weit darüber hinaus wird der Mensch und Torwart Ronnie Hellström für viele unvergesslich bleiben – genau wie jener Abend im April 1984.

Der ganze Betzenberg steht an diesem Abend Spalier, um Ronnie Hellström zu danken.

Wahnsinn

31. DEZEMBER 1955

14 Treffer ohne Wirkung

1111

Ja, ist denn heut schon Weihnachten? Nö, war schon. Heute ist Silvester, aber die Abwehrreihen des 1. FC Kaiserslautern und des 1. FC Saarbrücken haben sich noch nachträglich einen Haufen Geschenke gemacht. Sage und schreibe 7:7 steht es nach 120 Minuten in der 3. Runde des Südwestdeutschen Pokals. Das vielleicht wahnwitzigste Derby in der Geschichte der pfälzisch-saarländischen Nachbarschaftsduelle ist zu Ende. Schon zur Pause führen die Lauterer 4:2, dann aber kommen die spielstarken Saarbrücker auf, führen zeitweise 6:4, doch bis zum Abpfiff in der 90. Minute haben die Gäste aus der Pfalz wieder Gleichstand hergestellt. In der Verlängerung trifft jeder einmal.

Und nun? Muss das Los entscheiden, Elfmeterschießen ist damals noch nicht angesagt. Und die Münze fällt zu Gunsten des Weltmeisters Werner Kohlmeyer, der den verletzten Fritz Walter als Kapitän vertritt. Der FCK zieht in die nächste Runde ein. Oder?

Eben nicht. Am Ende zählt keiner der 14 Treffer. Das Spiel wird wiederholt. Weshalb? Dem Internet-Portal „Saar-Nostalgie" zufolge ist es Fritz Walter persönlich, der Protest gegen den Losentscheid einlegt. So will er nicht weiterkommen, die Angelegenheit soll auf dem Platz geklärt werden, wie es sich für Sportsmänner gehört.

Also kommt es am 1. Februar 1956 zum Wiederholungsspiel. Und das gewinnen die Saarländer 4:3. Sportsgeist wird eben nicht immer belohnt. In Erinnerung bleiben den Spielern aber in erster Linie die eisigen Temperaturen, bei denen die Partie ausgetragen wird. FCS-Spieler Herbert Binkert etwa erzählt später, er habe ein Hasenfell um den Unterleib getragen, um der Kälte zu trotzen.

Auf Augenhöhe zu agieren, am Ende aber knapp den Kürzeren zu ziehen, ist symptomatisch für die Spielzeit 1955/56, die der FCK als Meister der Oberliga Südwest abschließt, sich nach vier Jahren aber erstmals nicht für das Finale qualifiziert. Zum Abschluss der Endrunde entscheidet das Torverhältnis unter drei punktgleichen Mannschaften für den Karlsruher SC. Die Walterelf besitzt immer noch Klasse, aber es lässt sich nicht leugnen, dass ihre beste Zeit vorbei ist.

Und nun? Muss das Los entscheiden, Elfmeterschießen ist damals noch nicht angesagt.

SZ Sport
IN BILD UND WORT
Montag, den 2. Januar 1956 Nummer 1

Richtig getippt?
Bis 21 Uhr kein Elfer

1.	1. FC Saarbr. — 1. FC K'lautern	0	(7:7)
2.	Manch. United — Manch. City	1	(2:1)
3.	Sunderland — Blackpool	0	(6:0)
4.	Arsenal — Bolton Wanderers	1	(3:1)
5.	Burnley — Newcastle United	1	(2:1)
6.	Sheffield — West-Bromwich Alb.	0	(2:2)
7.	Preston Northend — Birmingham	0	(1:1)
8.	Portsmouth — Chelsea	0	(0:0)
9.	Toulouse — Nizza	0	(1:1)
10.	Monaco — Marseille	1	(3:0)
11.	Racing Paris — FC Metz	2	(1:2)

Dramatische Pokalschlacht mit 14 Toren

1. FC Saarbrücken und 1. FC Kaiserslautern trennten sich vor 15 000 Zuschauern nach Verlängerung mit einem sensationellen 7:7 (6:6 - 2:4) — Das Los entschied für die Betzenberger — Binkert (3), Krieger (2), Siedl und Martin skorten für Saarbrücken — O. Walter (3), Wenzel (2), Wanger und Schroer waren für die Gäste erfolgreich

Das Fußballjahr 1955 verabschiedete sich am Silvestertag im Saarbrücker Ludwigspark mit einer Galavorstellung. Vor 15 000 Zuschauern rollte eine Pokalschlacht ab, die wohl die dramatischste und turbulenteste in der bunten Geschichte des Saarfußballs sein dürfte. Vierzehn Tore fielen in 120 Spielminuten und dennoch gab es nach der Verlängerung keinen Sieger. Wechselvoll wie die Trefferfolge war auch der Kampfverlauf auf dem Rasen: mal dominierten die Saarbrücker, mal die Lauterer. Vierzehn Treffer müssen nicht immer Garant für ein temperamentvolles und gutes Spiel sein. An Silvester waren sie es. Die bunte Folge der erzielten Tore ließ die Zuschauer begeistert mitgehen und machte zur allgemeinen Freude schließlich noch eine Verlängerung erforderlich, an die zuvor niemand geglaubt hatte.

Bei Halbzeit lagen die Lauterer mit 4:2 klar vorne und niemand gab für die Malstatter auch nur noch einen Pfifferling. Aber unmittelbar nach dem Seitenwechsel ändert sich das Bild urplötzlich. Innerhalb von sechs Minuten erzielten die Saarbrücker vier Tore und hatten aus dem 2:4 ein 6:4 gemacht. Wann waren innerhalb einer so kurzen Zeitspanne jemals vier Treffer gefallen und dann noch gegen den 1. FCK? So schien nach einstündiger Spielzeit das Rennen wieder gelaufen, diesmal aber für den 1. FCS. Doch die Betzenberger steckten nicht auf und hatten bis zur 75. Minute wieder den Gleichstand geschafft. Mit 6:6 ging es in die Verlängerung, die der regulären Spielzeit an Dramatik, Einsatz und Leistung der ungeheuren körperlichen Beanspruchung der Spieler nicht viel nachstand. Es war ein Spiel so recht nach dem Geschmack der Zuschauer, eine großartige Werbung für den Fußball und ein zünftiger Silvesterauftakt.

Ein jeder, der das Treffen nicht miterlebt hat, wird sich die Frage stellen, wie es überhaupt möglich war, daß vierzehn Tore fallen konnten. Dafür gibt es mehrere Gründe, wie es auch mehrere Gründe dafür gibt, w a r u m der Kampf schließlich doch noch remis endete und nicht zugunsten des einen oder anderen Partners entschieden werden konnte. Die Lauterer werden in die Waagschale werfen, daß sie ohne Fritz Walter und ohne Hölz antreten mußten, der durch Wagner nicht voll ersetzt wurde. Der junge Lauterer Torwart machte nicht immer eine gute Figur und hätte drei Treffer vermeiden können. Die Saarbrücker werden darauf verweisen, daß sie nach einstündiger Kampfesdauer mit drei angeschlagenen Spielern (Berg, Krieger, Philippi) das Treffen und die Verlängerung durchstehen mußten und daß bei einem vollwertigen Einsatz dieser Kräfte der Kampf vielleicht für sie gewonnen worden wäre. Jede dieser Versionen hat ihre Berechtigung. Entscheidend für das Unentschieden war aber schließlich doch die Ausgeglichenheit der beiden Mannschaften. Wie das Ergebnis schon besagt, hatten beide Angriffsformationen gegenüber den Verteidigungen erhebliche Vorteile. Die Nationalabwehr Schmidt - Kohlmeyer - Liebrich enttäuschte und wurde von dem lebendigen FC-Sturm völlig durcheinandergewirbelt und aus den Angeln gehoben. Kohlmeyer hatte gegen Siedl nicht viel zu bestellen und auch Schirra konnte sich gegen Schmidt häufig durchsetzen. Liebrich ist nicht mehr so schnell wie früher und nur noch durch seine Routine und taktisch kluge Spielweise der ruhende Pol in der Abwehr. Das flüssige Angriffsspiel der Malstatter wurde zudem durch die offensive Kampfesweise von Eckel gefördert. Kann man dem gesamten FC-Sturm ein uneingeschränktes Lob erteilen, so muß bei der leistungsmäßigen Beurteilung der Hintermannschaft ein etwas kritischerer Maßstab angelegt werden. Momber war nicht in Bestform und hatte mit Ottmar Walter weit mehr Mühe als erwartet. Fischbach bildete in der Verlängerung ein unüberwindliches Bollwerk, hatte aber zuvor bei zwei Treffern eine schlechte Figur gemacht (jeweils fehlte bei seinen Paraden der Zwischenschritt).

Bei den Lauterern lieferte Ottmar Walter sein bestes Spiel in Saarbrücken. Er schoß aus allen Lagen und zeigte auch technische Meisterleistungen. Neben ihm verdient vor allen Dingen noch Eckel hervorgehoben zu werden, der nach schwächerem Start zur beherrschenden Figur im Mittelfeld wurde und dem roten Angriff Druck verlieh.

Den Malstattern war die 1:6-Niederlage im Meisterschaftstreffen gegen den 1. FCK noch in unangenehmer Erinnerung. Ebenso der Blitzstart, der die Elf damals schon nach wenigen Spielminuten aussichtslos in Rückstand brachte. Diesmal kam es umgekehrt, denn schon nach zwei Spielminuten konnte Binkert, nachdem ein krasser Abwehrfehler von Schmidt eine heikle Situation heraufbeschworen hatte, den Führungstreffer für die Blauen erzielen. In den darauffolgenden Minuten hätte dieser Vorsprung noch ausgebaut werden können. Chancen waren dazu vorhanden, wurden aber nicht verwertet. Eine Steilvorlage Liebrichs an Wenzel wurde von diesem zum Ausgleich verwandelt, wobei Puff hilfreich assistierte. Die Lauterer hatten ihren Schock, der durch den raschen Malstatter Führungstreffer hervorgerufen worden war, rasch überwunden und kamen in der 25. Minute durch einen überraschenden Weitschuß von Ottmar Walter zur 2:1-Führung. Fischbach war durch den unverhofften Schuß so perplex, daß er zu spät reagierte. Die Malstatter erreichten zehn Minuten später den Ausgleich, als Siedl Kohlmeyer ausspielte, Wagner im FCK-Tor den Ball nicht festhalten konnte und Binkert nur noch einzuschieben brauchte. Wie eine kalte Dusche kam dann für die Saarbrücker in der 35. Minute das 2:3, das wiederum aus einem Weitschuß von Ottmar Walter resultierte und vermeidbar schien. Als dann eine Minute vor der Pause der am Boden liegende Scheffler Ottmar noch einsetzen konnte, schloß dieser diese Aktion mit einem placierten und unhaltbaren Schuß ab. Mit 4:2 für den FCK ging es in die Pause.

Es war aber zu diesem Zeitpunkt schon erkennbar, daß der schnelle und gut aufgelegte Malstatter Sturm der Lauterer Hintermannschaft noch energisch zusetzen würde. Dennoch waren die nächsten Spielminuten in ihrem Ablauf sensationell. Hatte man an eine Wendung zugunsten der Malstatter nur vage geglaubt, so zeichnete sich jetzt eine spielerische Katastrophe für den 1. FCK ab, denn innerhalb von sechs Minuten machten die FC-Stürmer aus dem 2:4 ein 6:4, erzielten also vier Treffer und wirbelten die Lauterer Deckung derart durcheinander, daß man glaubte, eine derbe Abfuhr des Südwestmeisters sei unabwendbar. Krieger, Siedl, nochmals Krieger und Binkert hatten die Tore zwischen der 48. und 54. Minute für den 1. FCS markiert und dem Treffen damit eine Dramatik verliehen, die nach dem 2:4-Rückstand bei der Pause schon erloschen schien. Nun zeigte sich aber die taktische Reife der Lauterer. Sie überstanden den Malstatter Wirbelsturm ohne weitere Verluste und konnten durch Schroer und Wenzel den Ausgleich schaffen, nachdem der 1. FCS Siedl offensichtlich zu früh zurückgezogen hatte, anstatt zu versuchen, die ins Wanken geratene Lauterer Verteidigung durch weitere forcierte Angriffe völlig zu entwurzeln. Durch die Zurücknahme Siedls fand die FCK-Verteidigung Zeit, sich zu sammeln und ihrerseits wieder an einen planvollen Spielaufbau zu denken. Nach Schluß der regulären Spielzeit stand es also 6:6. In der Verlängerung trumpften sofort die Lauterer auf und konnten bereits in der ersten Spielminute durch Wanger die Führung erzielen, die vier Minuten später durch einen herrlichen Alleingang von Martin ausgeglichen werden konnte. In den letzten 25 Minuten änderte sich dann an diesem Ergebnis nichts mehr.

Bei der Auslosung hatten die Lauterer mehr Glück und können somit ins Südwest-Finale einziehen. Die Ermittlung des Siegers durch das Los kann, wenn man den Vorgang von der sportlichen Warte aus betrachtet, nicht befriedigen. **H. Kolling**

PROTEST!

Die beiden Pokalspiele im Raum des Fußballverbandes Rheinland-Pfalz endeten am Wochenende auch in der Verlängerung unentschieden, so daß — nach einer Anweisung des Spielausschusses des Südwestverbandes — das Los über den weiteren Verbleib im Pokalwettbewerb entscheiden mußte.

In Ludwigshafen haben nach einer dpa-Meldung b e i d e Mannschaften ihr Veto gegen diese unsportliche Entscheidung eingelegt — aus der FK Pirmasens als Sieger hervorging — weil sie der Ansicht sind, daß sportliche Wettkämpfe einzig und allein auf den Sportstätten entschieden werden können.

In Saarbrücken gab es nach dem Losentscheid, der dem 1. FCK den Sieg schenkte, wütende Pfiffe, die sich nicht gegen die Gästeelf, sondern gegen die mit Terminnot begründete Anordnung des Verbandes richteten.

Der ohnehin arg umstrittene Pokalwettbewerb wurde jedenfalls durch die jüngsten Entscheidungen endgültig zur Farce. Das haben die Spielpartner von Ludwigshafen klar erkannt. Darum protestierten sie auch gegen eine vom Verband lizenzierte Unsportlichkeit. Ob mit Erfolg, bleibt dahingestellt! H. A.

Kaiserslauterns Torhüter Wagner assistierte dem 1. FCS beim 2:2, als er einen wuchtigen Schuß von Siedl nicht festhalten konnte; Binkert (links) war sofort heran und besorgte den Rest.

Kriegers Treffer, der unmittelbar nach der Pause zum 3:4 führte, war das Signal für den Malstatter Großangriff, in dessen Verlauf innerhalb von sechs Minuten vier Treffer fielen.

Die Zuschauer gerieten in einen Begeisterungstaumel, als Siedl kurz nach Kriegers Anschlußtreffer mit placiertem Schuß das 4:4 herausholte. Wagner (am Boden) schaut entgeistert dem Ball nach.

Kriegers Kopf reichte höher als Wagners Fäuste und da Mittelläufer Liebrich (verdeckt) nicht vom Boden kam, visierte der Saarbrücker Mittelstürmer genau das leere Tor an. Eckel wollte zwar noch retten, doch hatte der Ball bereits die Torlinie zum 5:4 für Saarbrücken überschritten.

Mit dem Außenrist schob der Halbrechte Wenzel, den Philippi und Keck (verdeckt) vergeblich verfolgten, den Ball zum 1:1 an Fischbach vorbei ins Malstatter Tor.

Durch einen überraschenden Weitschuß Ottmar Walters zogen die Lauterer in der 25. Minute mit 2:1 in Führung. Torhüter Fischbach reagierte zu spät. Der Ball ging unmittelbar neben dem Pfosten ins Netz.

Malstatts Sieg schien beim 6:4 schon sicher, doch Schroer nahm ein Zuspiel Ottmar Walters auf, ließ Puff (links) stehen und setzte das Leder am herausstürzenden Fischbach vorbei ins verlassene Tor.

In der 15. Minute machte Wenzel das „Dutzend" voll. Mit dem Kopf erwischte er einen Eckball und lenkte ihn unbehindert ins Netz. Momber, der sich auf der Torlinie postiert hatte, konnte nicht mehr eingreifen.

Mit einem Prachtschuß holte Ottmar Walter, der sich in bestechender Form vorstellte, eine Minute vor Halbzeit auf Zuspiel des gestürzten Rechtsaußen Scheffler die wertvolle 4:2-Führung für den 1. FC Kaiserslautern heraus. Peter Mombers Abwehrversuch kam zu spät. Philippi (Mitte) sieht das Unheil seinen Lauf nehmen.

7:7 in der 95. Spielminute. Gerade erst hatten die Lauterer das 7:6 geschafft, da ließ Herbert Martin Stopper Liebrich stehen, umspielte auch noch Mangold (6) und Schmidt (2) und schoß den Ball halbhoch am herauseilenden Wagner vorbei ins Tor. Siedl und Binkert umarmen (links) den jubelnden Torschützen.

TOTO-MAT — der große Kundendienst am Fußballzuschauer

Vereine der Oberliga Südwest bieten Halbzeit- und Schlußergebnisse der Totospiele — Saarvereine fehlen noch

Die Vereine der ersten Liga Südwest haben seit Oktober ihren Zuschauern einen besonderen Ergebnisdienst eingerichtet, der zur Pause und bei Schluß die Resultate aller Toto-Spiele vermittelt und darüber hinaus auch die Ergebnisse von jenen Spielen der Oberliga Südwest, die nicht in die Tipzettel des West/Süd-Blockes aufgenommen wurden. Bedauerlicherweise haben sich die drei Saarvereine bis zur Stunde diesem „Kundendienst" noch nicht angeschlossen ...

Schauen wir uns einmal an, wie dieser Ergebnisdienst funktioniert. Von großen Toto-Mat-Tafeln, die auf den Plätzen aufgestellt worden sind, leuchten in kräftigen Zahlen aus buntfarbigen Feldern die Ergebnisse, so daß die Zuschauer bereits bei Spielschluß unterrichtet sind über die großen Ueberraschungen des neuen Meisterschaftssonntags und der Toto-Tipper beim Verlassen des Platzes schon weiß, ob das Glück ihm hold war oder nicht.

Mit diesem „Toto-Mat-Ergebnisdienst", der seit Jahren in den großen westdeutschen Stadien ein ständiger Betreuer der Zuschauer ist, auf den man nicht mehr verzichten will, haben nunmehr auch die südwestdeutschen Oberliga-Vereine eine Einrichtung übernommen, die sich seit Jahrzehnten schon bei Arsenal London, AIK Stockholm, Real Madrid oder den Grasshoppers Zürich in England, Schweden, Spanien und der Schweiz bewährt hat. Sie ist der große internationale Kundendienst des Sportes für seine Zuschauer und damit — ein echtes Kind unserer Zeit.

Von der Brieftaube zum Toto-Mat

Wenn vor Jahrzehnten die führenden deutschen Fußballklubs in die Nachbarstädte zu den Entscheidungsspielen um die Meisterschaft fuhren, schickte man nach den ersten Toren oder zur Pause Schwärme von Brieftauben als fliegende Kuriere nach Hause, um den Daheimgebliebenen vom Stand der „Schlacht" zu berichten. Was einst die Brieftaube war, ist heute der „Toto-Mat"! Durch eine ständige telefonische Ringverbindung sind die Stadien der Toto-Spiele und die Plätze der zusätzlichen Südwestvereine miteinander verbunden. In den kleinen Telefonkabinen auf der Rückseite der Toto-Mat-Anzeigetafeln werden die Ergebnisse zur Halbzeit und bei Spielschluß von einer „Zentrale", die in Frankfurt sitzt, aufgenommen und sofort auf die Anzeigetafel übertragen.

Wichtig für den Zuschauer ist nur, daß er sich beim Betreten des Platzes einen Programm-Schlüssel besorgt. Denn in diesem kleinen Programmheftchen befindet sich die Aufschlüsselung für die Spielnummern 1 bis 16. Nur d e r also weiß die Toto-Mat-Tafel richtig zu lesen, der aus dem Schlüsselheft erfährt, welche Spielpaarung hinter der Nr. 1 z. B. verborgen ist.

Ob es sich auf der Anzeigetafel aber um ein Halbzeit- oder Schlußergebnis handelt, ist aus dem Farbenspiel leicht zu erkennen. Bei der Halbzeitdurchgabe stehen die Zahlen 1 bis 16 mit leuchtendem Gelb auf grünem Untergrund. Zum Schlußresultat dagegen wechselt die Farbe der Spielpaarungszahl in Schwarz und die Farbe des Untergrundes in Orange. Ueberall da also, wo eine schwarze Zahl im orangefarbigen Feld erscheint, steht rechts von dieser Zahl — schwarz auf weiß — das Schlußresultat.

TOTO-MAT-Tafel im Kölner Stadion

DFB: „Ein Anreiz zum Spielbesuch"

Die Programmschlüssel werden an den Kassen und während des Spiels zum Preise von 10 Pfg. verkauft. Der größte Teil dieses Betrages fließt in die Jugendkasse des Vereins zurück, und hiermit folgt der „Toto-Mat" und mit ihm die erste Liga Südwest einer Anregung des Deutschen Fußball-Bundes, der um die Werbekraft dieses Kundendienstes durchaus weiß und in ihm einen zusätzlichen Anreiz zum Spielbesuch erblickt.

An größeren Besucherzahlen aber sind nicht nur der Sport und seine Vereine selbst interessiert, sondern darüber hinaus auch die Städte und kommunalen Organe, die sich erfreulich aufgeschlossen in den Dienst der Sache stellen und den Vereinen die Genehmigung zur Errichtung der großen Anzeigetafeln auf städtischen Plätzen erteilten — aus Kundendienst am Zuschauer und als Zeichen ihrer Verbundenheit zum Sport, der heute auch kommunalpolitisch in seinen Bestrebungen, um die Gesundheit unserer Jugend ein Faktor geworden ist, den man einfach nicht mehr übersehen kann.

West-Süd-Toto hilft Luxemburg

Nach längeren Verhandlungen wurde zwischen dem Nationalen Olympischen Komitee Luxemburgs und den luxemburgischen Sportverbänden einerseits und dem deutschen West-Süd-Toto-Block ein Uebereinkommen erzielt, nach dem jeder Wettschein des West-Süd-Totos im Großherzogtum Luxemburg in Zukunft mit einem Aufschlag von einem Franken versehen wird, der dem Fonds des Luxemburgischen Olympischen Komitees zufließt und damit voll dem luxemburgischen Sport zugute kommt. Auf diese Weise wird das COL künftig jeden Monat ein Einkommen von 400 000 bis 500 000 Frs. verzeichnen. Darüber hinaus erhielt das COL aus Koblenz die Zusage eines einmaligen Zuschusses aus Toto-Mitteln in Höhe von 20 000 DM, der praktisch alle Sorgen finanzieller Art im Hinblick auf die Entsendung einer kleinen Olympia-Expedition Luxemburgs nach Melbourne beseitigt.

FUSSBALL — KURZ GEFASST

Die Länderspiele mit Oesterreich hat die UdSSR erst auf das Programm für 1957 gesetzt. Im Frühjahr sollen die Nationalmannschaften in Moskau antreten, während das B-Spiel für Wien vorgesehen ist. Die Rückspiele sind bereits für den folgenden Herbst geplant.

Frankreichs mehrfacher Fußballmeister Olympique Lille, der an vorletzter Stelle in der ersten französischen Division steht, ist in eine finanzielle Krise geraten. Die Klubkasse weist bei Jahresende ein Defizit von etwa 18 Millionen Franken auf.

Die ungarische Fußballmannschaft Honved schlug am Samstag eine ägyptische Auswahl vor 30 000 Zuschauern in Kairo mit 3:0 Toren. Die Tore für Honved fielen durch den Halbrechten Kocsis und Mittelstürmer Tichy.

Der 21 Jahre alte Rechtsaußen der schwedischen Fußball-Nationalmannschaft, Kurt Hamrin, befindet sich auf Einladung des Direktors des italienischen Ligaklubs Juventus Turin zur Zeit in Turin. In Fachkreisen vermutet man, daß Hamrin die Absicht hat, nach Italien überzuwechseln.

Berlins Fußballmeister Viktoria 89 wird im letzten April-Drittel zu zwei Gastspielen nach Teheran reisen. Der iranische Fußballverband wollte zuerst eine Berliner Auswahl einladen.

DAS INTERESSIERT AUCH SIE

Der frühere Boxweltmeister im Schwergewicht, Ezzard Charles (USA), verlor am Donnerstag in Los Angeles gegen seinen Landsmann Jack Johnson durch technischen K.o. in der sechsten Runde. Charles mußte den Kampf wegen einer Verletzung aufgeben.

Der italienische Tennismeister Fausto Gardini kündigte am Jahresende an, daß er sich in Kürze vom internationalen Tennissport zurückziehen und eine Stellung bei einer italienischen Mühlenfirma annehmen wird.

Zu Frankreichs Sportler des Jahres wurde Raymond Kopa, der Mittelstürmer der im letzten Jahre so erfolgreichen Fußball-Nationalmannschaft, erwählt. Auf den nächsten Plätzen in der Abstimmung der „L'Equipe" folgen Rücken-Weltrekordmann Gilbert Bozon und Tour de France-Sieger Louison Bobet.

Der Eishockeyclub Brünn brachte dem deutschen Meister Füssen am Samstag in Davos mit 11:1 Toren eine eindeutige Niederlage bei und gewann damit das Turnier um den Spengler-Pokal. Die Brünner blieben ungeschlagen und siegten mit sechs Punkten vor dem H. C. Davos mit drei, Füssen mit zwei und Inter Mailand mit einem Punkt.

23. APRIL 1966

Polizeieskorte nach Skandalspiel

112

Schließlich muss sogar die Polizei eingreifen und Schiedsrichter Horst Herden über einen Nebenausgang zunächst aus dem Stadion und dann aus der Stadt geleiten. Auslöser der speziellen Eskorte ist das Bundesligaspiel zwischen dem abstiegsgefährdeten 1. FC Kaiserslautern und dem damaligen Liga-Neuling FC Bayern, mit dem der Schiedsrichter aus Hamburg deutlich überfordert ist. Wer die besondere Rivalität zwischen dem FCK und den Münchnern insbesondere bei Spielen auf dem Betzenberg verstehen will, der sollte bei der Spurensuche zurückgehen bis zu dieser Partie. Unfassbare vier Platzverweise stehen nach 90 Minuten im Spielbericht. Das Ergebnis von 1:2 geht bei all der Aufregung fast unter. Nach der Begegnung legen die Lauterer sogar Protest ein gegen die Wertung des Spiels und möchten ihre Sicht der strittigen Entscheidungen mit Hilfe von Fernsehbildern untermauern. Jahrzehnte bevor Begriffe wie VAR oder Kölner Keller regelmäßig für erhitzte Diskussionen sorgen, hat die Bundesliga ihre erste Videobeweis-Debatte.

Ausgangspunkt der ganzen Aufregung ist die 38. Minute, in der den Gästen der Treffer zur 1:0-Führung gelingt. Bayern-Spieler Dieter Brenninger liegt dabei auf der Torlinie, greift nach Ansicht des Unparteiischen aber nicht aktiv ein. Weil die Roten Teufel die Situation ganz anders beurteilen, kommt es auf dem Platz zu hitzigen Diskussionen und Auseinandersetzungen. Wenig später fliegt der Lauterer Jürgen Neumann für einen Kopfstoß gegen Brenninger vom Platz, nachdem ihn der Münchner nach eigener Aussage zuvor angespuckt hat. Nach gut einer Stunde erwischt es Uwe Klimaschefski und Dieter Koulmann nach einer Rangelei. In der Schlussphase schließlich muss auch Willi Wrenger gehen, weil er beim Schiedsrichter mit allzu viel Körperkontakt einen Elfmeter fordert.

Die ohnehin schon denkwürdige Partie hat gleich mehrere Nachspiele. Einmal für die Sünder des FCK, die neben ihrer Sperre durch den DFB auch eine vereinsinterne Strafe aufgebrummt bekommen. Und schließlich verhandelt das Sportgericht des Verbandes noch den Einspruch der Lauterer, wenngleich mit dem zu erwartenden Ergebnis. Die Tatsachenentscheidung des Schiedsrichters steht unumstößlich, erklären die Richter und lehnen auch die Verwendung von Filmmaterial als Beweismittel ab.

Vier Rote Karten in einem Spiel:
Nach dem ersten Auftritt der Bayern auf
dem Betzenberg gibt es viel Redebedarf.

Ein irres Spiel. In den letzten zehn Minuten fallen alle fünf Tore und drei Spieler müssen vom Platz. Mittendrin: Klaus Toppmöller, der erst das 2:1 erzielt (Foto oben) und anschließend nach einer Auseinandersetzung mit Frank Pagelsdorf (Foto unten, Pagelsdorf am Boden) die Rote Karte sieht.

4. MAI 1979

Zehn verrückte Minuten

113

Fußball mit „Ketchup-Effekt“: Im Dreikampf um die Deutsche Meisterschaft rennt der 1. FC Kaiserslautern 80 Minuten erfolglos gegen den „elastischen Sperriegel“ *(kicker)* der Bielefelder an. Dann folgen zehn Minuten mit fünf Toren und drei Roten Karten. Das ist ein Schlussakkord, der selbst nach Betzenberg-Maßstäben als „irre“ gelten darf.

Der FCK ist Tabellendritter und möchte gegenüber dem VfB Stuttgart und dem HSV am Freitagabend unter Flutlicht vorlegen. Aufsteiger Bielefeld kämpft seinerseits darum, in der Liga zu bleiben. Auf der Lauterer Bank sitzt mit Karl-Heinz Feldkamp der Mann, der die Arminia in die erste Liga gebracht hat. Derjenige, der die Westfalen dort halten soll, heißt Otto Rehhagel. Anno ’79 noch der Prototyp des „Feuerwehrmanns“ und seinerseits in Kaiserslautern kein Unbekannter. Es ist also mehr als genug Dampf im Kessel.

Das scheinbar erlösende 1:0 durch Hannes Riedl hält keine Minute. Billy Ohlsson gelingt direkt der Ausgleich (81.). Statt sich zu ärgern, versucht Bongartz den Spieß umzudrehen. Während die Bielefelder noch jubeln, führt der Lauterer Mittelfeldspieler schnell den Anstoß aus, findet Toppmöller, der zum 2:1 trifft. Der erzürnte Sackewitz beschwert sich so vehement, dass er Rot sieht. (82.).

Im Nachhinein produziert dieser Abend nur Verlierer.

Als Briegel direkt das 3:1 nachlegt (83.), ist der Sieg unter Dach und Fach, aber teuer erkauft. Nach einem Scharmützel schickt der nun etwas überfordert wirkende Schiedsrichter Manfred Dölfel die beiden Streithähne Frank Pagelsdorf und Klaus Toppmöller vom Platz (85.). Der Lauterer Torjäger, ohnehin gefrustet über sein missglücktes DFB-Comeback und Ärger mit den eigenen Fans, darf an den letzten Spieltagen nur noch zuschauen. Der von Peitsch verwandelte Foulelfmeter in der letzten Minute ist nur noch eine Randnotiz.

Im Nachhinein produziert dieser Abend nur Verlierer. Die Arminia steigt ab und der FCK gewinnt kein einziges Spiel mehr. Der Traum vom Titel ist damit vorzeitig geplatzt, aber der dritte Tabellenplatz bedeutet die bis dahin beste Platzierung in 15 Jahren Bundesliga.

15. APRIL 1987

Gerry sieht (nicht) rot

114

Gerry Ehrmann pariert einen Elfmeter von Mannheims Fritz Walter in diesem irren Spiel.

Schiedsrichter Joachim Kautschor muss es doch angst und bange werden. Ein menschlicher Wandschrank kommt auf ihn zugerast. Über eine Strecke von etwa 60 Metern, aus seinem Tor heraus. Drei Mitspieler versuchen den vor Wut schäumenden Keeper zu bremsen, bevor er den Unparteiischen erreicht und ihm weiß Gott was antut. Ihre Chancen stehen schlecht, denn Gerry Ehrmann ist außer sich. Er hat mit dem FCK schon einige Derbys erlebt, aber noch keines wie dieses.

Schon das Hinspiel gegen die ungeliebten Nachbarn aus Mannheim war blanker Wahnsinn: Harald Kohr bringt die Roten Teufel früh in Führung, dann stellen Fritz Walter – im Ernst: der Waldhof hat jetzt einen Stürmer, der Fritz Walter heißt – und Jürgen Kohler auf 1:2. Danach fliegt Kohr vom Platz. Und alles sieht nach einem Sieg der Mannheimer aus, aber nicht in Kaiserslautern, nicht auf dem Betzenberg. Die Gastgeber nehmen auch in Unterzahl das Heft in Hand, Dieter Trunk köpft den Ausgleich – und eine Minute vor dem Abpfiff markiert Sergio Allievi das 3:2 für Lautern. Der Endstand.

Verrückter geht's nimmer? Von wegen!

Vier Elfmeter sind heute Abend gegen Ehrmann gepfiffen worden. Vier Elfmeter! Zwei sind drin, einen hält er, den anderen eigentlich auch, doch der wird im Nachschuss verwandelt. Und von wem? Von diesem Fritz Walter. Alle vier Treffer hat der für den Waldhof gemacht, auch eines aus dem Spiel heraus. 4:3 führen die Schwarzblauen jetzt. Nach 66 Minuten hat der FCK 3:2 geführt, nach Toren von Kohr und zweimal Frank Hartmann.

Und nun? Hat Allievi getroffen. In der Nachspielzeit. Aber Kautschor gibt den Treffer nicht. Abseits. Da hält es selbst den stärksten Ehrmann nicht mehr im Kasten. Und niemand kann ihn stoppen.

Er wird zwar nicht handgreiflich, als er den Schiedsrichter erreicht, feuert aber eine gewaltige Schimpfkanonade auf ihn ab. Das kann sich ein Schiedsrichter eigentlich nicht bieten lassen. Gelb hat Gerry schon. Also sollte klar sein, was jetzt kommt.

Aber: Jürgen Kautschor lässt die Rote Karte stecken. Winkt einfach ab und dreht sich weg. Damit ist ein Platzverweis das Einzige, was Gerry Ehrmann und dem FCK an diesem Tag erspart bleibt.

20. SEPTEMBER 1994

Humpelnder Held der Pokalschlacht

115

Seit Mitte der zweiten Hälfte humpelt er nur noch. Er müsste ausgewechselt werden. Doch musste Trainer Friedel Rausch bereits Ciriaco Sforza aus dem Spiel nehmen, Verdacht auf Rippenbruch. Bald darauf Dirk Anders – Bänderriss. Und öfter als zweimal darf in diesen Jahren nicht gewechselt werden. Also humpelt Olaf Marschall nur noch über den Platz, so gut es halt geht.

Jetzt schlägt Andreas Brehme von links eine seiner hohen, krummen Flanken. Hinein in den Strafraum, den Arbeitsplatz Marschalls. Also schafft sich der Sachse dorthin, wo's im Allgemeinen wehtut, wo aber auch die Tore gemacht werden. Und hält die Fußspitze in die Flugbahn des Balles. Bugsiert ihn ins Netz. Tor für Lautern.

34.000 Zuschauer auf dem proppenvollen Betzenberg rasten aus. Und das nicht zum ersten Mal in diesen bislang 102 Minuten. Im Grunde bewegt sich der kollektive Erregungslevel schon seit Mitte der ersten Hälfte am Anschlag. Seit Andy Möller Sforza den Ellbogen in die Rippen rammte. Gerry Ehrmann kam aus seinem Kasten gestürmt, Michael Zorc versuchte ihn zu stoppen und ging dabei zu Boden. In diesem Stil ging's weiter. Immer wieder hatten sich Spieler am Wickel, zeitweise auch die Trainer. Fast schon erstaunlich, dass erst in der 80. Minute einer vom Platz gestellt wurde, der Dortmunder Thomas Franck sah Gelb-Rot.

Und dann die Tore. Dreimal ging der BVB in Führung, dreimal hat der FCK ausgeglichen. In die Verlängerung ging's, nachdem Andreas Brehme das 2:2 erzielt hatte. Per Elfmeter, und das in der 90. Minute – uff. Dann hat Matthias Sammer das 3:2 für den BVB gemacht, Miroslav Kadlec erneut ausgeglichen. Und jetzt steht es 4:3, dem humpelnden Sachsen sei Dank. Was für ein Wahnsinn.

Nun aber gibt sich der Gast geschlagen. Pavel Kuka und Martin Wagner erhöhen auf 6:3. Aus der „West" ertönt der Triumphmarsch aus Aida.

Der 1. FC Kaiserslautern und Borussia Dortmund haben oft die Klingen gekreuzt, aber diese Pokalschlacht in der 2. Runde des DFB-Pokalwettbewerbs 1994/95 geht in die Geschichte ein. Und markiert einen weiteren Höhepunkt in der Amtszeit des Trainers Friedel Rausch, der im Sommer 1993 auf den Betzenberg kam. Vergangene Saison wurde er mit den Roten Teufeln Vizemeister. Diese endet auf einem guten vierten Tabellenplatz, und im Pokal ist erst im Halbfinale Schluss, nach einem 0:1 in Mönchengladbach in der Verlängerung.

Immer wieder hatten sich Spieler am Wickel, zeitweise auch die Trainer.

Das 1:1 durch Dirk Anders (verdeckt) ist nur der Auftakt für ein völlig verrücktes Spiel.

Statistik

112

23. APRIL 1966

FCK – FC Bayern

1:2 (0:1)

1. BUNDESLIGA 1965/66, 30. SPIELTAG

FCK: Schnarr, Koppenhöfer, Kostrewa, Neumann, Schwager, Schneider, Klimaschefski, Rummel, Reitgaßl, Kapitulski, Wrenger

FC Bayern: Maier, Kupferschmidt, Olk, Werner, Beckenbauer, Borutta, Müller, Koulmann, Nafziger, Brenninger, Kroiß

Tore: 0:1 Werner (38.), 1:1 Rummel (54.), 1:2 (Nafziger 61.)

Schiedsrichter: Herden (Hamburg)

Rote Karten: Neumann (39.), Klimaschefski (62.), Wrenger (89.) – Koulmann (62.)

Zuschauer: 25.000

113

4. MAI 1979

FCK – Arminia Bielefeld

3:2 (0:0)

1. BUNDESLIGA 1978/79, 30. SPIELTAG

FCK: Hellström, Bongartz, Briegel, Groh, R. Meier (46. Schuhmacher), Melzer, Neues, Pirrung, H. Riedl, Toppmöller, Wendt

Arminia: Stein, Angele (60. Krobbach), Eilenfeldt, Graul (72. Schröder), Köstner, Moors, Ohlsson, Pagelsdorf, Peitsch, Pohl, Sackewitz

Tore: 1:0 H. Riedl (80.), 1:1 Ohlsson (81.), 2:1 Toppmöller (82.), 3:1 Briegel (83.), 3:2 Peitsch (90., Foulelfmeter)

Schiedsrichter: Dölfel (Zirndorf)

Zuschauer: 20.800

Gelbe Karten: R. Meier, Melzer, Neues – Graul, Moors, Pagelsdorf

Rot: Toppmöller (85.) – Sackewitz (82.), Pagelsdorf (85.)

114

15. APRIL 1987

Waldhof – FCK

4:3 (2:2)

1. BUNDESLIGA 1986/87, 25. SPIELTAG

Waldhof: Zimmermann (62. Quasten), Borchers (77. Klotz), Bührer, Dickgießer, Müller, Neun, Quaisser, Schön, Sebert, Trieb, Walter

FCK: Ehrmann, Allievi, Friedmann, Groh, Hartmann, Hoos, Kohr, Lelle (87. W. Wolf), Moser, Roos, Schupp

Tore: 1:0 Walter (3.), 1:1 Hartmann (29.), 2:1 Walter (31., Foulelfmeter), 2:2 Kohr (39.), 2:3 Hartmann (61.), 3:3 Walter (83.), 4:3 Walter (89., Foulelfmeter)

Schiedsrichter: Kautschor (Eschweiler)

Gelbe Karten: Schön – Friedmann

Zuschauer: 32.000

Besonderes: Ehrmann hält Elfmeter gegen Walter (34.) und Neun (82.), den Walter im Nachschuss verwandelt

115

20. SEPTEMBER 1994

FCK – Borussia Dortmund

6:3 n.V. (0:1, 2:2)

DFB-POKAL 1994/95, 2. RUNDE

FCK: Ehrmann, Kadlec, Roos, Funkel, Hengen, Anders (52. Haber), Sforza (20. Hamann), Wagner, Brehme, Kuka, Marschall

BVB: Klos, Sammer, Schmidt, Cesar, Reuter, Zorc, Freund (108. Riedle), Möller, Reinhardt, Povlsen (72. Franck), Chapuisat

Tore: 0:1 Chapuisat (38.), 1:1 Anders (48.), 1:2 Povlsen (57.), 2:2 Brehme (89.), 2:3 Sammer (97.), 3:3 Kadlec (99.), 4:3 Marschall (102.), 5:3 Kuka (114.), 6:3 Wagner (119.)

Schiedsrichter: Albrecht (Kaufbeuren)

Zuschauer: 33.000

Gelbe Karten: Wagner, Anders, Kadlec, Haber, Hamann, Kuka – Schmidt, Sammer, Povlsen, Franck, Cesar

Gelb-Rot: Franck (80.)

Nach-
spielzeit

3. MAI 1991

Am Betzenberg gehen die Uhren anders

116

Kalli Feldkamp wechselt nochmal. Für Guido Hoffmann kommt Thomas Richter. Ein eher marginales Ereignis in einem Spiel, in dem es bislang drunter und drüber ging. 2:2 steht es nach … ja, nach wie vielen Minuten eigentlich? „Spielerwechsel nach 85 Minuten", gibt Stadionsprecher Udo Scholz bekannt. Am Spielfeldrand schreckt Winnie Schäfer auf, der Trainer des Karlsruher SC. Wie bitte? Es sind doch schon 90 Minuten gespielt. Dem KSC-Coach ist an diesem Freitagabend schon einiges zugemutet worden. Und jetzt auch noch das.

Nach 25 Minuten hatte sein Team bereits 2:0 geführt. Mehmet Scholl und Rainer Schütterle trafen für den Tabellenzehnten, der in dieser Saison auswärts noch gar nichts gerissen hat. Der FCK dagegen führt auch nach 28 Spieltagen die Tabelle an. An diesem Freitagabend wollen und müssen sie vorlegen, um die Verfolger aus Bayern und Bremen unter Druck zu setzen. Nun aber drohten ihnen die Badener einen Strich durch die Rechnung zu machen.

Ein Angriff nach dem anderen rollte aufs KSC-Tor. Und siehe da: Nach 68 Minuten stand es 2:2. Uwe Scherr und Hoffmann netzten, beide Male aus abseitsverdächtigen Positionen. Schon das trieb Winnie Schäfers Adrenalinspiegel mächtig in die Höhe. Dann flog KSC-Kicker Michael Harforth vom Platz, nicht wirklich zurecht, wie die TV-Bilder belegen. Zuvor war Schiedsrichter Georg Dardenne bei klaren Fouls von FCK-Spielern recht gnädig verfahren – ebenfalls Gift fürs Schäfer'sche Gemüt.

Und jetzt das. Der Mann in Schwarz pfeift und pfeift nicht ab, der FCK drängt und drängt. Und dann ist der Ball im Tor. Stefan Kuntz rammt Freund und Feind beiseite und köpft ins Netz. Jetzt rastet Winnie Schäfer vollkommen aus. Sucht den Weg zum Schiedsrichter, wird von seinen eigenen Leuten zurückgehalten. Wutschnaubend stapft er in die Katakomben, ohne den Schlusspfiff abzuwarten. Der FCK gewinnt 3:2, bleibt Tabellenführer und weiß seine Verfolger auch am Montag noch auf Distanz.

Später erklärt Schäfer, Udo Scholz habe mit seiner falschen Zeitangabe bei Richters Einwechslung bewirkt, dass der Schiedsrichter derart ungebührlich über die Zeit spielen ließ. Nach seiner Darstellung soll dieses Spiel 95, wenn nicht gar 97 Minuten gedauert haben. Offiziellen Angaben zufolge fiel Kuntz' Siegtreffer in der 93. Minute. In den Medien aber hieß es noch Jahre später, am Betzenberg gingen die Uhren anders.

Kuntz rammt Freund und Feind beiseite und köpft ins Netz. Jetzt rastet Winnie Schäfer vollkommen aus.

Während der KSC die Nachspielzeit nicht fassen kann, ist der Jubel auf FCK-Seite natürlich riesengroß.

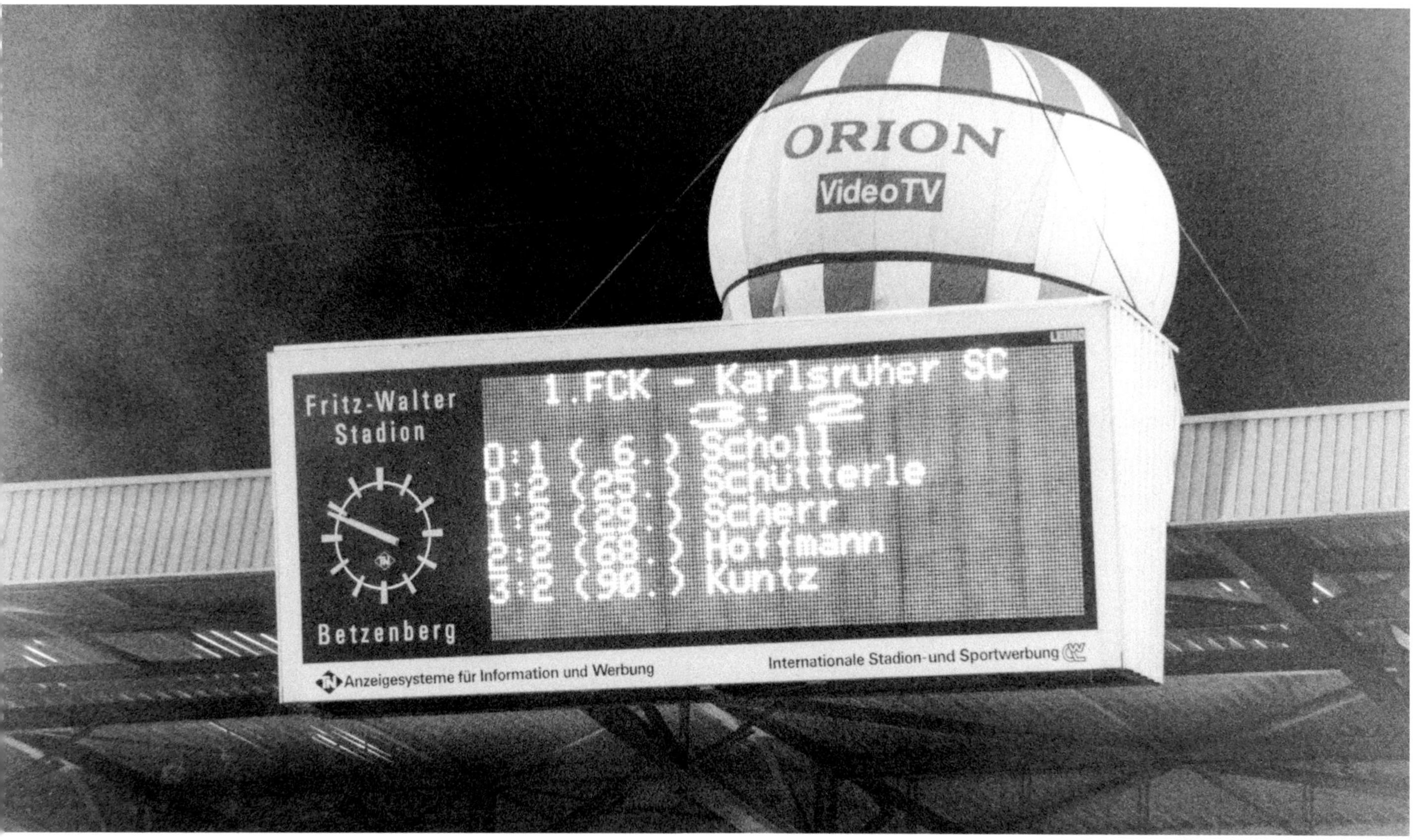
ORION
VideoTV
Fritz-Walter
Stadion
Betzenberg
1.FCK - Karlsruher SC
3:2
0:1 (6.) Scholl
0:2 (25.) Schütterle
1:2 (29.) Scherr
2:2 (68.) Hoffmann
3:2 (90.) Kuntz
Anzeigesysteme für Information und Werbung
Internationale Stadion-und Sportwerbung

BRAUEREI
UTERN
KARLSBERG

Ein glücklicher „Fußballgott“ Olaf Marschall nach dem Spiel im Interview mit dem Ex-Lauterer Michael Schulz von Sat.1.

24. APRIL 1998

Alles reine Nervensache

117

Wieder mal brennt die Luft auf dem Betzenberg. 2:2 steht es in der Partie gegen Borussia Mönchengladbach. Die 90. Minute ist bereits abgelaufen. Mittlerweile aber weiß man nirgendwo sonst besser als in der Pfalz: Am „Betze" ist erst Schluss, wenn der Schiedsrichter pfeift.

Und wieder einmal will und muss der 1. FC Kaiserslautern gewinnen. Denn er führt auch nach 31 Spieltagen die Tabelle an, und das als Aufsteiger, die größte Sensation der Bundesliga-Geschichte könnte in zwei Wochen perfekt sein. Doch – wieder einmal – sitzen ihnen die Bayern noch im Nacken. Und wieder einmal sind die Lauterer drauf und dran, gegen einen Gegner, auf den niemand einen Pfifferling gesetzt hätte, entscheidende Punkte abzugeben. Der Tabellen-17. lag sogar 2:0 in Führung. Doch noch vor der Pause hatte Olaf Marschall den Anschlusstreffer besorgt, den Ball aus 16 Metern unter die Latte gezimmert. Der Sachse kann es eben aus allen Lagen – und Distanzen. In der 61. Minute staubte er zum 2:2 ab. Sein 16. Saisontreffer.

Seitdem drückt „de Betze". Und drückt und drückt. Seine Attacken werden aber niemals blindwütig. Jeder Angriff wird mit der Laufruhe eines Schweizer Uhrwerks vorbereitet, und dafür zeichnet – wie passend – ein Eidgenosse verantwortlich. Ciriaco Sforza ist zu Saisonbeginn nach Kaiserslautern zurückgekehrt und auf dem Platz der verlängerte Arm von Trainer Otto Rehhagel. In seinen ersten Jahren auf dem Betzenberg war er der Mann hinter den Spitzen, jetzt gibt er das Metronom im hinteren Mittelfeld, sorgt dafür, dass kein Ball blind in den Strafraum geschlagen wird. Immer wieder sucht Sforza die Männer auf den Flügeln, links Martin Wagner, rechts Andy Buck. Oder Marco Reich, den Linksaußen, der in der 46. Minute für Abwehrspieler Harry Koch kam. Ein Signal von König Otto, „all in" zu gehen.

Und eben diesen Reich spielt Sforza in der 91. Minute an. Der flankt, das Leder fliegt vor Gladbachs Fünfmeterraum. Und da schraubt sich wer in die Höhe? Natürlich: Olaf Marschall. Kopfball, 3:2, Schlusspfiff.

Die Geschichte der Last-Minute-Treffer auf dem Betzenberg ist um ein weiteres spektakuläres Kapitel reicher. In der märchenhaften Erzählung des Aufsteigers, der Deutscher Meister wird, ist es ein ganz wichtiges. Und Olaf Marschall? Der wird an diesem Abend zum „Fußballgott".

Am „Betze" ist erst Schluss, wenn der Schiedsrichter pfeift.

4. NOVEMBER 1999

Der doppelte Djorkaeff

118

Die erste Grätsche eines Tottenham-Spielers kommt aus einem eher aussichtslosen Winkel und geht weit ins Leere. Die zweite ist erfolgversprechender, doch im Stile eines Hürdenläufers springt Youri Djorkaeff einfach darüber hinweg. Der französische Starspieler des 1. FC Kaiserslautern ist bereits am Strafraum der Engländer angelangt, als sich dort der hünenhafte Abwehrmann Sol Campbell in Position bringt. Anstatt es weiter mit einer Einzelaktion zu versuchen, legt Djorkaeff den Ball im exakt richtigen Moment nach rechts raus. Andreas Buck hat aus leicht abseitsverdächtiger Position freie Bahn und schiebt ein zum 1:0 für die Roten Teufel.

Nach 90 enttäuschenden, weil ideenlosen Minuten haben die Gastgeber mit diesem Treffer die 0:1-Niederlage aus dem Hinspiel im UEFA-Cup an der White Harte Lane somit ausgeglichen. Die Entscheidung über das Weiterkommen in die dritte Runde muss wohl in der Verlängerung fallen, auf die insbesondere Djorkaeff aber offensichtlich wenig Lust verspürt. Der Jubel nach der späten Erlösung ist erst wenige Sekunden verklungen, als der Franzose nach einem schlampigen Ballverlust der Spurs fast an der gleichen Stelle des Platzes knapp in der gegnerischen Hälfte erneut an den Ball kommt. Wieder behauptet er gegen mehrere Gegenspieler unwiderstehlich das Leder – und wieder legt er mit viel Übersicht raus zum lauernden Buck. Der Winkel des Flügelspielers ist dieses Mal allerdings zu spitz für einen eigenen Abschluss. Stattdessen sucht Buck mit einer scharfen Hereingabe einen Mitspieler – und findet das Schienbein von Stephen Carr. Vom Unterschenkel des unglücklichen rechten Verteidigers der Spurs springt der Ball über die Linie – und auf dem Betzenberg gibt es vor gut 29.000 Zuschauern endgültig kein Halten mehr. Mit zwei in der Entstehung fast identischen Treffern wirft der FCK auf den allerletzten Drücker den Londoner Traditionsklub Tottenham Hotspur aus dem UEFA-Cup und zieht in der Saison 1999/2000 in die dritte Runde ein, wo die Lauterer aber im französischen Vertreter RC Lens ihren Meister finden.

Für Djorkaeff, amtierender Weltmeister mit Frankreich und vor der Saison von Inter Mailand nach Kaiserslautern gekommen, ist das Rückspiel gegen Tottenham einer der Höhepunkte seiner Zeit in der Pfalz. Die ist anfangs noch geprägt von mitreißenden Dribblings und einigen spektakulären Toren, später dann nur noch von gegenseitigem Frust. Im Februar 2002 verlässt der Franzose die Bundesliga in Richtung England zu den Bolton Wanderers.

Im Stile eines Hürdenläufers springt Youri Djorkaeff einfach darüber hinweg.

Kaiserslauterns französischer Mittelfeldspieler Youri Djorkaeff umarmt im Glück Trainer Otto Rehhagel.

Philipp Hercher lässt den Betze beben: Sein Tor in der fünften Minute der Nachspielzeit sorgt für den nicht mehr für möglich gehaltenen Ausgleich gegen den Aufstiegskandidaten aus Heidenheim.

1. APRIL 2023

Die irrste Nachspielzeit

119

Es ist schon ruhiger geworden im Fritz-Walter-Stadion, als sich Tim Kleindienst in der zweiten Minute der Nachspielzeit den Ball auf dem Elfmeterpunkt vor der Osttribüne zurechtlegt. Für allzu viel Aufregung gibt es auch keinen Grund mehr, schließlich führen die Gäste von der Ostalb nach Toren von Kleindienst und dem früheren FCK-Spieler Florian Pick bereits mit 2:0. Das Spiel ist verloren. Ob nun 0:2 oder 0:3, das macht in den Gedankenspielen der seit drei Spielen sieglosen Roten Teufel in diesem Moment auch keinen großen Unterschied mehr.

Kleindienst läuft an, schießt – und sieht wie der Ball vorbei am hinterherblickenden FCK-Torwart Andreas Luthe an den rechten Pfosten klatscht. Der Fehlschuss sorgt zumindest für eine kleine Gefühlswallung beim allergrößten Teil der mehr als 40.000 Zuschauer auf dem Betzenberg. Deutlich emotionaler wird nur Sekunden später der Treffer zum 1:2 durch Nicolas de Préville aufgenommen. Mit zwei feinen Kontakten verschafft sich der Franzose an der Strafraumgrenze den nötigen Raum für einen ebenso feinen Schlenzer. Unhaltbar schlägt die Kugel im langen Eck des von Kevin Müller gehüteten Heidenheimer Kastens ein.

Was er mit seinem Treffer auslöst, wird de Préville, der als Leihspieler erst seit wenigen Wochen das rote FCK-Trikot trägt, in diesem Moment vermutlich gar nicht bewusst gewesen sein. Erfahrene Betzenberg-Gänger wissen derweil ganz genau, wie in diesem Stadion das ominöse Momentum von einem Augenblick auf den nächsten umschlagen kann. Spielte eben noch ein Spitzenteam der Liga einen vermeintlich sicheren Vorsprung gegen an diesem Abend weitgehend harmlose Rote Teufel nach Hause, da weiß jener Aufstiegskandidat trotz nur noch weniger Sekunden Restspielzeit plötzlich überhaupt nicht mehr, wie ihm geschieht. In der fünften Minute der Nachspielzeit fliegt noch einmal eine Flanke in den Strafraum der Heidenheimer. Der eigentlich untaugliche Ball wird per Kopf verlängert und landet nach einem weiteren Kontakt vor den Füßen von Philipp Hercher. Der trifft mit seinem Schuss in den Winkel zum nicht mehr für möglich gehaltenen 2:2 und lässt auf dem Betze einen regelrechten Orkan losbrechen.

Was er mit seinem Treffer auslöst, wird de Préville in diesem Moment vermutlich gar nicht bewusst gewesen sein.

Statistik

116

3. MAI 1991

FCK - Karlsruher SC

3:2 (1:2)

1. BUNDESLIGA 1990/91, 28. SPIELTAG

FCK: Ehrmann, Goldbæk, Hoffmann (90. T. Richter), Hotic, Kadlec, Kranz, Kuntz, Labbadia, Scherr, Schupp (66. B. Winkler), Stumpf

KSC: Kahn, Bogdan, Glesius (62. Rapp), Harforth, Hermann, Kreuzer, Schmidt, Scholl, Schütterle (78. Bany), Süß, Wittwer

Tore: 0:1 Scholl (6.), 0:2 Schütterle (25.), 1:2 Scherr (29.), 2:2 Hoffmann (68.), 3:2 Kuntz (90.+4)

Schiedsrichter: Dardenne (Nettersheim)

Zuschauer: 37.714

Gelbe Karten: Goldbæk, Schupp, Stumpf – Harforth, Wittwer, Schmidt

Rot: Harforth (71.)

117

24. APRIL 1998

FCK – Borussia Mönchengladbach

3:2 (1:2)

1. BUNDESLIGA 1997/98, 32. SPIELTAG

FCK: Reinke, Buck (79. Kuka), Hristov, Kadlec, H. Koch (46. Reich), Marschall, Rische, Roos (46. Ballack), Schjønberg, Sforza, Wagner

Gladbach: Kamps, Andersson, Effenberg, Hausweiler, Hochstätter (67. Witeczek), Hoersen, Paßlack, Pettersson (79. Woronin), Pflipsen, M. Schneider, Wynhoff (65. Ketelaer)

Tore: 0:1 Hausweiler (16.), 0:2 Pettersson (43.), 1:2, 2:2, 3:2 Marschall (45., 61. 91.)

Schiedsrichter: Heynemann (Magdeburg)

Zuschauer: 38.000

Gelbe Karten: Sforza – Effenberg, Pettersson, M. Schneider

118

4. NOVEMBER 1999

FCK – Tottenham Hotspur

2:0 (0:0)

UEFA-POKAL, 2. RUNDE, RÜCKSPIEL

FCK: Reinke, Koch, Ramzy (86. Reich), Schjønberg, (83. Tare), Buck, Ratinho, Sforza, Djorkaeff , Strasser, Marschall (74. Pettersson), Hristov

Tottenham: Walker, Carr, Freund, Campbell, Perry, Sherwood, Iversen, Edinburgh (76. Young), Armstrong (81. Ginola), Leonhardsen, Clemence

Tore: 1:0 Buck (90.), 2:0 Carr (90. Eigentor)

Gelbe Karten: Strasser – Carr, Campbell, Clemence

Schiedsrichter: Roca (Spanien)

Zuschauer: 29.044

119

1. APRIL 2023

FCK – 1. FC Heidenheim

2:2 (0:0)

2. BUNDESLIGA 2022/23, 26. SPIELTAG

FCK: Luthe, Zimmer, Kraus, Bormuth, Durm (79. Zuck), Tomiak, Rapp (72. Klement), Opoku, M. Ritter (79. Lobinger), Hanslik (64. Hercher), Boyd (79. de Préville)

Heidenheim: Müller, Busch, Siersleben, Mainka, Föhrenbach, Maloney (86. Ramusovic), Pick (90. Rittmüller), Schöppner, Sessa (46. Schimmer), Beste (86. Kühlwetter), Kleindienst

Tore: 0:1 Kleindienst (53.), 0:2 Pick (75.), 1:2 de Préville (90.+3), 2:2 Hercher (90.+5)

Schiedsrichter: Hartmann (Wangen)

Zuschauer: 41.543

Gelbe Karten: Hanslik, Rapp – Beste, Sessa

Besonderes: Kleindienst schießt Foulelfmeter an den Pfosten (90.+2)

Magische Momente

„Du Fußballspieler? Du nicht weg mit Transport"

120

Nazi-Deutschland hat zwar schon am 8. Mai kapituliert, für die Deutschen Gefangenen in einem rumänischen Lager nahe der Grenze zur Ukraine aber hält der Krieg seinen größten Schrecken noch bereit. Sie warten auf ihren Abtransport nach Sibirien. Ihre Wärter vertreiben sich die Zeit mit ein wenig Fußball, als Tormarkierungen dienen ihnen ihre Mützen. Ein Ball fliegt ins Aus. Einer der zuschauenden Gefangenen stoppt das Leder – auffallend elegant. Er ist unterernährt, von Krieg und Krankheit gezeichnet, aber mit dem Ball am Fuß lebt er auf. Er lässt das Leder über seine Stiefel tänzeln, jongliert ein wenig damit und kickt es zurück. „Du Fußballspieler?", fragt einer der Wärter, ein Slowene. Der Deutsche nickt.

Kurz darauf darf er seine Knobelbecher gegen Turnschuhe tauschen. Und begeistert in einem Spiel Lagerpolizei gegen Lazarett. „Wer bist du?", fragt der Slowene nach dem Abpfiff. „Ich bin aus Kaiserslautern", antwortet der Gefangene, „ich hab schon öfter in der deutschen Nationalmannschaft gespielt. Mein Name ist Fritz Walter." Vermutlich hätte der Slowene ihm nicht geglaubt, hätte er ihn nicht vorher Fußball spielen gesehen. „Du nicht weg mit Transport", befiehlt er und gibt dem Gefangenen zu essen. Anschließend führt er ihn dem sowjetischen Lagerleiter vor, einem Hauptmann namens Schukow, der ist ebenfalls Fußballfan – und erkennt den Mann. Ab sofort wird der Deutsche nicht mehr wie ein Kriegsgefangener behandelt, stattdessen tritt er mit der Lagerauswahl gegen rumänische Provinzteams an. Von seinen Kameraden, die nach Sibirien deportiert werden, sehen ihre Heimat nur wenige wieder. Der Fußball hat Fritz Walter ein weiteres, ein letztes Mal in diesem Krieg das Leben gerettet.

Am Tag der Kapitulation war er von der US-Armee in Böhmen aufgegriffen und an die Rote Armee übergeben worden. Er hatte zuletzt in der Luftwaffe gedient, die meiste Zeit aber im Team der „Roten Jäger" gekickt. Zuvor war er als Infanterist in Frankreich und auf Sardinien stationiert gewesen, aber Reichstrainer Sepp Herberger und der 1. FC Kaiserslautern hatten dafür gesorgt, dass er immer wieder zu Spielen in der Heimat abgestellt wurde, was ihn vor dem Tod an der Front bewahrte. Einen ersten Zug nach Sibirien hatte er verpasst, weil er nach einem Malariaanfall im Lazarett lag.

Die Szene im Gefangenenlager hat der Betroffene selbst später in seiner Biografie „Spiele, die ich nie vergesse" beschrieben. Dankbar, „weil es über Grenzen, über Krieg und Feindschaft hinweg Menschen gab, die den Sport über alles stellten".

Für Fritz Walter ist es eine sehr persönliche Fügung, für den FCK aber der vielleicht wichtigste Moment überhaupt. Denn ohne ihn wäre der Rest der Geschichte sicher anders verlaufen.

Einer der zuschauenden Gefangenen stoppt das Leder – auffallend elegant.

„Da haben wir uns angeschaut und gesagt: Jetzt reicht's."

Lauterer Torjubel,
rechts Klaus Toppmöller.

20. OKTOBER 1973

Das legendärste Spiel aller Zeiten

121

Wenn ein Team ein schon verloren geglaubtes Spiel nochmal dreht, gibt's hinterher fast immer von einem „Knackpunkt" zu berichten, dem Moment, der die Wende eingeleitet hat. Oft ist's eine Idee des Trainers, eine Umstellung oder ein Joker-Tor, das das Signal setzt.

Es geht gegen den Deutschen Meister, den FC Bayern. Nach 57 Minuten steht es 1:4, Gerd Müller hat gerade den vierten Treffer für die Münchner erzielt. Die Gäste rechnen nun mit einem entspannten Restnachmittag. Denn diese Pfälzer haben jetzt ja wohl eingesehen, dass es für sie heute nichts zu holen gibt, oder?

„Da haben wir uns angeschaut und gesagt: Jetzt reicht's", erzählt Fritz Fuchs, damals linker Verteidiger des FCK. „Alles oder nichts. Egal, was der Trainer sagt." Der heißt Erich Ribbeck und hat in der Halbzeit, als es bereits 1:3 stand, noch zur Vorsicht gemahnt. Doch damit ist es nun vorbei. Eine Minute später bringt Klaus Toppmöller sein Team auf 2:4 heran.

Es folgt der Auftritt des Seppl Pirrung. Der nur 1,67 Meter große Dribbelkönig aus dem pfälzischen Münchweiler narrt die bayerische Hintermannschaft um „Kaiser" Franz Beckenbauer ein ums andere Mal, macht das Spiel seines Lebens. Er hat bereits den Lauterer Treffer in der ersten Halbzeit erzielt, jetzt netzt er zweimal hintereinander. Mit dem 4:4, fast von der Torauslinie, glückt ihm ein wahrer Kunstschuss. „Ich lauf nach auße und haute den Ball Vollspann obbe in de Winkel", beschrieb er die Szene Jahre später in dem ihm eigenen sprachlichen Duktus, der nie einen Hehl aus seiner Herkunft machte.

Ernst Diehl und zweimal Herbert Laumen schrauben das Ergebnis auf den Endstand von 7:4 hoch. Am Ende sind es die Bayern, die sich aufgegeben haben. Ein Sieg für die Ewigkeit.

Die Lauterer profilieren sich danach noch über Jahre als Angstgegner des FC Bayern. Ein Jahr später gewinnen sie in München 5:2, Klaus Toppmöller erzielt als erster Spieler einer Gastmannschaft drei Tore im Münchner Olympiastadion. Seppl Pirrung bestreitet bis 1981 304 Bundesligaspiele für den FCK, erzielt 61 Treffer. Im Februar 2011 erliegt der große kleine Mann einem Krebsleiden, im Alter von nur 61 Jahren.

kaba

Das Spiel seines Lebens: Seppl Pirrung trifft dreifach, der FCK dreht einen 1:4-Rückstand in ein 7:4 – gegen den FC Bayern.

Unglaublich: 5:0 gegen Real Madrid.
Reiner Geye setzt den Schlusspunkt.

17. MÄRZ 1982

Die Nacht der Nächte

122

Was ist, kannst du spielen?" Ein anständiger Spieler lügt seinen Trainer nicht an. Und Friedhelm Funkel ist ein grundanständiger. Diesmal aber kann er nicht anders. Er hat immer noch Schmerzen, seit er im Hinspiel dieses UEFA-Cup-Viertelfinals vom Platz getragen werden musste. 1:3 hat der FCK verloren. Im Bernabéu, gegen die größte Vereinsmannschaft der Welt: Real Madrid. Da kann, da darf ein Friedhelm Funkel im Rückspiel doch nicht fehlen. Also sagt er „ja".

Obwohl er eigentlich selbst nicht so recht dran glaubt, dass da noch was geht. „Keiner von uns hat mehr an ein Weiterkommen geglaubt", bestätigt auch Abwehrrecke Michael Dusek Jahre später. Einzige Ausnahme: „Unser Trainer Kalli Feldkamp." Er bläut den Jungs unentwegt ein: „Habt keine Angst vor den Spaniern!" Und als am Abend des Spiels der Mannschaftsbus Richtung Stadion rollt, sehen sie das Feuer in den strahlenden Gesichtern ihrer Fans. Die glauben auch an das Unmögliche! Das muss was ausgelöst haben in den Köpfen …

Sieben Minuten ist die Partie alt, als Funkel einen Drehschuss Richtung Tor wagt, der nicht wirklich gefährlich aussieht. Doch Real-Keeper Agustin rutscht das Leder durch die Beine – flattern ihm in der Hölle des Betzenbergs etwa die Nerven? Egal, Lautern führt. Wieder sieben Minuten später: Andy Brehme trifft die Latte, der Ball springt ins Feld zurück, Funkel ist erneut zur Stelle – 2:0. Jetzt brennen den Spaniern die Sicherungen durch. Innerhalb von acht Minuten fliegen zwei von ihnen vom Platz, später folgt noch ein dritter. Hannes Bongartz und Norbert Eilenfeldt erhöhen auf 4:0. Die 35.000 Zuschauer „uff'm Betze", die Millionen an den Fernsehgeräten, ob in Deutschland, ob in Spanien, reiben sich die Augen.

Dann wird es nochmal spannend: Elfmeter für die Spanier. Nach einem 1:4 bräuchten sie nur noch einen weiteren Treffer, um weiterzukommen, wegen des Auswärtstreffers. Aber Ronnie Hellström hält. Kurz darauf setzt Reiner Geye den Schlusspunkt. Lautern gewinnt 5:0. Gegen Real Madrid. Wahnsinn.

Danach feiert die Pfalz die ganze Nacht. Mittendrin: Friedhelm Funkel mit seinem Bruder Wolfgang, der Jahre später selbst das FCK-Trikot überstreifen wird. „Er erzählt mir bis heute, dass er eine Nacht wie diese nie mehr erlebt hat." Eine Aussage, die wohl jeder unterschreibt, der live dabei war.

Friedhelm Funkel,
Hannes Bongartz,
Hans-Peter Briegel,
Andreas Brehme und
Michael Dusek.

18. MAI 2008

Das Wunder von 2008

123

Die Anspannung ist schon seit Tagen greifbar rund um das Fritz-Walter-Stadion, und die ersten knapp 70 Minuten des letzten Saisonspiels gegen den 1. FC Köln bringen keine wirkliche Abhilfe. Im Gegenteil. Weit mehr als eine Stunde rennen die vor der Partie auf einem Abstiegsplatz stehenden Lauterer vergeblich an, dann kommt die 69. Minute. Der Kölner Torjäger Patrick Helmes behauptet im Lauterer Strafraum den Ball und zieht flach ab in Richtung der kurzen Ecke. Am rechten Fuß von Torwart Tobias Sippel vorbei zischt das Leder an den Pfosten und rollt anschließend parallel zur Torlinie zurück ins Feld.

Der größte Teil der fast 50.000 Zuschauer auf dem Betzenberg hält kollektiv die Luft an – und atmet erleichtert auf. Fast zeitgleich zu den tausendfach von den Herzen kullernden Steinen verlagert sich das Spielgeschehen Augenblicke später wieder in die Kölner Hälfte. Dort serviert Axel Bellinghausen eine Flanke von der linken Seite. Ein Klärungsversuch eines Kölner Abwehrspielers landet bei Josh Simpson, der diese Vorlage direkt vor der förmlich explodierenden Westkurve volley zum 1:0 in die Maschen jagt. Der Bann ist gebrochen, die Roten Teufel mit diesem Resultat weiter in der zweiten Liga.

Die Bedeutung des Moments wird noch dadurch verstärkt, dass es genau in diesen Minuten anfängt zu regnen. Fritz-Walter-Wetter auf dem Betzenberg. Als wollte die 2002 verstorbene FCK-Legende von oben ihren Teil zur zwischenzeitlich nicht mehr für möglich gehaltenen Rettung beitragen. Die gefeierten Helden im Hier und Jetzt sind Trainer Milan Šašić und der von Šašić zurück ins Team geholte Marcel Ziemer, der mit zwei weiteren Toren den am Ende deutlichen 3:0-Erfolg perfekt macht. Und natürlich Stefan Kuntz. Der frühere Torjäger und Meisterspieler kehrt vor dem 28. Spieltag und bei sechs Punkten Rückstand auf das rettende Ufer zu seinem Herzensklub als Vorstandschef zurück. Mit Ausstrahlung, Zuversicht und der von ihm initiierten Herzblut-Kampagne leitet der neue FCK-Boss die Wende ein. In der entscheidenden Phase wird das Fritz-Walter-Stadion wieder zur uneinnehmbaren Festung. Drei Heimsiege am Stück ebnen den Weg zum Herzblut-Finale gegen Köln, in dem die FCK-Fans zum Intro ein Banner mit der Aufschrift „Unzerstörbar" präsentieren. Es wird ebenso wie der einsetzende Regen für immer mit der dramatischen Rettung im Mai 2008 verbunden bleiben.

Unzerstörbar: FCK-Fans beschwören die Rettung am letzten Spieltag der Saison 2007/08.

25. MAI 2024

Zurück auf der großen Bühne

124

Später am Abend macht sogar der Himmel noch mit bei dem Mega-Spektakel, das die Ultras des 1. FC Kaiserslautern für das Endspiel um den DFB-Pokal vorbereitet haben. Feuerrot „glüht" der Berliner Abendhimmel über dem mit fast 75.000 Zuschauern gefüllten Olympiastadion. Feuerrot wie die Vulkanlandschaft, die in der von den FCK-Fans besetzten Ostkurve mittels einer großen Blockfahne und tausenden Folien-Tafeln in fünf Farbtönen von Rot bis Gelb erzeugt wird. Auf einem riesigen Banner zwischen Ober- und Unterrang ist das Motto der Choreo zu lesen: „Kein Gegner hält uns im Zaum – Die Krallen greifen nach dem Traum". Dann beginnt die eigentliche Kurvenshow, als mit Hilfe einer Seilzug-Konstruktion ein gigantischer Roter Teufel Stück für Stück nach oben steigt. In der linken Kralle hat der Teufel bereits den Traum in Form des DFB-Pokals gepackt, rechts rührt er mit einem gewaltigen Dreizack in einem Kessel mit glühender Flüssigkeit und den Logos der Lauterer Pokalgegner in dieser Saison. Dezente Rauchschwaden in Rot, Orange und Gelb runden das bombastische Gesamtbild ab.

Ganz Fußball-Deutschland blickt fasziniert auf das minutenlang stehende Kunstwerk. Die gigantische und mit einem riesigen Aufwand vorbereitete Aktion ist die Choreo des Jahres. Nach so vielen Jahren der Enttäuschungen, der verpassten Aufstiege, der Abstiege und der Angst um die Zukunft des Vereins meldet sich die FCK-Fanszene wahrlich mit einem Donnerhall auf der ganz großen Fußballbühne zurück. Die Endspiel-Choreo ist dafür schon jetzt das ikonische Bild, aber es gibt noch mehr: Auch Zehntausende Lauterer, die im roten Final-Shirt die Hauptstadt fluten, das gemeinsame Singen des Pfalzliedes mit den stolz in die Höhe gereckten Betze-Schals oder das vor dem Spiel in der Kurve hängende Riesenbanner „in Gedenken an alle FCKler, die diesen großen Tag nicht mit uns erleben können", treiben vielen die Tränen in die Augen und sorgen auch mit einigem Abstand noch für Gänsehaut. All diese Erinnerungen sind heute noch frisch. Irgendwann werden sie etwas verblassen. Das Bild, das bleiben wird für alle Zeit, ist der gigantische Rote Teufel und der feuerrote Abendhimmel von Berlin.

Statistik

121

20. OKTOBER 1973

FCK – Bayern München

7:4 (1:3)

1. BUNDESLIGA 1973/74, 12. SPIELTAG

FCK: Elting, Ackermann, Bitz, E. Diehl, Fuchs, Huber, Laumen, Pirrung, Sandberg, Schwager, Toppmöller

FCB: Maier, Beckenbauer, Dürnberger, Gersdorff, Hansen, Hoeneß, Hoffmann, Müller, Roth, Schwarzenbeck, Zobel

Tore: 0:1, 0:2 Gersdorff (3., 12.), 0:3 Müller (36.), 1:3 Pirrung (43.), 1:4 Müller (57.), 2:4 Toppmöller (58.), 3:4, 4:4 Pirrung (61., 73.), 5:4 E. Diehl (84.), 6:4, 7:4 Laumen (87., 89.)

Schiedsrichter: Bonacker (Bergheim)

Zuschauer: 34.000

Gelbe Karten: Bitz – Gersdorff

Rot: Gersdorff (76.)

122

17. MÄRZ 1982

FCK – Real Madrid

5:0 (2:0)

UEFA-CUP 1981/82, VIERTELFINALE, RÜCKSPIEL

FCK: Hellström, Melzer, Wolf, Briegel, Brehme, Geye, Bongartz, Dusek, Eilenfeldt (83. Brummer), F. Funkel (75. Eigendorf), Hofeditz

Real Madrid: Agustin, San José, Camacho, Gallego, Sabido (69. Carcelen), del Bosque, Pineda, Cortez, Cunningham, Stielike, G. Hernandez (55. Isidro)

Tore: 1:0, 2:0 Funkel (7., 14.), 3:0 Bongartz (50.), 4:0 Eilenfeldt (56.), 5:0 Geye (73.)

Schiedsrichter: Palotai (Ungarn)

Zuschauer: 34.500

Rote Karten: San José (34.), Cunningham (40.), Pineda (67.)

Besonderes: Hellström hält Handelfmeter von Cortez (60.)

123

18. MAI 2008

FCK – 1. FC Köln

3:0 (0:0)

2. BUNDESLIGA 2007/08, 34. SPIELTAG

FCK: Sippel, Demai, Ouattara, Mandjeck, Lamprecht, Kotysch, Bellinghausen, Lexa, Reinert (76. Jendrisek), Simpson (80. Runström), Ziemer (84. Bohl)

Köln: Kessler, Ümit Özat, McKenna, Mohamad, Mitreski, Broich (77. Scherz), Pezzoni (46. Ehret), Vucicevic, Antar, Helmes, Novakovic

Schiedsrichter: Stark (Landshut)

Zuschauer: 48.500 (ausverkauft)

Tore: 1:0 Simpson (70.), 2:0, 3:0 Ziemer (75., 81.)

Gelbe Karte: Ehret

124

25. MAI 2024

FCK – Bayer Leverkusen

0:1 (0:1)

DFB-POKAL 2023/24, FINALE

FCK: Krahl, Zolinski (74. Tachie), Elvedi, Tomiak, Puchacz, Kaloc, Zimmer (90.+3 Touré), M. Ritter, Raschl (83. Klement), Redondo (83. Opoku), Hanslik (46. Ache)

Bayer 04: Hradecky, Kossounou, Tah, Tapsoba, Frimpong (90.+3 Tella), Xhaka, Andrich, Grimaldo (85. Hincapie), Hofmann (46. Adli), Schick (46. Stanisic), Wirtz (90.+3 Hlozek)

Tor: 0:1 Xhaka (16.)

Schiedsrichter: Dankert (Rostock)

Zuschauer: 74.322

Gelbe Karten: Elvedi, Klement – Hradecky

Gelb-Rot: Kossounou (44.)

29. MÄRZ 2025

125 Jahre FCK – der „Mythos Betzenberg" lebt

125

Mit dem Schlusspfiff der Partie gegen Fortuna Düsseldorf springt der 1. FC Kaiserslautern wieder auf Platz drei der 2. Bundesliga. Auf der Zielgeraden einer spannenden Saison ist der Verein mitten in einer eng beieinander liegenden Spitzengruppe. Die Liga scheint unberechenbar, das Ende offen …

Es ist einer dieser Abende, die dieses Stadion so besonders machen. Das Flutlicht brennt, die Ränge sind voll. Die Westkurve empfängt den Gegner mit einer „teuflischen" Choreo. Es knistert bereits vor dem Anpfiff. Der FCK ist lange die bessere Elf und führt durch Marlon Ritter, doch nach der Pause wehrt sich die Fortuna und gleicht aus. Zur entscheidenden Szene wird ein verrutschter Rückpass von Torschütze Oberdorf: Den daraus resultierenden Eckball wuchtet Ragnar Ache per Kopf ins Tor. Kurz vor dem Abpfiff legt Luca Sirch das 3:1 nach.

Es ist somit auch ein Abend, der die Lage des Vereins trefflich illustriert. Zum einen die sportliche Ungewissheit. Am Ende könnte eine einzige Situation die finale Platzierung entscheidend beeinflussen. Für die Begeisterung der FCK-Fans gilt dies nicht. Nach schweren Zeiten hat der „Mythos Betzenberg" in der jüngsten Vergangenheit reichlich neue Nahrung erhalten. Nicht nur gegen die Fortuna erinnert die Stimmung im Stadion an alte Zeiten. Und die Zuschauerzahlen – im Schnitt rund 46.000 – kratzen an der Rekordmarke aus der Erstligasaison 2010/11.

Während das 125. Vereinsjubiläum ein guter Zeitpunkt ist, die Höhen und Tiefen in der Geschichte des Vereins ins Gedächtnis zu rufen, dürfen wir FCK-Fans uns gleichzeitig auf die nahe Zukunft freuen. Lasst uns gemeinsam dabei sein, wenn neue Kapitel dieser außergewöhnlichen Geschichte geschrieben werden.

Zusammenhalt: Mannschaft und Fans feiern das 3:1 gegen Fortuna Düsseldorf.

Dominic Bold (Jahrgang 1975) zieht es seit nunmehr 42 Jahren intensiv und regelmäßig zum Betze hin. Nach „Die Chronik" (2013) und „Betzenberg" (2020) ist das vorliegende Buch die dritte Veröffentlichung im Werkstatt-Verlag über den 1. FC Kaiserslautern, an der er mitgewirkt hat.

Ingo Konrad (Jahrgang 1975) wurde als Junge in der Vorderpfalz fast zwangsläufig mit dem FCK-Virus infiziert. Heute lebt und arbeitet er im Rhein-Main-Gebiet, zum Fußball zieht es ihn aber nach wie vor alle zwei Wochen auf den Betzenberg. Er schreibt beim Online-Magazin „Der Betze brennt" und arbeitete mit am Jubiläumsbuch „Betzenberg" (2020).

Eric Scherer (Jahrgang 1962) ist in Landstuhl/Pfalz geboren und seit seinem 14. Lebensjahr regelmäßig Gast auf dem Betzenberg. Als freier Journalist schreibt er seit 1996 auch über den FCK. Seit 2020 arbeitet er im Redaktionsteam des Online-Magazins „Der Betze brennt" mit und lässt jede Saison in einem Tagebuch Revue passieren.

Unser Dank gilt zuerst all den „Riesen", deren Veröffentlichungen und Beiträge die Schultern waren, auf die wir uns bei unseren Recherchen stellen durften: Markus Röder, Dr. Markwart Herzog, Klaus Westrich, Hagen Leopold, Dirk Leibfried, Gerd Rauland, Peter Lenk und Hans Walter. Insbesondere gilt dies für Eric Lindon, der immer dann hilft, wenn sonst niemand mehr weiter weiß. Einmal mehr behilflich bei der Beschaffung von Bildmaterial waren Erich Huber und Thomas Hilmes. Wertvolle Hintergründe lieferten Harry Eberle und Dr. Ulrich Becker.

Dominic Bold dankt seinen Nachbarn im Stadion und dem „Betze-Stammtisch". Mit Familie und Freunden Fußball zu erleben, ist das Allergrößte. Er denkt auch an diejenigen, die dieses Jubiläum nicht mehr mit uns feiern, besonders Papa und Thomas.

Ingo Konrad dankt neben allen anderen Gesprächspartnern besonders Petra Blandfort, Manfred Habel und Stefan Appenowitz. Außerdem den Kollegen von „Der Betze brennt" und natürlich dem FCK, ohne dessen große und bewegte Geschichte es dieses Buch gar nicht geben würde.

Eric Scherer dankt Dirk Walter für Auskünfte zum NLZ, seiner Betze-Community „Block 4.2" für die stets inspirierenden Vor- und Nachbesprechungen in der „SVZ" und seiner Frau Claudia, ohne deren Verständnis er sich niemals so viele Wochenenden „uff'm Betze" um die Ohren schlagen könnte.

Nicht vergessen werden darf Stefan Roßkopf, der die enge Zusammenarbeit mit dem FCK verantwortete.

Bildnachweis

1. FC Kaiserslautern: 11, 23, 57u (Michael Schmitt), 139 (Michael Schmitt), 149o (Michael Schmitt), 170, 171r
Archiv Eric Lindon: 10, 12, 13, 19, 55, 153, 171l
Archiv Markwart Herzog: 83 (2), 92
Archiv Rolf Schuster / Nachlass Ernst Liebrich: 28, 95
Max Bachem: 20, 21, 144/145
Hanns-Peter Beyer: 111
Petra Blandfort: 57o
Foto Endres/Initiative Leidenschaft FCK: 115, 181, 243 (2)
Nachlass Günter Grewenig: 54, 143
Thomas Hilmes / der-betze-brennt.de: 16, 106, 129, 267
Erich Huber: 168, 169
Fritz Rust: 49, 59
Familie Zängry: 82

IMAGO /camera4+: 2/3; 27; /WEREK: 40, 64, 112; /Ferdi Hartung: 22, 47, 61, 63, 73, 75, 102, 104, 158, 159, 160, 178, 211, 218, 233, 234o, 256/257; /Pressefoto Baumann: 69, 244; /MKA: 71, 156; /Kicker/Liedel: 76, 180; /XXX: 87; /TT: 97; / Ulmer: 99; / Jan Huebner: 125; /Horstmüller: 136, 167, 197, 219, 254; /Alfred Harder: 138; /Werner Schmitt: 173, 228; /Sven Simon: 182, 234u; /Magic: 205o; /Becker&Bredel: 231; /Eduard Bopp: 262/263; /Moritz Müller: 264; / Beautiful Sports: 270/271.

picture alliance/dpa | Oliver Dietze: 16, /SZ Photo|Horstmüller: 33, 191, 222, 223; /Roland Scheidemann: 35o; /SZ Photo|WEREK: 35u; /Kai-Uwe Wärner: 36/37; /Wolfgang Kumm: 38, 39; /Oliver Berg: 41, 247; /dpa: 30/31, 46, 201, 224/225; /Gero Breloer: 48; /Fotostand/Ellerbrake: 50; /Foto Huebner: 79o, 88, 248; /Uwe Anspach: 79u; /Werner Baum: 42/43, 85, 220; /Eibner-Pressefoto: 86; /Arne Dedert: 98; /Sven Simon: 105, 118, 195, 202, 215, 258; /Peer Grimm: 117; /Promediafoto|Michael Deines/PROMEDIAFOTO: 121, 146; /Peter Kneffel: 123; /Digitalfoto Matthias: 126/127; |Rohwedder/Herold: 133; /Roland Witschel: 134; /Fußball-News Saarland|Fabian Kleer: 149u; / Katja Lenz: 163; /Richard Koll: 177; /ASA|WEREK: 183; /dpa/pa/Ullstein Bild: 187; /Pressefoto Baumann: 188; /Rzepka - Pressefoto | Norbert Rzepka: 192; /Frank Kleefeldt: 194; /Günter Bratke: 200; /ASSOCIATED PRESS|LENNY IGNELZI: 205ul; /ASSOCIATED PRESS|JIM GERBERICH: 205ur; /epa Diego Azubel: 207; /Christian Escobar Mora: 208ul; /Augenklick/Roth: 208ur; / Manfred Rehm: 212; /Wolfgang Weihs: 214; /Pressefoto Ulmer: 216; /United Archives | Werner Otto: 226; /Marcus Thelen: 236; /Fotoagentur Kunz: 239; / Schlosser: 253; /Jörg Schmitt: 260/261

view – die agentur / Reiner Voß Fotografie: 24

KEIN GEGNER HÄLT UNS IM ZAUM